浙江省2010年特色专业建设成果
浙江金融职业学院“985”工程二期（攀越计划）建设成果

秘书文案

倪建伟　主　编
吴军飞　副主编

对外经济贸易大学出版社
中国·北京

图书在版编目（CIP）数据

秘书文案／倪建伟主编．—北京：对外经济贸易大学出版社，2013

（浙江省2010年特色专业建设成果）

ISBN 978-7-5663-0626-5

Ⅰ．①秘… Ⅱ．①倪… Ⅲ．①公文－写作－高等职业教育－教材 Ⅳ．①H152．3

中国版本图书馆CIP数据核字（2013）第028443号

秘 书 文 案

倪建伟 **主编**

责任编辑：朱 洋 刘 静

对 外 经 济 贸 易 大 学 出 版 社

北京市朝阳区惠新东街10号 邮政编码：100029

邮购电话：010－64492338 发行部电话：010－64492342

网址：http://www.uibep.com E-mail：uibep@126.com

山东省沂南县汇丰印刷有限公司印装 新华书店北京发行所发行

成品尺寸：185mm×260mm 16.5印张 381千字

2013年2月北京第1版 2013年2月第1次印刷

ISBN 978-7-5663-0626-5

印数：0 001－3 000册 定价：30.00元

前　　言

秘书是一个传承久远的职业，写作是秘书的一项核心技能，秘书文案是秘书教学中的传统课程。秘书文案的课程和书籍很多，这些教学内容中的知识和训练往往都是和政府机关、事业单位或者大型企业的日常事务相关，而事实上随着市场经济的兴起，小微企业的数量在社会的各个机构中占据了绝对主导的地位，也正是这些中小型公司吸纳了我们大多数学生的就业，也就是我们教育培养的秘书日后将在小微企业的岗位上发挥自己的才干和专业技能。本书的特色是全书的所有内容如文种、任务和项目、知识点、例文以及参考范文等都围绕学生的实际校园生活和日后在小微企业的工作实际展开，现实感和实用性是本书的最大追求。

本书针对高等职业教育的特点，贯彻项目化教学改革的要求，全书共分五编，内容包括：概论公用文书、事务文书、日用文书和传播文书。全书设计了多个项目和写作任务，这些项目和任务要么和学生现在的校园生活有关，要么和学生日后在小微企业的工作实际有关，由浅入深，逐步推进。以实际任务的完成为中心，以“工具箱”的方式提炼、组织写作知识，让学生在完成实际任务的过程中，体验实际工作对多种文体的不同需要，体验文体之间的细微差异；并在完成实际任务的过程中，体验写作的真实感，获得成就感，从而调动学习的主动性与积极性，锻炼写作能力，提高写作水平。

本书是浙江金融职业学院文秘教研室在秘书文案课程教学中的多年积累，在教学过程中，教师可以根据学生的专业水平，在任务难度上有所选择与侧重。应用写作具有很强的综合性，需要多方面知识的储备与积累；应用写作又具有很强的实践性，写作能力的提高需要“躬行”，而且要“不辍”。希望本教材能够成为高等职业教育写作教学改革的有益探索，促进学生写作能力的提高。

本书是浙江省特色专业建设成果。本书的出版得到了对外经济贸易大学出版社的支持和帮助，同时参考了许多专家和同仁的成果，在此一并表示衷心的感谢。

由于编者水平所限，书中如有不妥和不完善之处，恳请专家、学者不吝赐教。

目　　录

第一编

秘书文案概述

经典论述

曹丕：“文章经国之大业，不朽之盛事。”

三国时的曹丕在《典论》中说：“文章经国之大业，不朽之盛事。”把文章的功用提高到了治理国家的高度。

约翰·奈斯比：“我们比以往更需要具备基本的读写技巧。”

美国著名预测学家约翰·奈斯比在《大趋势》中指出：“在工业社会向信息社会的过渡中，有五件最重要的事情应该记住，而其中的一件就是，在这个文字密集的社会里，我们比以往任何时候都更需要具备最基本的读写技能。这里所说的读写技能，首先就是足以应付日常工作和生活所需的写作能力，也就是应用写作能力。”

叶圣陶：“大学毕业生，不一定要能写小说、诗歌，但一定要会写应用文。”

叶圣陶告诫学生：“工作中、学习中、生活中经常需要写作，所以写作是非学不可的……大学毕业生，不一定要能写小说、诗歌，但一定要会写应用文。”

第一章

秘书文案的概念、特点和分类

本章教学目标

知识目标：

学习秘书文案的理论知识，了解秘书文案的概念、特点和分类等方面的知识，了解其在社会实践活动中的重要作用。

能力目标：

能够对秘书文案进行准确的分类，能够把握其特点。

理论要点

一、秘书文案的概念

我们经常把秘书的工作归纳为“办文”、“办事”和“办会”三个内容。“办文”实际上就是秘书人员撰拟、制作、传递、处理和整理各种文字材料的工作。而在“办事”和“办会”的过程中也涉及“办文”的工作内容。如在“办会”中，要拟写的文案就包括会议策划方案、会议通知、会议开（闭）幕词、会议发言稿、会议记录、会议简报以及会议总结等。可以说，秘书文案工作贯穿在秘书的各项工作中，是秘书人员最经常性、最重要而又最需花工夫的工作。而在“办文”工作中，秘书的文案写作能力又是重中之重。

文案是指秘书人员为传递信息、处理公务、联络沟通及记录实况而制作的格式相对固定、内容相对稳定、行文方式和行文方向特定化、处理程序规定化的文字材料或文章。

秘书文案是指党政机关、社会团体、企事业单位的秘书部门及其工作人员在辅助领导机关处理公务活动时所撰写、制发、传递和处置的具有一定的应用价值的各种文章或文字材料。

秘书文案工作就是秘书人员或其他专职人员对各类文案进行拟写、制作、传递处理及有效利用的一种综合性管理活动。

二、秘书文案工作的特点

谈秘书文案工作的特点，要先了解秘书工作的特点。众所周知，秘书工作的特点主要表现在：机要性和群众性的统一、综合性与专业性的统一、事务性与思想性的统一、被动性和主动性的统一。这些特点也体现在秘书文案工作中。秘书文案工作的特点主要表现在：

1. 秘书文案工作的从属性

秘书按上级“需要”起草公文，是“应命写作”，这种接受性写作，其动机是带有明显的外在强制性因素“需要”而进行的，这是秘书写作的首要特点。秘书文案工作的起因不外乎以下三种：一是领导授权或授意，如领导交代为某个事项写一则公文；二是在“办事”或“办会”的过程中，借助文案来完成工作，如为欢迎到访客人，要写接待方案、欢迎词等；三是反映工作的成果，如调查研究报告、总结等。尽管第一种属于直接“授意”，后两种情况属于间接“授意”，但是秘书工作的全部内容都是以秘书人员对领导的服从为前提。因此，文案工作从材料选择到拟写思路，都不是秘书自己说了算。

2. 秘书文案工作的制约性

秘书文案工作受到各种因素的制约：国家法律、法规和上级指示精神的制约；领导的观点、意志的制约；国情、地方情况以及单位实际情况等的制约；文本的国家规范、行业规定以及行文惯例的制约；文本接收者水平、要求以及隶属关系等主客观因素的制约，等等。有些制约因素必须恪守，使秘书文案工作实现科学化、制度化和规范化目标，有些制约因素则需努力克服和突破。

3. 秘书文案工作的专业性

秘书文案工作的专业性，是对秘书文案处理能力的特殊要求。秘书要做好文案工作，首先，必须具有较高的理论水平、政策水平和文字水平。只有这样，才能写出文字简练、内容充实、思想深刻的文章。因此，作为秘书必须打好文字基本功，必须精通语法、修辞和逻辑知识等基础知识。其次，必须具有文案工作的专业知识。比如，要熟悉文种的适用范围、行文关系、公文处理程序、文件整理规定以及国家机关对文案工作的规范性要求等。如果没有这些专业知识，秘书是做不好文案工作的。

4. 秘书文案工作的综合性

秘书文案工作的综合性主要体现在两个方面：一是秘书文案工作中要处理的文种繁杂多样。由于秘书处理的业务不同，因此要办理的文种也是纷繁复杂，涉及行政公文、日用文书、事务文书和传播文书等诸多方面。秘书必须对这些文种都非常熟悉，才能担负起文案工作的职责。二是秘书文案工作中，涉及同一事务或工作业务的文案往往具有密切的联系。如在筹备某展销会时，拟写的会议策划方案、邀请函、会议开闭幕词和会议简报等在内容上都有密切联系，以共同体的形式发挥各自不同的效用，作为会议的必备要素。

三、秘书文案的分类

秘书文案的种类繁多，而且随着社会生产、生活的发展和进步，不同文种的使用频率也在发生改变。本书综合考虑各文种的特点、作用、使用频率和写作规律，把秘书文案分成公务文书、事务文书、日用文书和传播文书四部分。

1. 公务文书

公务文书是指党政机关、社会团体和企事业单位在行政管理过程中普遍使用的、通用的公文，是使用范围最广、使用频率最高的一种应用文。《国家行政机关公文处理办法》对公务文书的种类、适用范围等进行了规定。

2. 事务文书

事务文书是指各机关团体、企事业单位及个人在日常工作、生活学习中为交流沟通、处理事务而普遍使用的常用文书，具体包括计划、总结、调查报告、简报以及会议记录等。

3. 日用文书

日用文书是指人们在日常的工作、学习和生活中，处理公私事务和与人交往时常用的、具有惯用格式的一类文体。如：推荐书、辞职信、讲话稿、倡议书、海报、请柬、邀请函、聘书、介绍信、证明信、借条、欠条、收条以及领条等。

4. 传播文书

传播文书就是这种有目的宣传的专用文体。解说词、导游词、广播稿、消息、通讯和广告文案等都属于传播文书。

第二章

秘书文案的写作基础知识

本章教学目标

知识目标：

了解主旨与材料之间的关系，了解秘书文案在结构、表达方式方面的基本知识，掌握秘书文案在语言方面的基本要求。

能力目标：

能够选择典型材料以表达主旨，能够掌握秘书文案基本的结构类型，能够正确运用应用语体。

第一节　主旨和材料

一、秘书文案的主旨

经典论述

陆机《文赋》：“立片言以居要，乃一篇之警策。虽众辞之有条，必待兹而效绩。”

刘勰《文心雕龙·征圣》：“简言以达旨。”《文心雕龙·物色》：“一言穷理。”

萧统《文选·序》：“以意为宗，不能以文为本。”

李渔《闲情偶寄》：“古人作文一篇，定有一篇之主脑。”

王夫之《船山遗书》：“意犹帅也，无帅之兵，谓之乌合。”

主旨又称主题、题旨、立意及主脑等，是通过文章的具体材料所表达的基本观点，是文章的中心思想。

（一）主旨的作用

主旨的作用，主要表现在两个方面：

1. 统领作用。主题是文章的核心，是文章的统帅和灵魂，是写作构思时首先要考虑的问题。材料的选择取舍，结构的布局安排，语言的运用，都要服从中心思想即主题表达的需要。

2. 价值作用。主旨是衡量一篇文章价值的主要标准，它决定着文章的价值和质量。文章有好的主题，材料、技巧才有价值；文章有深刻的主题，才有感人的力量。如果主旨不好，材料再典型、结构再完善、语言再符合应用文书的要求，也不可能是好文章。

写作前先确定主旨，材料取舍、结构安排、方法运用、语言调遣就有了依据，写起来才能够从容成篇。如果主旨未定，就匆忙动笔，难免会词不达意，甚至无法成篇。

（二）对主旨的要求

1. 正确

正确就是能够揭示事物的本质意义，实事求是，符合客观事实。秘书文案的主旨必须符合国家的法律、法规，符合党和国家的路线、方针、政策，正确反映经济发展的规律。

2. 鲜明

应用文书的主旨不能像文学作品的主题那样含蓄隐晦，而必须清楚、明白，赞成什么、提倡什么，反对什么、禁止什么，要十分明确、毫不含糊，绝不能模棱两可、似是而非。

主题鲜明，对于秘书文案来说尤其重要。应用文写作的直接目的，就是为了做好实际工作。处理实际工作的指导思想、具体办法，都应该明确无误，不流歧义，尤其像经济合同这样的秘书文案，更来不得半点含糊。

3. 集中

大部分应用文书都要求内容单一，主旨集中。要尽量避免多中心、多主题，不要试图在一篇文章中表达许多意图。只有主旨集中，才能避免行文关系的紊乱和职责不明，事项才便于处理，规定才便于执行，才能提高行文的效率。

为了做到集中，在构思和撰稿时就要控制思路，“目标始终如一，方寸一丝不乱”，不能下笔千言，离题万里。有些内容比较复杂的文章，如会议报告、工作总结、会议纪要和调查报告等文种，在构思时，就要统观全局，在更高层次上确立主旨，做到中心明确、突出。

（三）如何显示主旨

1. 标题点旨。即用标题概括点明主旨。标题点旨的形式，要求概括事由或概括主旨的文字要严密、准确。

2. 开门见山。在秘书文案中，常使用主旨句，开门见山，交代行文目的。主旨句以介词结构“为了……”为特征，通知、通报、通告、报告、意见以及规章文书等常用此方法。

3. 片言居要。即在文章内容的转换处揭示主旨，同时起到承上启下的过渡作用。如在分析问题到解决问题的过渡之处揭示主旨等。

4. 呼应显旨。在正文的开头和结尾前后呼应，以突出主旨。这种写法多是开头提出与主旨相关的问题，篇末呼应之。

5. 篇末点旨。即在应用文书正文的结尾点明写作主旨。

二、秘书文案的材料

经典论述

巧妇难为无米之炊。

材料与主旨之间的关系，就像盖房子的想法和建筑材料之间的关系：没有想法，不可能盖好房子；没有建筑材料，也不可能盖起房子。写文章首先要解决“写什么”，即写作内容的问题，而“内容”的核心就是材料。所谓“材料”，就是作者为了某一写作目的从生活中搜集、摄取并写入文章中的一系列事实或论据。

积累了众多写作材料，并不等于写成了文章。这很像盖房子，光有一大堆水泥、砖瓦、木材等，是不行的；它们必须有一定的目的，按一定的设计，有步骤地加工组合起来才能成为房子。这里的“目的”最为重要，它是建筑设计、施工的指导。主旨就是我们“建筑”文章的“目的”。人们写文章总是有目的的，无论是写人叙事还是立论说理，都是为了表达自己对现实人生的感悟和对社会问题的看法，也就是文章的主旨：它是作者通过全篇内容所表达出来的中心思想或基本意见，也就是整篇文章情感思想的基本走向。

文章的材料和主旨是密不可分的。没有材料，主旨就没有了表达的凭借，所谓“巧妇难为无米之炊”，也就没有了文章；没有主旨，只有一大堆材料，这样的东西是没有“统帅”的一批乌合之众，依然不能称为文章。

（一）选择材料的标准

1. 围绕主旨选材

材料要为表达主旨服务，材料不能不加选择地使用，不能“捡到篮里都是菜”。写进应用文书里的材料，必须有针对性，能紧扣主旨。与主旨无关的材料，再生动也不能选用，否则将形成材料与主旨“两张皮”的现象。

2. 材料必须真实准确

秘书文案所采用的材料必须真实、准确，才能反映事物的真相。否则将会得出虚假的结论，给企业造成损失和不良影响。因此，写进应用文书里的材料必须核实，做到准确无误，不能道听途说，不能偏听偏信。有时还需要注意局部真实和整体真实之间的关系。

3. 材料必须典型

典型材料能够揭示事物的本质，能够起到以少胜多的作用，从而使文章言简意赅，增强文章的说服力和感染力。因此，秘书文案的写作必须选择能够反映事物的共性和特征、能够揭示事物的本质和规律的典型材料。

4. 新颖

新颖是指写进应用文书里的材料，一定要有时代感。要选择那些能够表现客观事物的发展变化趋势，反映客观事物的最新面貌的新事物、新情况和新思想，从而引起人们的共鸣，给读者以思想上的启示。

（二）材料与观点的组织形式

1. 先列材料，后亮观点

先介绍事实，说明论据，然后归纳出观点，推导出结论。这种安排由事到理，水到渠成，说服力强。叙事性应用文书或文中叙事性较强的段落，常采用这种形式。

2. 先亮观点，后列材料

这种形式，常用段首句先概括亮出观点或问题，然后列举事例，陈述观点。这种写法，观点鲜明，头绪清楚，先声夺人，引人注目。大量应用文书采用这种形式安排材料。

3. 边列材料，边亮观点

即夹叙夹议的方式。这种方式的优点是既摆事实，又讲道理，行文层层深入，使人便于理解。在应用文书中，叙事说理较强的文种或段落常采用这种写作形式。

第二节　结　　构

经典论述

李渔《闲情偶寄·词曲部·结构》：“至于结构二字……工师之建宅亦然。基址初平，间架未立，先筹何处建厅，何方开户，栋需何木，梁用何材，必俟成局了然，始可挥斤运斧。”

结构是指为表现文章内容所做的对材料的组织和安排，也就是过去所说的“布局”、“谋篇”。

写文章不是将搜集来的材料杂乱无章地堆在一起，而是要认真安排：怎样开头结尾，如何过渡照应，如何安排段落层次，等等，都要仔细考虑。如果说主旨是文章的灵魂，材料是文章的血肉，那么结构就是文章的骨架。

结构是一种排列组合的艺术，也是作者思路的表现。思路是写作者的思想脉络，是写作者认识所反映的客观事物的顺序和过程。写作者在对事物观察、理解和认识的过程中，逐渐形成对事物的某种感受。认识和评价，并将其中包含的思想内容进行整理，使其符合并能体现客观事物的内在规律，这就是思路。谋篇布局，就是作者思路的具体化。

结构不仅在形式上要和谐统一，给人以美感，而且要表现出文章的整体与部分、部分与部分、部分本身的联系和变化。所以，写文章时要寻求一个好的结构方式，就不能只是在写作技巧上花样翻新，而是要正确反映客观事物的发展规律和内在联系，要服务于主题表现的需要，要适应文种的特点和表达的需要。只有这样，才能将材料组织成有机的整体，才能真正做到谋篇布局。

一、秘书文案结构的基本内容

经典论述

陶宗仪《南村辍耕录》：“作乐府亦有法，曰：凤头、猪肚、豹尾六字是也。”“大概起要美丽，中要浩荡，结要响亮。尤贵在首尾贯穿，意思清新。”

谢榛《四溟诗话》：“起句当如爆竹，骤响易彻；结句当如撞钟，清音有余。”

高尔基《我怎样写作》：“最难的是开头，也就是第一句。就像在音乐中一样，第一句可以给整篇作品定一个调子，通常要费很长时间去寻找它。”

好的开始是成功的一半。

万事开头难。

（一）开头和结尾

1. 开头

开头为全篇定下基调，也是文章给读者的第一印象。它对全篇内容起着引领作用，也体现着作者的写作动因和意图。应用文的开头并不固定，常用的开头方式有如下几种：

（1）目的、根据式的开头。这种开头方式是将行文的目的，或发文的依据放在文章的开头部分写出来。在一些公文、规章制度、计划及一些专业文书中常用这种开头方式。如“为了加强我市职业高中教研活动，努力提高教师的业务水平。经研究，决定召开××市职业高中专业课示范课活动，现将有关事项通知如下”，这是目的式的开头。再如“根据省教育厅教备函〔2007〕32号文件精神，决定在全区进行中小学教育技术装备综合统计工作，现就有关事项通知如下”，这是根据式的开头。

（2）概述式的开头。概述式的开头是指将全文的主要内容在开头部分简要介绍出来。概述式的开头，在经济新闻、总结、调查报告及经济活动分析中经常用到。如“2005年，在处党委的正确领导和各职能部门支持下，我所以‘三个代表’重要思想为指导，大力推进和谐社会建设，全所干部职工同心同德，开拓创新，扎实工作，两个文明协调发展，以实现工程安全运行为前提，认真开展汛前检查工作，落实安全责任制，以加强组织建设为保障，大力开展‘保持共产党员先进性教育’活动，以发展水利经济、发挥工程效益为中心，着力提升服务水平，创建文明航道，克服不利因素，促进水利经济发展。对照年初工作目标，积极开展各项工作，圆满完成‘党员先进性教育’活动及汛期检查工作。为全年各项工作目标的完成奠定了坚实的基础。今年所共青团被县团委评为‘青年文明号’，电教室被县组织部评为‘五星级’党员电教室等光荣称号。现将具体情况总结如下”，文章先概述总体情况，再分述各方面情况。

（3）情况原因式开头。即开头部分交代行文的缘由，或对文章内容的背景、基本情况作简要的介绍。如“今年以来，各地、各有关部门认真贯彻执行国家粮食购销政策，克服粮食调销不畅，资金、仓容严重不足的困难，坚持按保护价敞开收购，粮食收购进度快于往年。截至11月底，全省共收购粮食54亿公斤，比上年同期多购11.8亿公斤。但是，由于多方面的原因，粮食企业亏损十分严重。11月22日，国务院办公厅对我省粮食企业亏损情况进行了通报，明确指出了粮食企业亏损的严重性，对指导我省粮食工作和粮食企业开展扭亏增盈具有重要的意义。为了做好当前粮食工作，现将有关问题通知如下”，这段开头先是简要介绍基本情况，然后开始下达通知事项。在一些请示、报告中常采用这种形式的开头。

（4）规定式的开头。这种开头常用于有具体规定格式写法的一些文体中。如“经济合同”、“章程”、“条例”和“法规”等文种的开头部分常用这种方式。

以上四种开头方式较为常用，在实际运用中还有“评论式”、“建议式”和“直叙式”等开头方式，尤其讲话稿、经济新闻，开头的方式更是多种多样，具体选用哪一种为好，要根据全文内容表达的需要、结构安排的需要来决定。

2. 结尾

文章结束即为结尾，古人称为“收笔”。结尾和开头一样，在文章中具有重要的作用。好的结尾能让人加深印象，更加明确全文的观点和思想。从形式上说，有了结尾，文章才会完美。秘书文案中的结尾方式也是多种多样的，常用的有如下几种：

（1）总结式结尾。在结尾部分对全文做总结，以概括总的观点，再一次点明主题，明确文章的中心思想。常用于“总结”、“调查报告”、“经济论文”及一些经济分析文章中。使用这种写法，能使主题突出，给读者深刻印象。这种写法也称为“卒章显志”。

（2）希望、鼓励式结尾。在结尾部分提出希望，展望未来，指出今后努力的方向，鼓舞斗志。常用于“计划”、“总结”和“报告”等文章中。这种结尾多用排比句式，以增强文章的感染力。

（3）自然收束式结尾。这种结尾是指文章主要内容写完后，事尽言止，无需再画蛇添足，狗尾续貂，可以顺其自然，自然收结。常用于“通告”、“通知”和“决定”等简短的文章中。

（4）规定式结尾。这种结尾常用于一些有具体规定格式写法的文体中，如“经济合同”、“经济纠纷起诉状”、“章程”和“条例”等。这些文章的结尾写法较为固定、规范，不得随意更换其他内容。

文无定法。以上介绍的种种开头、结尾的写法，要根据具体情况，灵活选用，不必拘泥于某一种固定的形式。

（二）层次和段落

所谓层次，是指文章内容的表现次序，体现文章内容相互间的逻辑联系，体现着人们认识事物的顺序性。因此，层次也叫“部分”、“大段”、“意义段”和“结构段”。层次与文章线索有着密不可分的紧密联系，层次依照线索串联，线索依靠层次体现。文章所反映的客观事物往往头绪纷繁，各种矛盾盘根错节地纠缠在一起。层次的任务，就是整理出线索，分清主要矛盾和次要矛盾，从纷繁中求条理。

层次的划分是有其客观依据的，有时按照事物发展的时间来安排层次，有时根据事物的空间来安排层次，有时按照事物的功能和特征的主次来安排层次，有时按照文章的逻辑联系来安排层次。比如写“请示”，首先，“请示”的缘由是一个层次；其次，“请示”中要求上级给予解决问题的部分又是一个层次；最后是结束语。具体如何安排层次，应根据不同种类的应用文的内容来决定。

无论采用哪种方式安排层次，都要遵循这样几个基本原则：一是要合乎事物发生、发展和结束的自然过程，合乎人们思维的发展过程和阐述问题的逻辑顺序；二是要考虑到各种文章体裁的特点；三是要体现出层次与内容之间和各层次之间有机的内在联系。

所谓段落是指文章中的一个个自然段，它是文章中最小的可以独立的基本单位，是文章思想内容在表达时因转折、强调、间歇等情况造成的文字上的停顿，具有换行另起的明显标志。一般来说，层次小于篇章，大于自然段。有时一个层次就是一个自然段，也有的文章因其简短，全篇只有一个自然段，如各种条据、启事和简单的通知等。

段落的作用，主要是逻辑地表现笔者思维进程的每一个间歇、转折，清晰地反映文章的层次。而间歇和转折，目的是为了形成停顿，给读者留出思索的时间和空间。段落分明，能够逻辑地表现文章的层次，使文章眉目清楚，有行有止，便于读者阅读、理解。有些特殊段落，还能起某种强调作用，达到突出重点、加深印象及传递特定情感的目的。

划分段落时，一要注意到内容的单一，即一个段落要重点讲清楚一个意思，不要贪多务得，造成内容芜杂，重点不突出，条理也不分明；二要注意到内容的完整，即一个意思要在一个段落里表述完整，给人以完整的印象，不要顾此失彼，造成思绪紊乱，使读者不得要领；三要注意到段落之间内容的连贯，各个段落之间在内容上要有逻辑上的内在联系，要体现出下一段是上一段意思的必然发展，每个段落都要成为文章有机的组成部分；四要注意到形式上的匀称、和谐、优美，各个段落在文章中的比例应基本相当，不要划分得过宽或过于零碎，应长短相谐，粗细相间，给人以形式美。

层次与段落，既有联系，又有区别。层次主要反映的是文章内容的表现次序，段落则代表着作者思路的一个较小的步骤。层次着重于思想内容的划分，是段落的内涵；段落则侧重于文字的表达，是层次的外在形式。

（三）过渡和照应

过渡和照应是使文章前后连贯、脉络畅通的重要手段。要把各段文字和各层意思衔接得浑然一体，就必须巧妙地安排过渡和照应。

1. 过渡

过渡是两个渡口之间摆渡的小船，过渡是连接两岸的桥梁，过渡是两个城市间的公路路标。

所谓过渡是指层次或段落之间的衔接与转换。过渡犹如桥梁，在文章中起着承上启下、穿针引线的作用，它使文章结构严谨，上下文内容贯通一气，引导读者思路顺利前行，而不至于发生阻隔和脱节。

并非所有文章都要使用过渡，有些文章上下文之间本来就存在着递进、衔接关系，就不需要过渡。也有的文章需要加上过渡性的语句，衔接才自然。不仅当思想内容出现由一层意思转入另一层意思时、论述问题由总述到分述或由分述到总述时需要过渡，而且当表现手法、表达方式转换时，如行文中由叙述转为议论或者由议论转为叙述以及倒叙与顺叙、顺叙与插叙相转接的地方，都要使用过渡。

过渡常用的方法有三种：

一是使用关联词、转折词之类的过渡词语，如“为此”、“据此”、“故此”、“鉴此”、“鉴于此”、“综上所述”、“总而言之”、“总之”等；

二是使用过渡句，即在上一部分的结尾或下一部分的开端安排一个过渡性的句子，如“现将调查结果综述如下”、“现将有关事项通知如下”、“特作如下安排”等；

三是用过渡段，即安排一个使上下两部分连接或转折的过渡性的段落。

过渡段就是用一段文字表现文章的时间、地点、场景、情节和论题等方面的转换，起到调节和联系作用，使文章脉络清楚，结构完整。它常由两部分组成，承前部分收束上文，启下部分开拓下文。应用文中的“我们既取得了很多成绩，也存在不少问题”，上承“成绩”，下启“问题”。又如《伟大的友谊》中的“恩格斯不仅仅在生活上热忱地帮助马克思，更重要的是他们在共产主义事业上，互相关怀，互相帮助，亲密合作”也是一个简短的过渡段，“恩格斯不仅仅在生活上热忱地帮助马克思”是承接第二段，“更重要的是他们在共产主义事业上，互相关怀，互相帮助，亲密合作”起启下作用。

具体运用哪种过渡方法，要视文章需要而定。但不论运用哪种过渡方法，都要注意自然、恰当，不留痕迹，不能牵强附会，生拼硬凑，勉强过渡。当文章里有不同内容，上下文之间没有必然的内在联系时，不能强行过渡，而应采取分章节或加小标题的方法来区分。还要注意简明，过渡应顺势而下，生动自如，不要节外生枝，做不必要的解释，以免使行文累赘繁琐。

2. 照应

照应是指文章前后内容上的关照、呼应。它能够使文章前面提到的问题，在后面有着落；后面交代的事物，在前面有暗示。使用照应方法，既能够使文章内容前后一致，结构严谨，线索清楚，重点突出，有助于主题的表达；又能够唤起读者的联想、回味，帮助读者准确理解文章主题和把握文章脉络。平时常说“前有交代，后有着落”就是一种照应。在秘书文案中，常用的照应有两种：

（1）首尾照应。即开头和结尾遥相呼应，互为补充，以使文章首尾回合，结构完整，中心突出。如有些“论文”、“总结”、“调查报告”等，开头部分将总的观点、主要工作、主要事实等先做概述，然后在结尾部分再做概括、归纳，既做到前后照应，又可以加深对文章的理解。

（2）正文和标题照应。即行文中屡次照应题目，或者围绕主要问题和论点，多处反复发挥，以加深读者印象，突出表现主题，以行文切题，使文章的中心思想更加鲜明。在一些市场调查报告、市场预测报告、经济论文中，标题中主旨已十分明确，正文就必须紧紧围绕标题展开阐述。如“强化服务体系、完善联产承包制——河南农村调查”，这是一则调查报告的标题，正文的内容紧紧与它呼应，围绕农村的服务体系和联产承包制的情况展开论述，而不涉及其他方面的内容，使文章中心更加突出，给人印象更加深刻。

二、秘书文案结构的基本类型

秘书文案的种类很多，内容不同，写法各有特点，其结构类型也因文而异。归纳起来应用文书的结构有以下几种类型：

（一）总分式结构

开头先对全文的内容作简要的概述，然后依次分别对其展开论述。如在写作“总结”时，可以先对全年的情况作总括的介绍，然后对各方面生产情况作具体论述。“总分式”还可以分为“先总后分”式、“先分后总”式及先总述再分述，最后再总述的

“总分总”式。“总分总”式通常适用于篇幅较长的应用文，如“调查报告”、“经济活动报告”、“经济论文”等。

（二）并列式结构

文章中几个层次之间的关系是平行的、并列的，这样的结构方式为“并列式结构”，也称“横式结构”。比如对财务状况进行分析，可以从资产、负债、利润、成本和费用等诸方面展开具体分析，这几个方面的内容就是并列的关系，这样的结构就是“并列式结构”。

（三）递进式结构

递进式或以时间为顺序，或由现象到本质、从因到果等逻辑关系为顺序，逐层深入展开的结构形式，也称“纵式结构”。比如开头提出问题，而后剖析研究问题，再找出原因得出结果，最后提出解决问题的办法或建议，就是一种从因到果的递进式。

（四）条款式结构

条款式通常在法规文件、规章制度类文章中使用。它又可以分成章条式、条文式两种。有的文书内容多且杂，也采用分条列项式来写，从而显得清晰、明白，方便阅读，也便于理解，便于执行。

（五）篇段合一式

又称为“一段式结构”，即全篇文章只有一个自然段，一个段落就是一篇完整的文章。这种结构适用于内容少而简单的情况，例如日常应用文中的便条、单据、介绍信、聘书、启事和海报，公文中的命令、公告、简单的通知、批复以及函等，内容单一，不便分开，常采用一段式的写法。

三、秘书文案结构的基本要求

（一）结构要有逻辑性

文章是客观事物的真实反映。因此，文章内容的结构形式必须符合客观事物的发展规律。客观事物有其自身的发展规律，文章在反映客观事物时，必须按照事物发展的进程，有层次、有条理地安排结构。结构的逻辑性要与客观事物自身的规律性和人们认识客观事物的自然程序相一致。只有这样做，才能符合人们的认识规律，有利于读者准确理解文章内容。否则，结构杂乱无章、颠三倒四，就会令人难以理解，达不到行文的目的。

（二）结构要为表现主题服务

形式是为表现内容服务的，结构是文章的表现形式，要服从于表现和突出主题的需要。结构为表现主题服务：一是要围绕主题布局，二是要围绕主题剪裁，三是结构的各个环节都要受命于主题。诸如如何安排层次段落，设置过渡照应，谋划开头结尾，都必须以主题的需要为前提，为表现主题服务。

（三）结构要适应不同体裁的特点

按照反映客观事物的方式方法的不同，人们把文章划分为各种不同的体裁。各种体裁在长期的写作实践中，逐渐形成了自己结构的规律和特点。文章体裁是在特定的交际领域中，通过有目的的选择而产生的表现方式。体裁不同，表现手段和结构形态自然也就不尽相同。

第三节 表达方式

表达方式，即古人所称的“笔法”，今人称之为表达手法、表现方法。人们写文章的表达方式通常有五种，即叙述、议论、说明、描写和抒情。由于受应用文书的文体特点和写作目的的制约，应用文书语言的表达方式主要为说明、叙述和议论。

一、叙述

叙述就是叙说，通告陈述，介绍、交代人物的经历、言行或事物发展变化过程的表达方法。叙述是文章最基本的表达方式。叙述的六要素包括：时间、地点、人物、事件、原因和结果。由于文体不同、内容不同，可以省略某个或者某些要素。

（一）叙述的作用

叙述是应用文书基本的表达方式，它有三个主要作用：第一，介绍人物的经历和事迹；第二，介绍事件的发生、发展过程；第三，在应用文中陈述事实。它可以作为以叙说情况为主的情况报告、表彰或处分通报、市场调查报告等文种的主要表达方式。交代背景、介绍文章涉及的人、单位或事件的基本概况、事物发展变化过程以及相互关系，都离不开叙述；为议论——如讲话稿——提供事实依据，也要用到叙述。

（二）秘书文案叙述的特征

1. 以顺叙为主，讲求平铺直叙。它的优点是符合人们的认识习惯，把文章的结构与事件的发展过程自然统一起来，使文章脉络分明，条理清晰，易于人们理解接受。

2. 一般采用概括叙述，极少是具体、详细的叙述。概括叙述长于总的情况的介绍，可以避免冗长的毛病。具体叙述生动感人，在部分应用文如表彰通报、消息写作时可以采用。

大部分应用文书对叙述的要求是：概括准，粗线条。只注重对事件的整体勾画，不要求细节的具体、内容的详尽。只叙述与表达主旨、说明问题有直接关联的部分，或者只是综合地、概括地叙述若干人或事的共同点。

3. 常与其他表达方式结合运用。如夹叙夹议、论理和说明等。

（三）叙述的类型

1. 顺叙。顺叙是根据人物经历或事件发生、发展的自然时序进行的叙述。

2. 倒叙。倒叙是把事件的结局或事件中最突出的片断提到前面来叙述，然后再以顺叙的方式进行的叙述。

3. 插叙。插叙是在叙述主要事件的过程中，因为需要，暂时中断叙述主线，插入与中心事件有关的内容的叙述。

（四）叙述的人称

人称是指作者叙述的观察点、立足点。选用第一人称的叙述是主观性叙述，能给读者真实、亲切的感受；选用第三人称的叙述是客观性叙述，可不受时空和是否亲身经历限制，因而叙述面较广较自由。使用第二人称叙述，有直接对话的亲临感，让读者感觉像面对面在交流。

应用文书写作对人称的使用有特定的要求。如撰写总结、拟定计划，必须采用第一人称，写市场调查报告则主要使用第三人称。而有些文种的写作，三种人称还须同时使用，如涉及第三单位的来函、去函和情况通报，第一、二和三人称常同时出现。

二、议论

议论是作者对某件事情或某个问题进行分析、推理和评论，表明自己的立场、观点和意见的一种表达方式，也就是讲道理的方式。议论主要运用概念、判断、推理和证明等逻辑思维手段，阐明客观事理，揭示事物的本质特征。

（一）应用文中议论的作用与特征

议论是某些应用文书不可缺少的重要表达方式，通报、意见和决定等文种对人或事做出评价、判断，阐明处理某些公务活动或社会事务的立场观点、政策原则和决策主张，都离不开议论。应用文中的议论以正面议论为主，并多与其他表达方式结合使用，如夹叙夹议。

（二）议论的要素

完整的议论由论点、论据和论证三要素构成。

1. 论点，也叫观点，就是作者对问题的看法、主张、见解和态度，通常以判断的形式表现出来。按照论点在文章中的地位、作用，可以分为中心论点和分论点。

2. 论据，即是用以证明论点的材料，论据有事实论据和理论论据。

3. 论证，即是运用论据证明论点的过程和方法。论证有两种方式：一是立论，即用论据直接或间接证明论点的方式；二是驳论，即用论据反驳对方观点或驳斥对方论据的方式。在论证过程中，这两种方式常综合运用，共同完成对论点的证明。

上述三要素中，论点是统帅和灵魂，论据是基础，论证方式是联系论点和论据的纽带和桥梁。论点提出“要证明什么”，论据回答“用什么证明”，论证解决“怎样证明”。

（三）应用文书常用的论证方法

1. 归纳法。也叫例证法，就是用若干个特殊的个别性前提推出一般性、规律性的结论的方法。人们常用典型事例、事实来证明论点，也就是通常所说的“摆事实”。

归纳法的优点在于例证丰富，说理通俗，易于掌握。归纳法局部使用效果较好，如果通篇都用，往往会给人造成“观点加例子”的现象，失于肤浅。

2. 演绎法。也叫引证法，就是由一般性的前提推出个别的、特殊的结论的方法。也就是通常所说的用大道理推出小道理的方法。引证法，即是引用名人名言、格言、谚语、科学的定义、公理以及党和政府的文件来证明论点的论证方法。需要注意的是，引用不能断章取义，更不能随意增删、妄加修改。若是引用原文，语句、标点都要绝对正确。

3. 类比法。也叫喻证法，就是根据两个或者两类对象在一些属性上相同，推出它们在其他属性上也相同，从而得出结论的方法。它通过打比方，讲道理来证明论点，优点是利用人们比较熟悉的、具体的事物，来论证人们生疏的、抽象的事物，说理灵活，深入浅出。但应该注意的是，利用类比法推出的结论不一定是真的，因此，它只能作为一种辅助性的论证方法。

4. 对比法。即将性质相反或有差异的两种或几种事物作比较，做出论断，证明论点的论证方法。有比较才有鉴别，这种方法可使论点更加鲜明突出，文章更有说服力。

5. 因果法。即分析事物的前因后果，并以此证明论点的方法。可由因及果，也可由果溯因。

6. 归谬法。即将错误的观点进行合乎逻辑的推理，引出荒谬的结论，从而证明该观点错误的证明方法。

以上方法各有长短，演绎法推理严谨，但偏于抽象；归纳法证明面广，但不易周延；类比法生动活泼，但难以尽理。因此，在实际写作中应该把各种方法结合使用，取长补短，以达到更好说理的目的。

三、说明

说明，是用简洁明白的语言，解说客观事物和阐释抽象事理的表达方式。它可以用于介绍人物经历、状况；解说事物的形状、质地、特征、构造、功能及其发展变化；表述事理的本质、规律、因由和关系；介绍背景材料；作诠释性的注解等等。在“说明书”中，说明是主要的表达方式。在其他应用文书中也常常要用到“说明”的方法。

（一）说明的作用

以说明的方式来介绍背景材料和环境，可以为叙述起好铺垫作用。总结、简报、调查报告和工作报告对某些基本情况的介绍，表彰、处分决定或通报对有关人员或单位的介绍等，常用说明这种表达方式。条例、规定、制度、公约等法规、规章和管理规章文书、介绍信、证明信等专用书信以及启事、经济合同、广告等，也常用说明的表达方式。

用说明方式来介绍背景，交代情况，可以为议论提供必要的依据。

（二）说明的特点

说明的特点，主要表现为它的知识性、说明性和科学性。所谓知识性，是指说明就是介绍各方面的知识。它通过对事物、事理的说明，使读者了解有关的知识，增长读者的见识，提高读者认识事物的能力。所谓说明性，是指说明的手段用介绍述说的表现方法，条分缕析地阐述事物的内在联系，是根据事物或事理本身所具有的条理性，来对其内容进行解释。所谓科学性，是指所说明的内容要能够准确地反映客观事物的实际及其规律性；说明的态度必须科学、冷静、客观，作者个人的兴趣、爱好及主观倾向都不能带到说明的内容中。

在应用文书的实际写作过程中，经常是多种说明方式同时并用。另外，应用文书的说明常与议论、叙述结合使用。

（三）常用的说明方法

常用的说明方法有介绍说明、描述说明、定义说明、分类说明、举例说明、比较说明、诠释说明、分解说明及数字、图表、表格说明等等。

1. 介绍说明。就是对事物作概括扼要的介绍叙说，这是说明文字中最为基本、使用范围最广泛的一种方法。为了把世界上纷纭复杂的事物解说明白，在介绍说明时，还必须借助其他说明方法，与后者结合起来使用。

描述说明，就是通过对事物的描绘，来述说事物。它可以增强说明的形象性，使被说明的事物形象具体，特征鲜明，有声有色，给人以立体感，使读者获得形象的认识。使用描述说明时，要注意务真求实，准确无误，符合科学规律，做到既形象动人，又真实可靠。

2. 定义说明。通常称下定义，就是用简洁而明确的语言，概括地把事物的本质属性揭示出来，讲明事物、事理“是什么”。通常使用的定义方法是科学定义法，即用种差加最邻近的属概念，来说明被定义的事物。定义说明要求揭示事物本质的内涵，所下的定义与被定义事物的外延应是对等的。

3. 分类说明。就是对事物或问题，按同一的标准划分为不同的类别或不同的方面，逐一加以说明的方法。分类说明使读者更易于认识同类或不同类事物之间的联系和区别，把它们的多种关系梳理清楚，使读者可以一目了然。这是说明复杂事物经常运用的方法。进行分类说明时，应注意所使用的分类标准要统一，所分类的对象不仅要同属于一个大的类型，而且要同处一个逻辑层面，内容要能够包举被划分事物的各个小类，以求全面说明该事物。

4. 举例说明。就是列举某种事物、现象中最有代表性的实例，说明该事物、现象的特征的方法。运用这种说明方法时，要注意所选择的事例具有典型性，否则就难以达到变抽象为具体、变复杂为简明的目的。

举例说明通常有典型举例和列举性举例两种。前者能使被说明的事物更为具体、清楚；后者能使被说明事物的范围更清楚。

5. 比较说明。就是利用相同事物、事理之间的异同，或不同事物、事理之间的异同来突出说明被说明对象的方法。采用这种方式，作比的事物同要说明的事物之间，要有相同点或者类似点，不能毫不相干；用于比较说明的事物之间一定要有可比性，且比较的标准要一致。否则，对客观事物的说明就会出现片面性乃至错误。

6. 诠释说明。就是对被说明的事物进行必要的解释，使读者对该事物的性质、特点等有更为准确、明晰的认识。要了解事物的具体情况，只靠下定义是不够的，还需要对定义做进一步的解释。诠释说明是定义说明的展开，它使定义说明具体化，将定义说明只概括其本质的事物的内涵和基本特征，展开来进行解说。

7. 数字、图表、表格说明。就是运用精确的数据，或按一定的内在联系列成表格，或画出准确的图表，从量的方面说明事物、事理的本质特征，给读者以直观的认识。其中图表说明具有其他说明方法所没有的直观性。

8. 引用说明。就是引用一些有关的论述、文件资料来说明事物或问题的性状、特点、本质和规律的方法。

除上述的说明方法外，应用写作还偶尔使用比喻说明、描写说明等。

（四）说明的要求

1. 客观、科学

说明的目的，在于使读者直接获得某些方面的知识。作者在写作时，应以客观的态度，对事物或事理做冷静的介绍和解释，一般不带有强烈的感情色彩。

2. 准确、清楚

作者在具体说明事物或事理时，语言表达要准确，用词要精当，要精确地运用专门术语和概括性词语，抓住被说明事物的主要特征，解说清楚，使人易于理解。

3. 巧妙、灵活

要巧妙地运用引用、对照、比喻和比拟等方式方法，增强说明的形象性和生动性。

第四节 语言特点和要求

经典论述

刘大魁《论文偶记》："文贵简，凡文笔老则简，意真则简，辞切则简，理当则简，味淡则简，气蕴则简，品贵则简，神运而含藏不尽则简，故简为文章尽境。"

沈约："文章当从三易：易见事，一也；易识字，二也；易读诵，三也。"

唐代诗人贾岛骑驴做诗，得"僧敲月下门"一句，用"敲"，抑用"推"，犹豫不决。韩愈见状，说用"敲"字好。后人则以推敲典故说明作文应字斟句酌。

语言是应用文书的基本要素。语言的优劣，将直接影响到文章形式的完美。为了把文章思想内容表达好，就要注意语言的运用。虽然文章的文体、内容和风格不同，文章会表现出不同的语言特色，但总的说来，文章对语言的基本要求还是一致的。

一、秘书文案语言的要求

人类的语言分为文学语言和实用语言。文学语言讲究审美，追求意在言外，多使用比喻、夸张等修辞手法。实用语言讲求朴实、明白和晓畅，以求人们准确理解，有效运用，以最大限度地达到行文效果。应用文书语言的实用性特征是由应用文体的本质所决定的。

（一）准确

准确就是要运用最确切、最恰当的字、词和句子，准确无误地反映客观事物的实际情况，恰如其分地表达作者的认识和理解。语言只有准确才能真实反映客观事物。语言的准确体现在两方面：一是用字用词的准确；二是语句的准确，不犯语法、逻辑错误，不能模棱两可，否则容易被人钻空子。作者在写作时，要认真辨析词义，对词义的范围大小、含义轻重、适用对象、词语的感情色彩以及词与词之间的搭配认真考虑。还要注意用词规范，不生造词语，不滥用简缩词语，不用方言土语，做到句子成分完整，语序顺畅。

（二）简洁

简洁就是用最简练的文字，表达尽量多的内容，言之有物，简明扼要。做到句内无余字，篇内无剩语，只有这样，才能提高行文效率。写作者不仅应在认识客观事物上下工夫，对现实事物了解深透，而且应认真练字、练词和练句，在语言的概括精练和文章的删繁就简上精益求精，尽量选用容量大、表现力强的词语，用自然朴实的语言来表情达意，真正做到言简意赅。

（三）朴实

秘书文案语言的朴实是指文章要通俗易懂，朴实无华，如故作艰深，就会令人望而却步，影响行文的效果。应用文中有的文件传达范围较广，读者文化程度不一，文件写得深奥难懂，就会影响文件精神的贯彻执行，达不到行文的目的。

（四）规范

秘书文案语言的规范是指行文必须符合国家有关规定，如标点符号的用法，运用名称应注意的事项，运用时间和数字时应注意的事项，简化字的使用，缩写词语和简称运用时的注意事项，主题词的选用以及有些专业文书写作的规定用语，都必须按规定使用，不得各行其是，以免造成混乱，影响办事效率。

"语言要生动"是大多数文章的要求，秘书文案中的讲话稿、消息等文种应该适当讲求生动，其他应用文则不应追求生动。

二、秘书文案语言的特点

应用文的写作重在实用，语言讲究务实、规范，它不同于文学创作中使用的语言，其特点主要表现在"三多三少"上。

（一）介词多修饰性的词语少

在秘书文案中，为了说清事由、讲明道理、引用文件以及表明目的等，常常使用较多的介词，这在公文中较为突出。比如公文的标题，大都用"关于"这一介词引出，而正文中，介词使用得更多了。例如："根据国家物价局的通知，××市将从一九××年一月一日起，对供应外宾的部分粮食、食油的价格将有所调整，按优质优价实行国内议销价格。为不使享受我国奖学金的外国留学生的生活受到影响，决定从一九××年一月一日起，调整在我国学习的外国留学生的奖学金……"其中的"根据、从、对、按、为和在"等都是介词。在应用文中常用的介词有以下几种：

1. 表示关联、范围的有："关于"；
2. 表示对象、关联的有："对、对于和将"等；
3. 表示依据的有："依据、根据和遵照"等；
4. 表示目的的有："为了、为"等；
5. 表示状态方式的有："按照、参照、比照和通过"等；
6. 表示处所、方向的有："从、向和在"等；
7. 表示时间的有："自从、自、于和当"等；
8. 表示原因的有："由于、由"等；
9. 表示比较的有："比、跟和同"等；
10. 表示排除的有："除了、除"等。

而一些修饰性的词语，在应用文中须少用，比如"红彤彤、热乎乎、目不转睛、面红耳赤、金光万道、朝霞满天和月明星稀"等。还有一些比拟、浮想和象征等语言也基本不用，如"灿烂的阳光下盛开的百花是您的笑容，葱郁耸立的山峰是您的身影，等等。应用文只需如实反映情况，不用作形象、生动和夸张的描绘。

（二）专用词多语气词少

秘书文案涉及的面很广，如财政、金融、保险、税务以及外贸等专业应用文，这些专业各有其专用术语。比如资金、净资产、利润、负债、损益、信托、抵押、索赔、免税、预算、投资和费用等。只有熟悉掌握本范围内的专业用语，才能更好地反映专业情况，写好应用文。

语气词（包括叹词）在应用文中基本不用，如“吗、呢、啊、呀、啦、哪和哇”等，这些语气词在文学创作中为抒发感情需要经常使用，而应用文不需要以此来抒发情感，打动对方。

（三）文言词多口语少

相对其他文体而言，文言词语在应用文中使用得多一些，这是因为应用文注重语言的规范、庄重、严谨和简洁。尤其在公文和对外的信函中，文言词语用得更多，比如“业经、兹将、顷奉、谨悉、惠鉴、接洽、卓夺、稽迟、函达、此复、尚希、恕不、查照和洽商”等词语。应用文中适当用一些文言词语，可以起到白话文不能起到的语言效果。

在应用文中，口语基本不用，这是因为口语欠庄重、太随便、不严谨，有时意思不明确，比如“帮帮忙、好不好、好得不得了、野路子、野豁豁、让我想一想以及拎不清”等等。这些口语显然不十分严肃，有碍应用文的表达。

第二编

公务文书

经典论述

公务文书是指在处理行政事务过程中所常用的各种文体，它们都有严格的格式要求，其特点是讲求规范性、政策性和时效性。企业的公务文书虽然与政府公文在规范性上有些差异，但也要注意公文的基本要求，如正确选择文种，明确行文关系，语言简洁准确等。本篇选择了通知、通报、公告、通告、报告、请示、批复、函、会议纪要和决定等文种，以新的诠释和训练模式，介绍了各种文体的写法。

第一章

公文种类与格式

本章教学目标

知识目标：

了解公文写作的实际情景、特点和作用，掌握公文的种类、适用范围与写作要求，掌握公文格式的要求。

能力目标：

能够按照公文的不同种类和格式要求，利用电脑或手工熟练正确地制作常用公文。

写作任务

根据公文写作知识，修改下面的公文。

浙江省文化厅关于举办第八届音舞节的通报

浙文艺［2011］第33号

各有关市文化广电新闻出版局，各参赛单位：

浙江省第八届音舞节经近半年筹备，现定于12月在杭州举办，有关事项通知如下：

一、比赛日期

12月13日至19日。

二、领队会议

11月29日下午2时30分在省文化厅1楼大会议室召开领队会议，请各参赛单位负责人准时参加。

三、材料报送

进入决赛阶段的声乐类、器乐类作品请于11月15日前填写作品分类表（详见附件1、附件2）并报送省文化厅艺术处（地址：杭州市曙光路53号，邮编：310013）。

进入决赛阶段的声乐类、器乐类演唱、演奏新作品（含初评阶段后又作修改作品），尚未提供歌词简谱、乐曲总谱的，须提供歌词简谱一式15份、乐曲总谱一式3份，汇总后由各参赛单位负责人于11月29日下午一并报送。

四、参赛作品名单

参赛作品名单已确定，现予以公布（详见附件3）。

五、费用安排

决赛阶段参演人员食宿交通等自行安排，费用自理。

联系人：徐　坚　电话：0571－85211739

　　　　薛　亮　电话：0571－85215875

　　　　朱丽仙　电话：0571－85211735

　　　　　　　　传真：0571－85113504

附件：1. 浙江省第八届音舞节（决赛阶段）声乐类作品分类表

　　　2. 浙江省第八届音舞节（决赛阶段）器乐类作品分类表

　　　3. 浙江省第八届音舞节（决赛阶段）参赛作品名单

2011 年 11 月 4 日（公章）

写作任务分析

这个写作任务主要是强化学生对公文格式要求的掌握，涉及运用文种是否正确，规范的发文字号如何表述，主送机关、附件格式是否正确，成文时间是否规范等方面，学生必须掌握规范的公文格式要求，才能够完成此任务。

必备知识 & 工具箱

国家行政机关公文格式于 2000 年 11 月由国务院办公厅秘书局编定。根据《国家行政机关公文处理办法》和《国家行政机关公文格式》的规定，公文格式包括：公文的书面格式、排版、用纸以及装订等。

《办法》第十条规定："公文一般由秘密等级和保密期限、紧急程度、发文机关标识、发文字号以及签发人、标题、主送机关、正文、附件说明、成文日期、印章、附注、附件、主题词、抄送机关、印发机关和印发日期等部分组成。"一份公文，可分为眉首部分、行文部分和版记部分，每一部分又包含若干内容，下面分别加以阐述。

工具一：眉首部分

眉首，位于文件首页上端，大约占页面的 1/3（下行文）或 1/2（上行文）。

要素齐全的眉首由秘密等级、保密期限和份数序号，紧急程度，发文机关标识，发文字号以及签发人组成。

1. 秘密等级、保密期限和份数序号

秘密等级简称密级，涉及国家机密的公文需要保密并注明秘密等级，按保密程度，保密等级依次递减为：绝密、机密和秘密三个等级。

确定密级和保密期限，可根据《国家秘密及其密级具体范围的规定》对号入座。保密期限一般绝密事项不超过 30 年，机密事项不超过 20 年，秘密事项不超过 10 年，不满一年以月记，超过一年以年记。其标引方法为：密级★保密期限，用三号黑体字顶格标识在版芯右上角第一行，两字之间空一字。

份数序号是指每个绝密或机密文件根据所印份数统一编定的顺序号，也称"流水号”，编号的目的是便于登记、查询和存档。普通的公文一般不加份数序号。份数序号用阿拉伯数字顶格标识在版芯左上角第一行。

2. 紧急程度

紧急程度是指公文送达和处理的时限要求。需要紧急处理的公文要根据情况标明“特急”或“急件”字样。某些文件可以在标题中出现“紧急”字样，如：《关于禁止使用代币购物券的紧急通知》。若在标题中已经出现了紧急程度，那么眉首部分就不必重复出现了。如果是电报，则应当标明“特提”、“特急”、“加急”、“平急”字样。

紧急程度用三号黑体字，顶格标识在版芯右上角第一行，两字之间空一字；如需同时标识秘密等级和紧急程度，则秘密等级在第一行，紧急程度在第二行。

3. 发文机关标识

发文机关是指制发公文的单位，是公文的法定作者，表明公文的归属。发文机关应该用全称或规范化的简称加“文件”二字组成（上行文或普发性公文只有发文机关名称），位置在眉首部分的正中，用小标宋体字，红色标识，字号由发文机关以醒目美观为原则酌定。

联合行文时，主办单位名称排列在前，“文件”二字置于发文机关名称右侧，上下居中排列；如联合行文机关过多，则必须保证公文首页显示正文。

4. 发文字号

简称文号，是指发文机关在一年之内所发公文依次编排的顺序号。文号由机关代字、年份、顺序号三部分组成。如：国发〔2003〕26 号，表示国务院在 2003 年度发布的第 26 号文件。机关代字是机关名称的缩写，应准确无误，一般由领导部门统一编定，不得随意变换。在机关代字后，还可以加上“发”、“字”等字样。年份是发文的年度，用阿拉伯数字，写完整年份，并且只能用六角括号。序号是发文的顺序号，除“命令”之外，序号前不加“第”字，也不拟虚位（即 1 不编为 001）。文号三个部分的位置不能调换，其位置在发文机关标识下方居中排列，用三号仿宋体（眉首出现“签发人”时，文号的位置向左移）。联合行文时，只标明主办机关的文号。

文号之下四毫米处，印一条与版芯等宽的红色反线。

公文在刊发时，没有必要把眉首一并刊出，此时，眉首部分常常略去，而文号移入标题下方。

5. 签发人

签发人是指代表发文机关核准并签发公文文稿的领导人姓名。上报的公文需标识签发人姓名，平行排列于发文字号右侧。发文字号居左空一字，签发人居右空一字。签发人用三号仿宋体，加冒号，签发人姓名用三号楷体字标识。如有多个签发人，主办单位签发人的姓名置于第一行，其他签发人姓名从第二行起在主办单位签发人姓名之下按发文机关顺序依次排列，并下移红色反线，应使发文字号与最后一个签发人姓名处在同一行，并使红色反线与之距离为四毫米。

《办法》规定：“上行文应当注明签发人、会签人姓名。其中‘请示’应当在‘附注’处注明联系人的姓名和电话”。

工具二：主体部分

这部分是公文的主体，包括标题、主送机关、正文、附件说明、成文时间、印章和附注几项内容。

1. 标题

公文标题就是公文名称，是公文核心内容的概括。一般包含三个要素：发文机关名称、发文事由、公文种类。

发文机关名称用全称或规范化的简称；事由部分应当准确简要地概括公文的主要内容，并由介词“关于”起领；文种的选择应根据行文目的、发文机关的职权和与主送机关的行文关系确定。标题中除法规条文、规章（包括条例、办法、细则和规定等）的名称可以用书名号外，一般不用标点符号。

公文标题的形式一般有三种：

（1）完整式

这类标题三要素俱全，如《浙江省人民政府关于调整乡镇土地利用总体规划审批权限的通知》。

（2）省略式

这类标题可以省略发文机关，如《关于商洽代培文秘人员的函》，一般上有眉首，下有印章，正文的标题常可省略发文机关；也可以省略事由部分，如《中华人民共和国主席令》；也有一些普发性公文标题，把发文机关和事由都省略的，如公共场所张贴的通告，有时仅有“通告”二字。

（3）转发式

这类标题要把被转的公文标题作为事由，用“转发”或“批转”领起，并在这两个词前省略“关于”。转发的层次不宜过多，一般以两层为宜。

标题用二号小标宋体字，可分一行或多行居中排列；回行时要做到词意完整，排列对称，间距恰当。

2. 主送机关

是指负责处理公文的主要受理机关，也称“上款”或“抬头”。它是发文机关要求周知、贯彻执行或研究答复这份公文的单位。除少量面向全社会或某单位全体人员发布的普发性公文外，都应当注明主送机关。上行文、平行文一般只有一个主送机关，而下行文的主送机关可以有多个，一般按系统、级别排列，不同系统级别间加逗号，同系统级别间加顿号，并用通称“各”起领。如：国务院发文时，主送机关就经常是“各省、自治区、直辖市人民政府，国务院各部位、各直属机构：”标识时顶格，用三号仿宋体，后加冒号。

公文一般不主送给领导人个人。

3. 正文

这一部分是公文内容的主体和核心，也是公文写作的关键。结构上一般包括开头、主体、结尾三大部分。

开头，用以阐明行文的原因、依据或目的，如果是回复性的公文，应该先引来文的标题、文号。主体，重在叙述情况、分析问题、说明理由和提出要求等，不同的文种有不同的内容和写法。结尾，有些公文有结尾，照应开头或主旨，提出解决问题的办法或要求；也有些公文只用一些规范化的语句作结，如“特此通知”、“此复”、“当否，请批示”、“特此函达”等。

写作正文时，要注意观点正确，符合国家的法律法规，符合有关的方针政策；表达上要有的放矢，不说空话、套话；叙述要准确、清晰；措施意见要具体、可行；语言简洁，逻辑严密。

4. 附件和附件说明

附件，是公文正文的印证性、说明性或以备查考的附带性材料，常见的如：名单、报表、统计资料和表格等。附件并非每份公文都有，一些直接附印在通知、通报、决定等文件后，在标题中已经出现过的被颁发、印发、转发或批转的文件一般不视为附件。

附件说明的位置，在正文下空一行左空两字，用三号仿宋体标识，后加冒号，并标明附件顺序、名称和份数，名称后不加标点符号。

5. 成文时间

成文时间又称发文时间或“署时”，是公文生效的法定时间。成文时间用公元纪年，小写汉字，要求年、月、日俱全。如：二〇〇三年三月十二日。

成文时间的确定：（1）一般公文，以领导人的签发日期为准；（2）联合行文，以最后一个机关领导人的签发日期为准；（3）会议通过的公文，以通过日期为准；（4）电报，以实际发出日期为准。

成文时间的位置：右空四字，加盖印章后距正文一行之内。

6. 印章和签署

印章是文件生效的标志，公文要加盖机关公章才有效。单一机关制发的公文在落款处不署发文机关名称，只标识成文日期，印章骑年跨月，压在成文时间上，上距正文一行之内。

联合下发的公文，需加盖两个印章时，应将成文日期拉开，左右各空七字，主办机关印章在前；两个印章均压成文日期，不能相交或相切，相距不超过三毫米。

当联合下发的公文加盖三个以上的印章时，为防止出现空白印章，应将各发文机关名称（可用简称）按加盖印章的顺序排列在相应位置，并使印章加盖或套印在其上。主办机关印章在前，每排最多排三个印章，两端不得超过版芯；最后一排如只余一个或两个印章，均居中排列；印章之间不相交或相切；在最后一排印章之下右空两字标识成文时间。

当公文排版后所剩空白处不能容下印章位置时，应采取调整行距、字距的措施加以解决，务使印章和正文同处一面，不得采取“此页无正文”的方法。

公文除会议纪要和以电报形式发出的以外，应当加盖印章。联合上报的公文，由主办机关加盖印章即可。

7. 附注

附注是对正文的某些内容或有关事项、要求的注解和说明，一般分三种情况：

（1）注释说明，对一些不易夹注的名词术语，在附注内加以注释说明。

（2）说明公文传达范围和阅读对象，如“此文发至省部级”。

（3）“请示”，应在附注内注明联系人的姓名和电话，以便于联系，提高工作效率。附注用三号仿宋体字，左空二字，加圆括号，标识在成文日期下一行。

工具三：版记部分

版记部分，包括主题词、抄送机关、印发机关和印发日期。版记中各要素之下均加一条反线，宽度同版芯。版记应置于公文最后一页，版记的最后一个要素置于最后一行。

1. 主题词

主题词是反映公文主题内容的一组规范化词语。公文标识主题词是为了办公自动化的需要，便于计算机管理。主题词的标引必须遵循有关的主题词表，并能为计算机所识别。国务院规定自1994年6月1日起执行《国务院公文主题词表》，各系统也可以根据自己的实际情况制定主题词表，一经确认，不得随意改变。

主题词的标引必须准确、规范、简洁。现行《国务院公文主题词表》分三层：第一层是对主题词区域的分类；第二层是类别词，如“贸易”区域内的“商业”、“外贸”等；第三层是类属词，即类别词下所属的各个词汇。

标引主题词时应该注意：

（1）一份文件的主题词并不是一句语法完整的句子，而是几个相关的名词或名词性词组，按一定的规则排列而成；词与词之间空一格，不加标点。

（2）标引顺序：先标类别词，再标类属词；在标类属词时，先标反映文件内容的词，在标反映文件形式的词。

（3）主题词的数量：一份文件一般控制在3－5个词。

（4）若一份公文有两个以上的主题内容，则应先集中对一个主题内容进行标引，再对第二个主题内容进行标引。即：类别词1＋类属词1＋类别词2＋类属词2＋文种。

（5）根据需要，可将不同类别的主题词进行组合标引。

（6）当词表中找不到适当的类属词时，可用类别词代替。

（7）主题词用三号黑体字，居左顶格标识，后标全角冒号；词目用三号小标宋体字。

2. 抄送机关

抄送机关是指除重要机关外需要执行或承办有关事项、需要知晓、需要备案的次要受文机关。标注时应当用全称或规范化的简称。根据不同的行文关系可分为：“抄报”（对上级）、“抄送”（对平级）、“发送”（内部行文或会议纪要）。

根据抄送规则，以下情况应考虑抄报送：

（1）向下级机关或者本系统的重要行文，应当直接抄报上级机关；

（2）受双重领导的机关向上级机关行文，应当分别写明主送机关和抄送机关；

（3）上级机关向受双重领导的下级机关行文，必要时应当抄送其另一上级机关；

（4）特殊情况下越级请示时，应抄报越过的那个上级机关。

抄送机关的位置在主题词下一行，左空一字，用三号仿宋体字标识，后加全角冒号。

抄送机关间用逗号隔开，回行时与冒号后的抄送机关对齐；最后一个抄送机关后加句号。

3. 印发机关和印发时间

印发机关多数是指发文机关里负责制发公文的办公厅（室）。印发时间是指印发该公文的实际时间，与成文时间不是一个概念。

印发机关和印发时间位于抄送机关下同一行（无抄送机关时在主题词下），用三号仿宋字。印发机关左空一字，印发日期右空一字，用阿拉伯数字标识。

工具四：撰写公文的要求

在草拟公文前，首先要确定公文的文种，公文文种应当根据行文目的、发文机关的职权、发文机关与主送机关之间的行文关系来确定。公文内容必须符合国家的法律、法规及有关政策、规定；做到观点明确，情况真实，结构严谨，条理清晰，用语规范。

（一）公文的结构

一篇公文采用什么样的结构形式，要根据文种和公文的主旨、内容来确定。文种不同，用途各异，结构形式也随之变化。即使是同一文种，也会因内容的不同而使正文结构发生变化。尽管如此，公文的结构还是有规律可循的。例如，一篇公文的结构，一般分三大部分，即：开头部分、主体部分和结尾部分。

1. 开头部分

公文的开头，总的要求是开门见山，直陈其事，不要迂回曲折，拐弯抹角。通常使用的方法有以下几种：

（1）原因式，一般用“由于”、“鉴于”等开头，直述发文原因，可概述某项工作，也可简述存在的问题；要抓住实质，删繁就简，以便迅速转入正文。

（2）目的式，通常用介词“为了”、“为”等开头，说明制发公文的目的。陈述目的意义，一定要高度概括，切忌拉沓冗长，套话、空话连篇。

（3）根据式，通常用介词“根据”、“依据”、“遵照”等开头，写出发文的依据。一般的依据是国家的某项政策、上级的指示、领导意图和会议决定等。写作时，要准确精练，紧扣主旨。

（4）引用式，这种开头方式适用于回复性公文，一般开头就引用对方来文的标题和文号，如“你行《关于××××××的请示》（×银发［2003］16号）收悉，经研究，现答复如下。”也有的用“现将”开头，直接切入主体，如：“现将《××××××××》印发给你们……”。

开头部分可以用一句话，也可以用一段话；在开头部分的末尾，通常用公文惯用的承启语连接主体部分，如：“现将有关事项通知如下”、“现将情况报告如下”、“特制定本办法”等。

2. 主体部分

公文主体的布局一般有三种方式：

（1）纵式结构。各层次之间是层层深入的递进关系。可以按事物发生发展的过程依次撰写；也可以按时间顺序撰写。“递进”的关键在于符合事物发展的客观规律和认识规律。

（2）横式结构。正文主体各部分之间是并列关系时，可采用横式结构。写作时，每个并列的部分，在围绕一个主旨的原则下，保持意思的相对完整，分量大体相当。横向并列式布局，要求结构严谨，过渡自然，浑然一体。

（3）撮要式结构。当公文正文内容较为复杂时，可在每部分内容之前，加上能概括该部分内容的段旨句或小标题，有时还可加上数字标明序号。

结构层次序数，第一层为“一”，第二层为“（一）”，第三层为“1”，第四层为“（1）”。

3. 结尾部分

公文的结尾通常有以下几种形式：

（1）以公文的惯用语结尾。如：“当否，请指示”、“特此函达”、“特此公告”、“特此通知”。

（2）提出希望或要求。如：“如无不当，请批转……贯彻执行”、“当否，请批示”、“以上各项，希遵照执行”。

（3）发出号召。“通报”、“嘉奖令”、“决定”等公文，往往用一段激励或号召的话做结尾。

在安排公文结构时，要以完整、正确地表达公文内容为目的，做到内容和形式统一，不要生搬硬套，削足适履。

（二）公文的语言

正确运用公文语言，做到用语精确、简洁、明了，要注意其表达的特殊性。公文语言的特点主要表现在以下几个方面：

1. 介词、副词使用频率很高。介词不仅在公文标题中作为事由部分的起领词语，而且在正文中也被大量采用。介词结构的使用，可以从目的、范围、对象、依据和方式等方面对被表述的对象、内容进行修饰，使表达更加明确、严密、完整。如：表对象、范围：“将”、“对”、“对于”、“关于”；表目的、手段：“为”、“为了”、“按照”；表依据、方式：“根据”、“依据”、“遵照”、“在”等。

例句：遵照国务院的指示，并根据我省实际，现对……做如下安排。

副词，尤其是表程度、范围的副词，在公文中的使用频率也很高。如：“凡”、“凡是”、“一切”、“都”、“一律”、“特”、“特此”等。

例句：凡购买上述专项控制商品的，都必须报经社会集体购买力管理机关审批，到指定的商店购买；未经批准的，一律不得购买。

2. 联合结构出现频率高。在公文写作中经常使用联合词组充当句子中的各种成分，甚至在一句话中连续使用几个联合词组。

例句：各地区、各部门、各单位一律表达违反规定，在平时或中秋、国庆、元旦或春节等节日不准以任何借口、任何形式滥发奖金、补贴和津贴。

例句：保护、发展和合理利用野生动物、野生植物资源。

联合结构的运用，可以减少句子中的许多重复成分，使公文内容的表达更为明确、全面和简练。但在文中运用联合结构时，要特别注意以下几点：联合词组的各项词性必须一致，而且结构相近；各项概念级别一致，严格区分种概念和属概念，各项概念的外延不得重复、交叉；联合词组内的词序应按一定的逻辑顺序排列。

3. 无主句、祈使句使用频率高。无主句在颁布法令、法规、规章和制度的公文中，运用十分广泛。

例句：禁止猎捕、杀害国家重点保护野生动物。

这一句是国家法律条文，是人们行为的规范，任何一个公民、任何一级政府都有遵守和执行的义务，因此不需要也无法补出主语。无主句的运用既能明确表意，又能使文字表达简洁，符合公文语言的要求。

祈使句在指挥类的命令、决定、通报和通知等文种和请示、求批函等文种中使用较多。它主要用来明确告诉人们可以做什么，不准做什么，请求做什么等。祈使句常用“必须”、“应该”、“禁止”、“不准”、“不得”、“请”等词语，来表达规定性、指示性和请求性。

例句：要建立严格的会议审批制度，一切会议都不准住高级旅游宾馆，不准举行宴会，不准用烟酒招待，不准发纪念品和土特产。

以上意见如无不妥，请批转有关单位贯彻执行。

工具五：公文种类

根据国务院2000年8月24日发布，2001年1月1日起施行的《国家行政机关公文处理办法》（以下简称《办法》），我国现行的行政公文种类（以下简称为文种）有13种：命令（令）、决定、公告、通告、通知、通报、议案、报告、请示、批复、意见、函和会议纪要。

由于行文方向不同，公文又可分为上行文、平行文和下行文。上行文是指下级机关向上级机关发送的公文，如请示、报告；平行文是平级机关或不相隶属机关之间的相互行文，如函、议案；下行文是上级机关向下级机关所发的公文，如命令、决定、批复、通知、通报和通告等。根据不同情况，会议纪要可以平发也可以下发；意见可以上行也可以下行，上级机关向下级机关询问情况时，可以发询问性函；制发公文时，应酌情区别选用。

一、命令（令）

适用于依照有关法律公布行政法规和规章；宣布施行重大强制性行政措施；奖惩有关人员。

命令具有很强的权威性和约束力，它的使用有严格的规定，必须是国家政府机关和政府机关领导人才能使用。如中华人民共和国全国人民代表大会常务委员会及其委员长，中华人民共和国主席，国务院，国务院总理及各地省、地、县权力机关和政府机关。普通的机关单位、群众团体、社会团体及民间机构不得使用。因作用不同，命令（令）可以分为：

（一）公布令

主要用于发布国家重要行政法令、法律、法规及重要规章等。如：

中华人民共和国主席令
第 54 号

《全国人民代表大会常务委员会关于修改〈中华人民共和国检察官法〉的决定》已由中华人民共和国第九届全国人民代表大会常务委员会第二十二次会议于 2001 年 6 月 30 日通过，现于公布，自 2002 年 1 月 1 日起施行。

中华人民共和国主席　江泽民
二〇〇一年六月三十日

（二）行政令

主要用于发布重大强制性行政措施，要求有关方面采取约束性行动等。如：《广东省人民政府关于查禁公路上“三乱”行为的命令》。

（三）任免令

主要用于任命或罢免国家主要工作人员，而不是一般的工作人员。如：

中华人民共和国国务院令
第 30 号

根据中华人民共和国第九届全国人民代表大会常务委员会第十四次会议 2000 年 3 月 1 日的决定：

免去周永康的国土资源部部长职务。

任命田凤山为国土资源部部长。

中华人民共和国总理　朱镕基
二〇〇〇年三月一日

（四）嘉奖令和惩戒令

主要用于嘉奖和惩戒有重大贡献或严重错误的单位或个人。如由国务院总理朱镕基和中央军委主席江泽民联合签发的《国务院、中央军委关于给武警部队抗洪抢险先进单位及个人授予荣誉称号和记功的命令》（国发［1998］83 号）。

二、决定

适用于对重要事项或重大行动做出安排，奖惩有关单位或人员，变更或撤销下级机关不适当的决定事项。

决定是行政领导机关使用的严肃、庄重的公文文种，非“重要”、“重大”不用；这是它有别于通知的地方。如《国务院关于大力推进职业教育改革与发展的决定》，对重要事项做出安排；《国务院关于成立国务院西部地区开发领导小组的决定》，对重大行动做出安排；《国务院关于 2001 年度国家科学技术奖励的决定》（例文一），对有重大贡献者进行了嘉奖。

三、公告

适用于向国内外宣布重要事项或法定事项。

公告的使用必须严肃，不能滥用，一般应把握好使用范围及其内容的重要性和法定性。如：公布国家领导人选举结果，宣布发射洲际导弹的消息；发布专利公告、破产公告、企业法人登记公告等。

四、通告

适用于公布社会各有关方面应当遵守或者周知的事项。

通告是在一定范围内公布有关事项，一般的企事业单位也可以使用。它和公告的主要区别在于：

（一）使用范围不同

公告是向国内外宣告，范围较广；而通告只是在局部地区对某一部分人宣告。

（二）内容的重要程度不同

公告宣告的内容是重要的或法定的；而通告只是告知应遵守或知晓的事项。

五、通知

适用于批转下级机关的公文，转发上级机关和不相隶属机关的公文，传达要求下级机关办理和需要有关单位周知或者共同执行的事项，任免人员。

通知是公文中使用频率最高的文种，根据其性质和使用范围，可以分为：

（一）指示性通知

在上级机关对下级机关的工作有所部署、要求时使用，带有指挥性、指示性。如《浙江省人民政府关于“十五”时期加强全省国家公务员培训和专业技术人员继续教育的通知》（例文二）。

（二）批示性通知

在批转下级机关来文或转发其他机关来文时使用。如《浙江省人民政府办公厅转发省经贸委、省科技厅关于加快实施中药现代化工程意见的通知》。

（三）发布性通知

在公布法规、规章或印发事务性文书时使用。如《国务院关于发布〈国家行政机关公文处理办法〉的通知》。

（四）周知性通知

在告知有关单位需要知晓或执行的事项时使用。如人事安排调整，机构设置，办公地址迁移等。如《浙江省人民政府办公厅关于建立全省政府系统调查与研究报告网上资料库的通知》。

（五）会议通知

在召开重要会议之前使用。如《河北省人民政府办公厅关于召开河北省政法工作会议的通知》。

（六）任免通知

各级行政机关任命或者免去有关人员职务时使用。

六、通报

适用于表彰先进，批评错误，传达重要精神或者情况。

（一）表彰性通报

主要用于表彰好人好事，介绍先进经验，号召人们学习先进，改进工作。如《浙江省人民政府关于表彰占旭刚等优秀运动员、教练员的通报》（例文三）。

（二）批评性通报

主要用于批评错误行为，告诫和教育人们吸取教训，引以为戒。如《中共中央办公厅、国务院办公厅关于2001年下半年至2002年上半年涉及农民负担恶性案件的通报》（例文五）。

（三）情况通报

主要用于在一定范围内沟通工作情况，公布工作要点，使有关方面、有关人员全面了解情况，统一思想认识，做好工作。如《国务院办公厅关于1999年各部门报送公文、简报情况的通报》。

七、议案

适用于各级人民政府按照法律程序向同级人民代表大会或人民代表大会常务委员会提请审议事项。

按照不同的目的和内容，议案一般可以分为三类：

（一）立法议案

根据有关规定，我国的立法机关是人民代表大会，因此，各种法律法规首先要提交人民代表大会或人民代表大会常务委员会审议通过后才能确立。如《国务院关于提请审议〈中华人民共和国劳动法（草案）〉的议案》。

（二）政事议案

关系到国家利益的各种重大的行政事务，如中国政府与各国政府签订的协议、国家机关的变更、国民经济计划及国家财政预算决算等，都要提请人民代表大会或人大常务委员会审议通过。如《国务院关于提请审议批准〈中华人民共和国和摩尔多瓦共和国领事条约〉的议案》。

（三）人事议案

国家和国家机关主要领导人以及国家驻外机构的主要负责人的任免，也要由政府提请全国人民代表大会或人大常务委员会审议。

议案不仅仅是行政公文，也是人大公文。依据《中华人民共和国全国人民代表大会组织法》规定："全国人民代表大会主席团、全国人大常委会、全国人大各专门委员会、国务院、中央军事委员会、最高人民法院、最高人民检察院，可以向全国人民代表大会提出属于全国人民代表大会职权范围的议案；一个代表团或者30名以上的代表，可以向全国人民代表大会提出属于全国人民代表大会职权范围的议案。"依据《地方组织法》"地方各级人民代表大会举行会议的时候，主席团、常务委员会、本级人民政府和代表（三人以上附议），都可以提出议案。"议案提出后，还须列入大会议程，进行讨论、审议和决定，一经通过，就具有法律效力；未通过的议案作为建议处理。

八、报告

适用于向上级机关汇报工作，反映情况，答复上级机关询问。报告按其使用性质可以分为两种：

（一）呈报性报告

它是下级机关根据上级指示精神或上级的询问，在工作完毕后或在工作中遇到问题时，向上级汇报、反映情况。报告可以陈述工作完成、进展情况；陈述工作中存在的问题；也可以提出一些意见、建议，但仅供上级参考。有时报送材料、物品也可以用报告行文。如《国务院纠风办、农业部、监察部、财政部、国家计委、国务院法制办关于2001年下半年至2002年上半年涉及农民负担恶性案件的情况报告》。

（二）呈转性报告

它是下级机关呈报给上级机关，并要求批准转发给有关部门执行的报告。这类报告在内容上以意见和建议为主；有的是在工作进行前，对工作提出具体措施、办法；有的是针对工作中存在的问题提出具体解决办法。

九、请示

适用于向上级机关请求指示、批准。请示按其使用性质大致可分两种：

（一）求示性请示

下级机关在工作中对某些政策把握不准时，可以向上级机关请求给以答复、指示；当工作中出现疑难问题无法解决时，也需要上级给予帮助、指示。如《关于调整烟叶经济政策实施方案的请示》。

（二）求批性请示

这类请示主要是对本机关无权决定或无力解决的问题，提出请求，阐明意见，请求上级机关审核批准。如机构设置、人事安排、筹划项目、申请经费等。如《××省人民政府关于申请设立××出口加工区的请示》。

请示和报告同属上行文，撰写时容易混淆，可以从以下几个方面加以区别：

1. 行文目的不同。请示是向上级行文，是请求批转有关事项，给予工作指示或者答复问题等，需要上级机关作出明确答复，具有呈请性、期复性。报告是向上级机关汇报工作、反映情况、提出建议等，并不需要答复，具有陈述性、呈报性。

2. 行文时间不同。请示应该在工作、行动之前行文，等上级指示下达后才能付诸实施，不能“先斩后奏”。报告则可以在工作结束或进行过程中制发。

3. 结尾不同。请示的结尾用语常为：“当否，请批复”或“当否，请批准”。报告的结尾用语常为：“特此报告，请审阅”或“如无不当，请批转各地执行”。

4. 正文写法不同。请示必须一文一事，即一份请示只能请示一件事，而报告则无此要求。

十、批复

适用于答复下级机关请示事项。批复与请示相对应，可以分为指示性批复和批准性批复。

（一）指示性批复

是对下级机关的求示性请示的回文，并对有关问题作明确的答复。如《国务院关于深圳市城市总体规划的批复》（例文七）。

（二）批准性批复

是对下级机关求批性请示的答复。上级机关对下级机关的求批性请示，无论同意与否，都要作出答复，下级应遵照执行。如《国务院关于福建省进一步对外开放问题的批复》。

十一、意见

适用于对重要问题提出见解和处理办法。意见是2000年8月国务院发布的《国家行政机关公文处理办法》中新增的公文文种。它的最大特点是行文方向灵活，使用方便。

意见上行时，下级机关向上级机关提出对某项工作的见解和处理办法，称为建设性意见；上级机关应对下级机关报送的意见作出处理或给予答复。

意见下行时，上级机关向下级机关提出规定性、指令性的工作意见；下级机关应遵照执行。如《国务院关于进一步做好退耕还林还草试点工作的若干意见》（例文八）。

意见平行时，用来向平级或不相隶属机关提出看法、主张或征求意见。

十二、函

适用于不相隶属机关间相互商洽工作，询问和答复问题，请求批准和答复审批事项。从函的内容和用途来看，函可以分为：

（一）商洽函

它是机关单位之间用来商洽工作，联系事项的函。如《××省工业厅关于商洽代培文秘人员的函》（例文九）。

（二）问答函

它是机关单位之间询问和答复问题的函。如《××省物价局关于普通与成人高考考试等收费问题的复函》。

（三）求批函

它是向有关职能部门请求批准的函。如《××省人民政府办公厅关于申请将省行政首脑机关办公决策服务系统建设经费列入省财政预算的函》。

函与请示都是期复性公文，希望得到对方机关的答复，它们的区别主要在于：

1. 行文关系不同。函是平行文，用于不相隶属机关之间；请示是上行文，只能在上下级机关之间运用。

2. 复文文种不同。复函是对问函作出答复；而批复是对请示的回复。

3. 行文语言不同。函是平行文，用语较为谦和有礼；请示是上行文，格式和行文要求更为严格。

十三、会议纪要

适用于记载、传达会议情况和议定事项。

会议纪要的发文方向不确定，既可以上传也可以下达，起沟通情况、交流经验和指导工作的作用。根据内容和性质的不同，会议纪要可以分为两大类：

（一）决策性会议纪要

会议经过讨论后达成共识，提出对某项具体工作的意见和建议，议定的事项要求有关单位共同遵守和贯彻执行，起决定和指导作用，同时还有行政约束力。如《××省人民政府省长办公会会议纪要》。

（二）研讨性会议纪要

这类会议通过对有关方针政策或学术问题的探讨，起到交流经验的作用，因此，这类会议纪要主要是让有关方面了解会议情况，没有行政约束力。但是如果涉及的问题对工作有指导作用，并且经领导机关批转有关单位，那它的作用就和决策性会议纪要相同。如《浙江省企业家座谈会议纪要》。

参考例文

关于调整城乡居民社会养老保险基础养老金标准的通知

浙人社发〔2011〕200号

各市、县（市、区）人力资源和社会保障局（劳动保障局）、财政局，嘉兴市社会保障事务局：

根据《浙江省人民政府关于加快实施城乡居民社会养老保险制度的意见》（浙政发〔2011〕19号）精神，为保障城乡居民基本生活，共享社会发展成果，经省政府同意，从2011年7月1日起，全省城乡居民社会养老保险基础养老金最低标准由每人每月60元调整为66元。

调整城乡居民社会养老保险基础养老金水平，体现了省委、省政府对广大城乡居民的关心。各地要高度重视，加强领导，精心组织实施，确保按时调整到位。

二〇一一年六月二十二日（公章）

写作实训

完成前述写作任务。要求：

1. 文种选择适当；
2. 符合文本格式规范和要求。

检查与评估

1. 学生结合前述写作规范，自我检查或相互检查；
2. 教师选择学生例文进行点评。

写作实训拓展

1. 修改、完善前述写作任务；
2. 总结自己完成写作任务的得失。

参考范文

浙江省文化厅关于举办第八届音舞节的通知

浙文艺〔2011〕33号

各有关市文化广电新闻出版局，各参赛单位：

浙江省第八届音舞节经近半年筹备，现定于12月在杭州举办，有关事项通知如下：

一、比赛日期

12月13日至19日。

二、领队会议

11月29日下午2时30分在省文化厅1楼大会议室召开领队会议，请各参赛单位负责人准时参加。

三、材料报送

进入决赛阶段的声乐类、器乐类作品请于11月15日前填写作品分类表（详见附件1、附件2）并报送省文化厅艺术处（地址：杭州市曙光路53号，邮编：310013）。

进入决赛阶段的声乐类、器乐类演唱、演奏新作品（含初评阶段后又做修改的作品），尚未提供歌词简谱、乐曲总谱的，须提供歌词简谱一式15份、乐曲总谱一式三份，汇总后由各参赛单位负责人于11月29日下午一并报送。

四、参赛作品名单

参赛作品名单已确定，现予以公布（详见附件3）。

五、费用安排

决赛阶段参演人员食宿交通等自行安排，费用自理。

联系人：徐　×　电话：0571－85211739
　　　　薛　×　电话：0571－85215875
　　　　朱××　电话：0571－85211735
　　　　　　　　传真：0571－85113504

附件：1. 浙江省第八届音舞节（决赛阶段）声乐类作品分类表
　　　2. 浙江省第八届音舞节（决赛阶段）器乐类作品分类表
　　　3. 浙江省第八届音舞节（决赛阶段）参赛作品名单

二〇一一年十一月四日

第二章

常用公务文书

第一节 通　　知

本节教学目标

知识目标：

学习通知的理论知识，了解通知和通报的区别，明确其在社会实践活动中的重要作用。

能力目标：

通过通知的写作任务训练，把理论知识转化为写作该文种的技能，掌握写作要领，并能熟练自如地进行写作。

写作任务

任务一：

进入大学，你会发现你面临着新的生活，你身边多了新的朋友、同学和老师，你们之间会发生很多令你难忘的故事。你会有可能加入某个社团，希望发展你的兴趣、锻炼你的能力、结交新的朋友。现在假设你是学校五月风文学社团的工作人员，打算在本周末举行一次文学沙龙，现请你草拟一份通知，召集社团成员参加此项活动。具体时间、内容、要求事项自拟。

任务二：

当你走上工作岗位后，你会发现每个公司都有不同的管理风格，有的公司一个月开一次会，有的公司一天要开两次会，早会时鼓舞士气，晚会时总结一天工作进展。现假设你是一家服装公司工作人员，你们公司在全省各地区设有 11 家分店，每个季度这 11 家店长都要开季度销售会议，在会上，他们会通报各自的销售业绩以及接下来的工作思路，公司总部也会有很多事情进行指导及传达。请根据以上提示拟一份通知，召集这些店长开下一季度销售会议。

任务三：

当你进入一家不错的公司的时候，你会发现这些公司都会注重企业文化建设，他们会通过各种活动以及福利来调动员工的积极性，增强员工对企业的认同感和归属感，现假设你是四明银行杭州分行办公室的工作人员，近期你们单位想组织客户经理去黄山旅游，时间定在本月的最后一个双休日，请草拟一份通知。

写作要求： 文种选择适当，格式规范，要素齐全，对提供的材料有所组织，正确使用公文语言。

写作任务分析

这个写作任务主要是为了让学生熟悉并掌握通知的用途、格式与写作要求。学生要起草一份合格的通知，了解通知的文体规范就至关重要。

根据以上材料，我们可以作出以下情景分析：

各种类型的单位，都有很多工作需要部署、落实，个别单项的、简单的工作，可以通过电话、面谈进行，但涉及面比较宽、内容比较复杂的工作，就需要借助开会、发文件的方式了。在实际工作中，这两者往往结合使用，开会进行协调，文件提出具体要求，既显得正式，又方便下级执行。

多种公文可以用来发布信息，它们包括公告、通告和通知，它们也都属于下行文。但它们之间的区别也是明显的：公告使用者级别高，所关涉的事情重大；通告所关涉的事情是要社会有关方面周知、遵守的，事情的重要性比公告低，范围比公告窄，但范围比通知宽。它们都属于下行文，但通知是明确要求有上下级关系的。

必备知识 & 工具箱

为了完成这个写作任务，必须掌握一些公文，尤其是“通知”的基本知识：文种概念、种类、要素、格式要求及语言要求等。学生应对这些知识有清晰的认识。在这个案例中，除了必须了解通知的概念外，还应该区别它与公告、通告的差异。

工具一：通知的概念与种类

➢ 通知的概念

通知适用于批转下级机关的公文，转发上级机关和不相隶属机关的公文，传达要求下级机关办理和需要有关单位周知或者执行的事项，任免人员。通知是各级党政机关、人民团体、企事业单位在公务活动中最常用的一种公文，使用频率高，应用范围广。

➢ 通知的种类

1. 指示性通知。上级机关对下级机关工作有所指示、安排、要求办理时，不适于用命令行文时，应用指示性通知。如《国务院办公厅关于严格控制举办城市周年庆典活动的通知》。

2. 批转性通知。“批”是批示、批准的意思，“转”是转发的意思，“批转”的意思即上级部门对下级来文（意见、请示、报告）作出批示并转发到有关部门。这种通知也带有指示的性质，要求有关单位遵照执行或参照执行。

批转性通知的使用一般有两种情况：一是上级机关认为下级机关的意见、请示等所反映的情况和问题对全局有着较普遍意义，可以借以指导面上的工作因而加以批转；二是下级机关需要解决的问题涉及不相隶属的单位或部门，请求上级机关通过批转下发以使工作得到顺利开展。值得强调的是，下级机关的公文一旦经过批转，就变成了批转机关的意见，因而就有了在全国或者在其管辖范围内的行政约束力。如《国务院批转证监会关于提高上市公司质量意见的通知》、《浙江省人民政府批转省土地管理局关于对征而未用荒芜土地检查情况报告的通知》。

3. 转发性通知。上级机关、平行机关、不相隶属机关的公文，适用于本机关下属各单位的，需要将其转至本机关和下属各单位遵照、执行时，用转发性通知。如《浙江省教育厅转发教育部关于做好“五一”黄金周期间学校安全工作的通知》。

4. 发布性通知。一些单位和部门根据工作需要发布有关行政法规和规章、办法、规则、制度、条例及措施，但又不具备使用命令（令）的资格，或根据所发布内容不宜使用命令（令）的，可使用发布性通知。如《国务院关于发布〈国家行政机关公文处理办法〉的通知》、《教育部关于印发〈全国普通高等学校体育课程教学指导纲要〉的通知》、《关于印发〈学院课程教学评价暂行办法〉的通知》。

5. 事项性通知。事项性通知有时也叫“工作通知”。要求下级机关办理某些事项，除交代任务外，通常还提出工作要求，让受文单位贯彻执行，具有强制性和行政约束力，这种通知就是事项性通知。安排一般性的具体工作通常使用这种通知。如《关于对教学研究课题组织结题验收和进行鉴定的通知》。

6. 知照性通知。主要用于通知所属单位或其他有关单位需要知道和了解的事项，如成立、调整或撤销某些机构组织；调整某些机构组织的领导成员；任免和聘用干部；印章的更改、办公地址的迁移等。如《国务院关于成立国家行政学院的通知》、《关于××同志任职的通知》、《关于调整学术工作委员会成员的通知》。

7. 会议通知。当召开比较重大的会议而不宜用电话或其他形式通知时，可用“通知”行文发至有关单位。如《中国人民银行关于召开行属普通高校招生和毕业生就业工作研讨会的通知》。

工具二：通知的文体格式要求

不同类型的通知其基本格式是一致的，一般包括标题、主送机关、正文、发文机关和成文日期等部分。这里着重介绍正文部分的写作。

1. 指示型通知的写作。指示型通知的正文主要包括通知缘由及应知事项两部分。

通知缘由首先写明通知的主要依据，如依据某项方针政策、根据有关会议精神、针对某项工作现状及存在的问题等，简明扼要地说明通知的针对性和目的性。其次要阐明通知的意义，以引起下级机关和有关人员的重视。这部分写作通常有述有论，但“述”是概述，“论”是精论，均高度简洁，针对性极强。写作时切忌面面俱到，长篇大论。

应知事项部分是指示型通知的核心内容。主要功能是交代工作任务，规定政策界限，阐明具体措施，指出工作时应该注意的问题等。为便于阅读和记忆，这部分写作时应分条列项加以表述。交代工作任务要明确具体，规定政策界限要指出关键所在，阐明具体措施要符合实际、切实可行，指出应注意的问题应胸有全局、突出重点。

2. 发布型通知的写作。发布型通知的正文包括两部分：

第一部分是点名发布对象。通常用“现发布……”、“现将……印发你们”等句式，有的是写明印发某个文件的目的，有的在点名发布对象的同时，还要表明发文机关对所发布对象的态度。

第二部分是提出执行要求。要注意执行要求是一个技术性和政策性都比较强的问题，严格区分“遵照执行”、“参照执行”、“定点试行”、“酌情施行”等的不同。对一些带有试验性、探索性的内容，虽然也提出了执行的政策要求，但通常又允许下级机关边执行、边修改，这时执行的要求一般表述为“请研究试行”或“希研究试行，试行中有何意见请随时告知”等。

3. 批转型通知的写作。批转型通知的正文包括两部分：

第一部分写清所批转的文件名称，表明态度，作出“同意”等批语，要求有关下级单位执行；第二部分简要说明面上的情况，作指示，提出政策性的规定和要求。有的也可不写第二部分。

4. 转发型通知的写作。转发型通知正文的写作方法与批转型通知基本相同，此不赘述。

转发型通知的标题撰拟应特别注意，若转发层级在两个以上时，应做好技术性处理，不要出现“关于转发《温州金融改革》的通知”的情况。具体方法是：发文机关（有时可省略）+关于（有时可省略）+“转发”+不带书名号的原文标题的主要内容+文种。如“转发国务院、中央军委关于调整军队干部退休生活费的通知”、“关于转发劳动和社会保障部加强职业资格证书管理的通知”等。

5. 事项型通知的写作。事项型通知的正文由三部分组成：首先写发通知的依据或目的，其次写通知的具体事项，最后写执行要求。写事项时，可将具体内容一项一项地列出，把所要安排的工作阐述清楚，并讲清要求、措施、办法等。

6. 知照型通知的写作。知照型通知开门见山，只要用简练的文字写明所要知照的具体内容即可，有的也可以写出行文的目的和依据。

7. 任免通知的写作。任免通知的写作比较简单，要求直陈其事，要言不烦，通常只有两句话。第一句写任职依据，如“根据工作需要”或“经高管会议研究决定”等；第二句写任职内容，要写清任职人员的姓名、具体职务。若任职通知不能明确反映职务级别，则须附带说明该职务享受某一级别的待遇。在免职通知中，若免去现任职务后还将有新的任用，则应在免职通知中注明“另行分配工作”等字样。

8. 会议通知的结构和写作。会议通知的正文应将会议的主要要素写齐全：

（1）召开会议的目的和意义。如，是急需解决现实工作中的某些问题，还是传达上级文件精神、布置新的工作任务等。

（2）会议的时间、地点。会议时间有时又分报到时间和开会时间即会期，地点有时也有报到地点和举行会议地点之分，均应交代清楚。

（3）会议的主要内容和议程。这样便于与会人员做好充分准备，从而提高会议的效率。

（4）参加会议的单位和人员。有时是直接点出具体与会人员的姓名或职务；有时是划定与会人员的范围和界限，如“副处级以上干部”等。

（5）与会人员应做好的准备工作。如发言材料、需携带的有关资料和样品等。

（6）其他有关事项，如会议住宿、膳食、交通安排、会外活动和联系方式等。

工具三：通知写作的特殊要求

1. 应特别注意不同类型通知标题的撰写。一般应发文机关、事由、文种三要素齐全，批转、转发型通知标题应力使语言简洁、概括有力、表意清楚。

2. 事项要写得具体明确。事项是通知的基本内容，发文目的应明确，交代事情要详细，采取措施要得力，提出要求要具体，只要这样才便于有关单位和人员执行。

3. 批转、转发型通知的按语应有针对性。批转型通知应对被批转的公文表明态度，对公文内容作出精确的分析和恰如其分的评价，提出执行的要求及应注意的事项；转发型通知的按语较为简单，应注意结合单位具体情况有针对性地提出明确要求。

工具四：通知与通报的共同点和区别

通知适用于批转下级机关的公文，转发上级机关和不相隶属机关的公文；发布规章；传达要求下级机关和有关单位需要周知或共同执行的事项；任免聘用干部。通报适用于表彰先进、批评错误，传达重要精神或者情况。从上述定义可以看出，通知和通报有相似的一面，两者都具有知照性的特点，可以用来沟通情况，传达领导机关的意图。但两者的功用又明显不同：通知提出工作意见和办法，要求遵照执行或限期执行；而通报则着眼于思想和路线方面的教育。

参考例文

例文一：

关于召开全区宣传部长会议的通知

各市委宣传部，××党委宣传部：

定于9月9日～10日召开全区宣传部长座谈会，现将有关事项通知如下：

一、会议议题

传达学习中宣部召开的部分省区市宣传部长座谈会精神；总结交流我区前八个月宣传思想工作；研究部署下一步工作。

二、参加人员

各市委宣传部长、××党委宣传部长。

三、会议时间

9月9日－10日（会期一天半，9月8日下午报到）。

四、会议地点

报到及住宿地点：南宁市七星路广西宣传干部培训中心。

会场：区党委办公楼三楼会议室。

五、有关事项

（一）请参加会议人员准备约15分钟的发言。请将发言材料打印50份，在报到时交会务组（打印要求：16开幅面，在左上角用四号楷体注明“全区宣传部长座谈会发言材料”）。

（二）请各市委宣传部长、××党委宣传部长安排好会议期间的各项工作，准时出席会议。在外出差、学习的，加无特殊情况，务请回邕参加会议。

（三）请各市委宣传部、××党委宣传部于9月5日下午下班前将参加会议人员名单报到自治区党委宣传部办公室。

联系人：叶×，电话：0571－89562345，传真：0571－89564231。

中共广西壮族自治区委员会宣传部

二〇一二年八月二十日

例文二：

会议通知

各部门：

定于2012年9月召开技术例会。现将有关事宜通知如下：

一、会议主题：关于磨床后期维修讨论会议

二、会议地点：事业部二楼会议室

三、会议时间：2012年9月11日 下午1:30

四、会议人员：杨××、陶×、杨×、王×、陶××、圣×、杨××、唐××

五、会议主旨：

1. 前期到上海机床厂维修的两台磨床的使用状况
2. 前期会议落实情况
3. 目前公司未修磨床的使用状况
4. 后期磨床如何安排维修

请以上人员做好相关准备。

技术发展部

二〇一二年九月一日

例文三：

关于印发《医疗机构从业人员行为规范》的通知

各省、自治区、直辖市卫生厅局、食品药品监管局、中医药管理局，新疆生产建设兵团卫生局，卫生部、国家中医药管理局属（管）各医疗机构：

为进一步规范医疗机构从业人员行为，卫生部、国家食品药品监督管理局和国家中医药管理局组织制定了《医疗机构从业人员行为规范》。现印发给你们，请严格遵照执行。执行过程中的意见和建议，请及时反馈。

中华人民共和国卫生部
二〇一二年六月二十六日

例文四：

关于举办企事业单位公文写作规范与范例培训班的通知

各用人单位：

为帮助单位管理人员、行政人员提高公文写作能力与办文水平，提升单位人员的整体素质，使办文更加科学化、规范化，本中心特举办企事业单位公文写作规范与范例培训班。现将有关事项通知如下：

一、培训目的

通过培训，加深参培人员对公文基本特征和重要功能的理解，使其能熟练准确地掌握公文写作的文种格式，正确高效地撰写工作中常用公文，纠正日常办文差错，进而规范公文办理流程。

二、培训对象

企事业单位负责人、人事行政部门及工会负责人以及有志于提高公文写作能力和办文水平的各类人员。

三、培训内容

1. 公文写作与处理的基础知识；
2. 各类公文的含义、特点、分类、格式和写作要求；
3. 公文处理程序和方法等内容；
4. 了解管理应用文体构成要素及格式；
5. 常用的应用文体、用途及写作要领；
6. 掌握文章修改与分析方法以提高写作能力。

四、培训师资

聘请资深办文专家授课（广州市政府聘请的文学专家）。

五、培训时间、地点

（一）培训时间

2012年5月27日（星期五）上午9:00－11:30，下午13:30－16:30。

（二）培训地点

广东科学馆（连新路171号，地铁2号线中山纪念堂C出口转右，广东省科技厅大院内）。

六、培训费用

400元/人（含培训、教材和饮品，培训现场收费）。

七、报名方法

请于开班前将报名回执填妥后传真至020－86495478。

查询致电：13452457896，联系人：张小姐。

×××培训中心
二〇一二年五月三日

例文五：

××区财政局××区发展和改革委员会转发成都市财政局成都市发展和改革委员会关于公布成都市2012年行政事业性收费项目目录的通知

区级各相关部门：

现将成都市财政局、成都市发展和改革委员会成财非〔2012〕11号文件《关于公布成都市2012年行政事业性收费项目目录的通知》转发给你们，并将有关事项通知如下：

一、各相关部门接本通知后，请对照《成都市2012年行政事业性收费项目目录》对本部门收取的行政事业性收费项目进行认真清理，如有新增、取消或调整的收费项目，依据行政事业性收费项目的批准设立权限，分别按照国家法律、行政法规、国务院及财政部和国家发改委、省政府及省财政厅和省发改委有关规定执行。

二、本通知公布的《收费目录》是指：截至2012年8月31日，我区仍在执行的根据国家法律、行政法规、国务院以及财政部、国家发改委批准和根据省人大制定的地方性法规、省政府以及省财政厅、省发改委（物价局）批准设立的行政事业性收费项目。具体收费范围、收费标准及收费资金管理方式等，按本《收费目录》所列的法律、行政法规和有关文件规定执行。

三、成都市行政事业性收费项目，一律以本《收费目录》为准。凡未列入本《收费目录》以及《收费目录》所列文件依据中央规定的行政事业性收费项目，公民、法人和其他组织有权拒缴。

四、为了进一步加大治理“三乱”力度，切实减轻社会和企业负担，各部门对中央和省、市已明文规定取消的行政事业性收费项目和部门自立的收费项目要坚决予以取消。凡不按有关规定取消（停收）和擅自设立的收费项目，一经查出，将按照《违反行政事业性收费和罚没收入收支两条线管理规定行政处分暂行规定》（国务院令第281号）、《财政违法行为处罚处分条例》（国务院令第427号）和《四川省价格管理条例》等有关规定进行处理。

附件：成都市2012年行政事业性收费项目目录

二〇一二年十一月十五日（公章）

例文六：

关于对教学研究课题组织结题验收和进行鉴定的通知

各系部、有关单位：

根据教育厅的有关通知精神，学校将对2010年以前立项的教研课题统一组织结题验收和鉴定，请2010年以前立项的各课题尽快做好结题总结工作，将相关材料一式七份务必于5月24日前报送教务处，学校组织鉴定后5月底前报送省教育厅。过期不候。

有关事项请按照教育厅文件要求执行。

附件：河南省教育厅关于组织全省高校教学成果进行省级鉴定的通知

郑州××高等专科学校教务处

二〇一二年五月八日

例文七：

关于加强2011年“元旦”“春节”及“两会”期间食品安全工作的通知

各乡（镇）人民政府，县食品安全委员会各成员单位：

2011年元旦、春节（以下简称“两节”）将至，县人大、政协“两会”也将在此期间召开，为确保人民群众度过一个欢乐祥和的节日，保障与会代表和公众的饮食安全，现就加强“两节”和“两会”期间食品安全监管工作有关事项通知如下：

一、加强领导，周密部署食品安全监管工作

“两节”期间，食品消费集中、需求旺盛，是食品安全事故易发阶段；县人大、政协“两会”是我县一项重大政治活动，做好“两节”和“两会”期间食品安全工作尤为重要。各乡（镇）、各部分要从建设“平安平阳”和维护人民群众身体健康的高度，切实加强领导，强化措施，明确职责，严格落实责任制和责任追究制，确保全县“两节”和“两会”期间食品安全。

二、突出重点，切实加大食品安全监管力度

各乡（镇）、各有关部门要结合“两节”和“两会”期间的食品安全工作实际，重点关注与人民群众节日生活密切相关、消费量大的粮油制品、猪肉和牛羊肉及其制品、鸡蛋、酒类等食品的安全状况。要明确监管重点，从食品源头、畜禽屠宰、生产加工、食品流通以及餐饮消费等各个环节，采取有力措施，进一步加强食品安全的全程监管。承担餐饮服务日常监管的部分特别要对承办“年夜饭”和接待“两会”会议代表的宾馆的环境卫生、原料质量、从业职员健康状况、食品原辅料索票索证、餐饮具消毒以及食品添加剂使用等情况进行认真检查，发现问题要责令立即整改并督促落实。

三、严格纪律，加强“两节”和“两会”期间食品安全应急值守工作

各乡（镇）、各有关部门要进一步落实“两节”和“两会”期间值班制度，保持24小时通讯联络通畅。要公布举报电话，及时查处群众的投诉、举报，不得推诿拖延；及时消除食品安全事故隐患，预防各类食品安全事故的发生。对突发的食品安全事件要迅速反应，果断处置，力争在第一时间和第一现场予以控制和处理。一旦发生重大食品安全事故，要在规定的时间内按程序报告，及时妥善处置。

四、正确引导，积极做好食品安全宣传工作

“两节”和“两会”期间，各乡（镇）、各有关部门要充分发挥电视台、报刊、网络等新闻媒体的作用，加大对消费者食品安全知识宣传力度。要在社区等人群相对集中的区域，采取群众喜闻乐见的形式，大力宣传食品安全法律法规和食品安全科普知识，让食品安全知识走进千家万户，进一步提高广大消费者食品安全意识和自我防范意识。要加强对食品生产经营企业食品安全法律法规的宣传，使之牢固树立企业是食品安全第一责任人的意识，进一步增强其法律意识、诚信意识，引导其依法生产、正当经营。

××市政府

二〇一〇年十二月五日

例文八：

关于×××等同志任免职务的通知

机关各处室、各直属企事业单位：

根据工作需要，经局党组2012年6月30日会议研究决定，任命：

梁××同志任发展规划处处长；

刘××同志任管理指导处处长；

常×同志任人事处调研员；

王××同志任发展规划处调研员；

王××同志任经济监测处调研员；

樊×同志任办公室副主任；

夏××同志任发展规划处副处长；

杜××同志任经济监测处副处长；

杨××同志任科教质量处副处长；

韩××同志任离退休人员工作处副处长；

原××同志任办公室副调研员；

张××同志任政策法规处副调研员；

许×同志任发展规划处副调研员。

免去：

梁××同志的发展规划处副处长职务；

刘××同志的融资财务处调研员职务；

常×同志的人事处副调研员职务；

王××同志的办公室副主任职务；

王××同志的经济监测处副处长职务；

樊×同志的管理指导处主任科员职务；

夏××同志的科教质量处副处长职务；

杜××同志的政策法规处主任科员职务；

杨××同志的省推动非公有制经济发展领导组办公室副调研员职务；

韩××同志的离退休人员工作处副调研员职务；

原××同志的办公室主任科员职务；

张××同志的政策法规处主任科员职务；

许×同志的发展规划处主任科员职务。

特此通知。

山西省中小企业局
二〇一二年七月十九日

例文九：

××理工学院关于召开2011年函授工作会议的通知

各函授站（分院）：

为提高我院函授教育的办学水平，经研究决定于11月14日－19日在桂林函授站召开2011年函授工作会议。现将有关事项通知如下：

一、会议内容

1. 总结交流2010/2011学年函授教育工作体会；
2. 布置2011届毕业生电子照片采集及毕业材料准备工作；
3. 安排新生录取入学工作；
4. 探讨函授教材管理新办法；
5. 解决在当前形势下办学过程中所遇到的困难；
6. 续签办学协议；
7. 现场参观桂林函授站及站改院揭牌仪式。

二、参加人员

各函授站（分院）负责人1名，教学管理人员1－2名，请各站提前安排好工作，准时出席，并将名单于11月5日前报桂林站。

三、会议时间

2010年11月14日报到，15日—19日开会，20日返程。

四、会议地点

报到地点：桂林湖滨饭店贵宾楼（桂林八桂大厦旁）大厅

开会地点：桂林湖滨饭店贵宾楼凯旋厅

四、经费

与会人员除路费自理外，每人每天交住宿费130元，会务费300元。

五、承办单位及联系办法

承办单位：××立信财经中专（桂林站）

联系人：牟×、汪××、邓×

联系电话：89451012（办）

地址：秀峰区杉湖北路3号

邮编：124562

六、其他事项

上飞机、火车前，及时与桂林站联系，通报航班号、车次及到桂市时间，以便接机接车。若无联系，下车后坐1路、11路公交车到中心广场下。

××理工学院
二〇一〇年十月三十日

写作实训

完成前述写作任务。要求：

1. 文种选择适当；
2. 符合相应文种写作规范和写作要求；
3. 材料取舍恰当，主题突出，逻辑清晰，文字通顺。

检查与评估

1. 学生结合前述写作规范，自我检查或相互检查；
2. 教师选择学生例文进行点评。

写作实训拓展

1. 修改、完善前述写作任务；
2. 总结自己完成写作任务的得失。

参考范文

范文一：

关于“我为学校建言献策”活动的通知

各学院学生会：

为进一步了解我校学生对我校各方面存在的态度和看法，以便更好地建设我校各项事业，现决定开展“我为学校建言献策”活动，具体通知如下：

1. 活动对象：顺德校区全体学生；

2. 参与方式：各学院学生会组织所在学院的学生参加本次活动，并将每一位学生对于学校各方面的意见和建议收集起来，整理统计后做成活动报告并提交至学生联合会办公室；

3. 活动截止时间为2012年11月14日，活动报告送交截止时间为2012年11月19日。纸质版报告须于办公室值班时间送交，电子版报告发送至×××××××××@126.com；

4. 若对本次活动存在疑问，请联系131××××××××。

备注：

1. 办公室值班时间：周一19:30－21:30，周二至周五18:30－21:30；

2. 各学院学生会须正确引导学生提出意见或建议，避免使用过激言辞进行中伤或诋毁；

3. 各学院学生会须以事实为依据，正确对待并积极开展本次活动。

××校区执行委员会
二〇一二年十一月一日

范文二：

关于召开2012年全省建设科技工作会议暨建设科技成果推广展示会的通知

各地、州、市建委、省直有关单位及有关科研院（所）、设计、施工城建、房地产单位：

为认真贯彻落实"科学技术是第一生产力"和"科教兴国"、"科技兴业"的伟大战略方针，推动我省建设科技事业持续发展，经研究决定召开全省建设科技工作会议暨建设科技成果推广展示会，现将有关事项通知如下：

一、会议主要内容

1. 传达贯彻2012年全国建设科技工作会议精神，总结我省"八五"期间建设科技工作，研究和部署"××"及2012年建设科技工作。

2. 奖励2012年度全省建设科技进步奖项目，表彰"八五"期间全省建设科技工作先进单位和个人。

3. 交流关于坚持改革，走科工贸一体化的道路，加强科技管理、加大科技推广力度，加速科技成果转化等有关方面的经验。

4. 展示建设科技成果，加强信息交流。

5. 举办《冷轧带肋钢筋混凝土结构设计与施工规程》技术讲座。

二、参加会议人员

1. 各地、州、市建委分管建设科技工作的主任、科技科长、推广中心站长（主任）。

2. 部分中央驻我省科研院所，省、地、州、市科研所（院）长。

3. 部分高等院校和有关厅局（行业公司）的代表。

4. 省建总公司、部分中央在省、地、州、市属设计、施工、城建、房地产单位的总工程师、科技处长。

5. 申请参加科技成果展示的技术依托单位和生产厂家的有关人员。

三、会议时间、地点及费用

1. 时间：10月27日报到（当天火车站安排接站），28—31日开会，会期4天。

2. 地点：杭州市怀园宾馆（南文路22号。火车站乘2路公共汽车到文泽站下车）。

3. 费用：食宿由会议统一安排，费用自理。

四、会议需要带交的有关材料

1. 各地、州、市建委需带交"××"及2012年建设科技工作总结和"九五"及今年建设科技工作计划与安排。

2. "八五"期间建设科技计划执行情况和2012年的具体设想与安排。

3. 经验交流材料。参加科技成果推广展示的有关材料。

以上材料均需准备300份，报到时交会务组。

五、希望各地、州、市建委及有关科研院所、设计、施工、城建、房地产单位接此通知后，认真做好与会的准备工作并按时到会。参加推广展示会议的单位，请将有关会议发言材料、展品、录像资料等，及时与务会组取得联系。

联系电话：×××××××

联系人：省建委科技处

附加：参加会议单位名单

二〇一二年十月八日（公章）

范文三：

关于公司组织旅游的通知

为体现公司的企业理念、丰富员工的业余文化生活，陶冶情操，缓解员工工作压力，让员工在工作之余享受大自然的怡人风光，给大家一个彻底放松的机会。我公司特在12月7、8日举办员工旅游。

一、旅游时间：12月7日、8日

二、旅游地点：西湖

三、旅游出发集合时间：12月7日早上7:00

四、旅游出发集合地点：圆通快递办公大楼

五、各部门根据需要自行安排

六、请相关部门做好外出旅游防火防盗的防护工作：关好门窗、关闭不使用的用电设备

七、注意事项：成人携带身份证、请大家做好晕车准备及带好防晒用品。

八、具体行程详见附件一

××公司

二〇一二年十二月一日

第二节 通　　报

本节教学目标

知识目标：

学习通报的理论知识，了解各种不同类型通报的区别，明确其在社会实践活动中的重要作用。

能力目标：

通过通报的写作任务训练，把理论知识转化为写作该文种的技能，掌握写作要领，并能熟练自如地进行写作。

写作任务

任务一：

本班有三位同学参加了大学生挑战杯的比赛，拿到了全省二等奖，这是学校在这个赛事上拿到的最高荣誉，这三位同学在此期间也付出了很多的努力。假设你是系学生会一员，请你以系学生会的名义对这件事情进行通报表扬。

任务二：

在学校里，我们的身边经常会涌现出一些让我们感动的好人好事，也有一些同学非常努力，非常优秀，参加一些比赛或活动，得到一些荣誉，有的时候学校会对做好事或取得荣誉的同学进行通报表扬，对一些做错了事情的同学也会进行通报批评。现假设你是经营管理系的学生会负责人，你们系里想把一位名叫赖军良的同学树为榜样，他家里经济条件不是很好，但是连续两年获得校二等奖奖学金，每个学期都去献血一次，更重要的是，他从大一开始，自己便在学校经营了一家快递的代理店，经营业绩良好，成功地解决了个人的学费和生活费问题。假设你是一名系报的记者，现就这篇先进事例，请你写一篇通报表扬。

任务三：

当你进入了一家公司后，每家公司都有它的管理制度、规章制度和管理方式。作为职场新人，你首先要学会遵守；作为职场达人，随着工作经验的增加和业务技能的增强，也许你还有可能成为公司的精英。假设你作为一家电子商务公司人力资源部的员工，你们公司新来一名大学刚毕业的员工，上班经常迟到，工作期间经常和朋友网上聊天，每天还要打好多个私人电话，更让人头疼的是，有几次在上班期间还把自己刚寄到的网购物品给同事展示，期间，人力资源部负责人找她谈过一两次话，但效果并不佳，后来公司决定辞退她。请你以人力资源部的一员，就这件事情写一篇通报批评。

写作要求：文种选择适当，格式规范，要素齐全，对提供的材料有组织，正确使用公文语言。

写作任务分析

这个写作任务主要是为了让学生熟悉并掌握通报的用途、格式与写作要求。学生要起草一份合格的通报，了解通报的文体规范就至关重要。

根据以上材料，我们可以做出以下情景分析：

某些善行需要提倡，某些现象需要禁止，但又没有具体的针对性和规定性，公告、通知、通告都不适用，这种情况就适合选择“通报”这个文种了。

必备知识 & 工具箱

为了完成这个写作任务，必须掌握一些公文，尤其是“通报”的基本知识：文种概念、种类、要素、格式要求以及语言要求等。学生应对这些知识有清晰的认识。在这个案例中，除了必须了解通报的概念外，还应该区别它与通告、通知等文种的差异。

工具一：通报的概念与种类

➢ **通报的概念**

通报适用于表彰先进，批评错误，传达重要精神和情况。通报属于下行文。制发通报的目的是用典型事例教育广大干部职工弘扬正气、扬善抑恶、推广经验、总结教训、推动工作前进。

通报的事例应该典型，一般的好人好事，一般的错误不适宜用通报。

➢ **通报的种类：**

1. 表彰性通报。用来表彰成绩突出、事迹典型的单位和个人。如《××省人民政府关于表彰杭州海关的通报》。

2. 批评性通报。用来批评严重违法乱纪的单位和个人，公布处理情况。如《××省人民政府办公厅关于对省林业厅违反政府新闻发布制度问题的通报》。

3. 情况通报。主要用来在一定范围内，就政治、经济、社会等方面的重要情况或动态进行通报，以指导面上的工作。如《××市人民政府办公厅关于全市二代居民身份证换发及市民卡发放工作进展情况的通报》。

工具二：通报的文体格式要求

通报一般由标题、主送机关、正文、发文机关及成文日期等部分组成。

➢ **标题**

标题常见的有两种写法：一是完整式，即发文机关、事由、文种三要素齐全。如《××市人民政府关于表彰××市经济贸易委员会的通报》。二是省略式，有的省略发文机关，如《关于期末考试试卷抽查情况的通报》；有的只有文种。但重要的通报要用完全式的标题。

➢ **主送机关**

主送机关除极少数具有普发性的通报外，一般机关正式行文的通报都有明确的主送机关。

➢ **正文**

正文由于种类不同，通报的正文在写作上也有所不同。

表彰性通报的正文一般由四个部分组成：第一部分，概述先进事迹，说明通报缘由。叙述要求做到完整、清楚，要把包括时间、地点、人物、事迹、怎样做及结果等要素交代清楚；叙述要详略得当，重点突出，精心取舍。第二部分，恰如其分地对先进事迹进行分析、评议，指出其性质和典型意义。写作这部分应特别注意语言简明概括，分析、评议应是画龙点睛式的，切忌漫无目的、冗长拖沓；分析评议要从事实出发，中肯有度，不能随意拔高；要注意将事实所包含的或所显示的意义上升到理论高度，并根据发文机关和通报的主题需要，对某些方面予以突出强调。第三部分，在分析的基础上写表彰决定。要写清楚给予什么样的表彰以及做出表彰决定的依据。第四部分，写希望和要求，号召大家向先进学习。

批评性通报的正文通常也有四个部分组成：第一部分，通报缘由。将事故或错误事实的经过情况、时间、地点、事故及后果等交代清楚，注意突出重点，抓住关键。第二部分，对事故或错误进行分析评议。重点对事故发生的原因、产生错误的根源进行分析，指出其性质及其危害，以引起人们的重视。第三部分，写处理意见。应注意写清做出处理决定的依据和方式，写清处分的级别或名称。第四部分，写明今后防止此类事故或错误再次发生的措施，提醒人们引以为戒，从中吸取教训，努力做好工作。

情况通报的正文包括三个部分：第一部分叙述有关情况。要对事情的发生、发展情况作客观叙述，有的还要交代工作的目的和背景。第二部分对有关情况进行分析，通过分析阐明其中所包含的意义或事物发展趋势。第三部分针对通报情况，结合今后工作提出具体要求。

➢ **发文机关及成文日期**

发文机关及成文日期的写作要求同一般公文。

工具三：通报写作的特殊要求

1. 内容要真实。不论是何种类型的通报，写作时都必须实事求是，认真核实有关材料，不能扩大或者缩小。

2. 情况要典型。制发通报不可事无巨细，或不加选择。无论是通报正面典型还是反面典型，都要求具有典型性、代表性，只有这样才能起到宣传教育和指导工作的作用。

3. 分析、评价要客观公正。分析要有一定高度，表扬要总结出不平凡之处，批评要抓住问题的实质，指出问题的严重性、危害性，并注意分寸，做到客观公正。

4. 时间要及时。制发通报要根据当前工作的需要，密切关注工作现实，及时发现有价值的信息，快速地将先进典型和成功经验向有关单位和部门宣传推广，对反面典型予以揭露引起高度重视和警戒，或及时发布重要情况以加强工作的指导。

工具四：通报与通告的共同点和区别

1. 性质不同。通报的发文单位和收文单位之间有直接的上下级关系；通告的发文单位与收文单位没有隶属关系。

2. 告知范围不同。通报发放的对象都是特定的；通告没有特定的主送单位，收文单位有不确定性，可以面向单位，也可以面向公众个人。

3. 发放渠道不同。通报需按组织系统或专业系统逐层下达，有一定的保密性；通告不涉及任何秘密，制成之后往往张贴出来直接公之于众。

参考例文

例文一

考试情况通报

各班级：

本学期的期末考试工作自第 17 周始已进行了三周，今天是第 19 周考试的最后一天，钱湖校区在本周内共安排了 150 场考试，参加考试人次达 5555 人次。从巡考反馈的信息来看，我校本学期的期末考试的整体情况良好，考试的组织管理严密有序，效率明显。各学院落实考试有关事项认真到位，选派的监考教师能按时到岗，绝大多数监考教师能履行监考人员职责，严格规范考场管理，很好地完成了监考任务，考试纪律严明，考试风气良好，基本保证了考试的公平性和公正性，有力地保障了考试的顺利进行。

整个期末考试工作得到了全校教师、相关部门的大力支持和积极配合。学校领导和各学院高度重视期末考试工作，组建了学校和学院两级巡考小组，对考试进行巡视和检查，及时发现、反馈和解决考试过程中存在的问题，对考试工作起到了有力的组织领导及监督作用。

为做好第20周的期末考试各项工作，特提出以下几点要求：

1. 监考教师必须以高度的责任心认真做好考场监督、检查工作，要自始至终在考场内切实有效地履行好监考职责，不做与监考无关的事情。

2. 各学院要再次重申学生必须携带有效证件才能参加考试。各监考教师在考试时必须仔细检查学生的有效证件，无证件的学生不能参加考试。

3. 要求监考教师和学生在考试前做好各种准备工作，考试过程中无特殊情况尽可能不要离开考场，以免影响到正常的考试秩序。

希望各学院加强对学生考风考纪的教育、加强对监考教师的督促检查，认真做好考试过程的每个环节，确保我校期末考试任务圆满完成。

××学校教务处

二〇一二年一月十二日

例文二：

××省人民政府办公厅

关于对省林业厅违反政府新闻发布制度问题的通报

各市区市人民政府，省人民政府各工作部门、各直属机构：

2007年10月5日，××县林业局向省林业厅报告称：镇坪县农民周××10月3日在该县神州湾一处山崖旁，用数码和普通胶片照相机拍摄到华南虎照片71张，其中数码照片40张、胶片负片31张。省林业厅委托××县林业局进行核实后，在没有派员进行实地调查的情况下，仅由本厅技术力量和省内有关专家对照片进行了鉴别，就于10月12日召开新闻发布会，宣布“××县发现野生华南虎”，公布了周××拍摄的两张华南虎照片，并向其颁发奖金两万元。此后，新闻发布会上公布的两张照片引起了媒体和公众的质疑，导致政府公信力成为社会舆论的热门话题。

事情发生之初，省政府就对省林业厅提出了严肃批评，责成其认真查找工作中的失误和不足，向省政府做出深刻检查。省政府认为，媒体和公众对华南虎问题的关注，对林业厅发布华南虎照片的质疑及责问，既反映了对野生动物保护事业的高度重视，也体现出对省林业厅工作的关心和监督，告诫省林业厅要高度重视、正确理解、积极对待社会舆论，并要求按照国家林业局和省政府的决定，委托国家专业鉴定机构对周××拍摄的华南虎照片进行鉴定。

政府新闻发布是一项极其严肃的工作，有着严格的程序和要求。省林业厅举行此次新闻发布会，既未按规定程序履行报批手续，也未对华南虎照片拍摄情况进行实地调查，在缺乏实体证据的情况下，就草率发布发现华南虎的重大消息。当引起媒体和公众质疑后，有关人员又一再违反纪律，擅自发表意见、参与争论，加剧了舆论的关注程度，造成了不良的社会影响，在一定程度上损害了政府形象。省林业厅的做法，很不严肃，极其轻率，违反了《××省政府信息公开规定》、《××省人民政府办公厅关于建立政府新闻发布制度的意见》的有关规定；有关人员的行为，反映出该厅存在着工作作风漂浮、工作纪律涣散等问题。

为了严肃纪律，省政府决定，除对省林业厅有关负责同志追究纪律责任外，对省林业厅违反政府新闻发布制度、擅自发布未经全面核实重大信息的问题予以通报批评。省林业厅要汲取教训，深刻反思和查找工作中存在的问题，进一步完善工作制度，严格工作程序，严肃工作纪律，整顿工作作风，切实抓好各项工作。

省林业厅的做法尽管是个别的，但反映出的作风漂浮、纪律涣散等问题，在其他地方、其他部门也不同程度存在。各地、各部门都要以此为戒，在处理各类重大问题、敏感问题时，一定要以对党和人民事业高度负责的态度，认真调研，审慎决策。要坚持政务公开，不断完善各类公开办事制度，努力提高政府工作的透明度和公信力。要进一步加强作风建设，严肃纪律，提高效率，狠抓落实，为加快建设西部强省作出应有贡献。

××省人民政府办公厅
二〇〇七年十二月三日

例文三：

××食品有限公司关于××同志自觉抵制不正之风的通报

各直属单位：

当前，经济体制改革正在深入，形势很好。但在改革的新形势下，也出现了一些新的不正之风。在这种新的不正之风面前，许多党员、干部和群众都能保持清醒的头脑。现将××同志抵制不正之风的先进事迹通报表扬。××同志原是公司批发部业务组外供员，现年63岁，于去年三月退休回聘。多年以来，他在外供接待工作中，自觉按照党员标准严于律己，坚持做到勤勤恳恳干工作，一心一意为集体，始终如一不偏向，不正之风刮不倒，被职工群众赞誉为“攻不破的铁门”。去年三月，××同志按政策规定退休，不少好心的客户得知他退休了，都主动热情地给他介绍工作，请他当顾问，有的答应一周只要去一两次，工资最少一百元。开始××同志思想上也有过波动，心想自己退休了，政策也允许，收入也不少，出去工作也可以。但转念一想，眼下本单位工作需要我，我不能为了个人得利而影响单位工作，我是共产党员，我要跟党走，不能跟钱跑，钱多可以使人振奋精神，也可使人消磨斗志，我要发挥余热，为本单位多出力。他说：“我人退休，共产党员本色不能退；情况变，为人民服务的思想不能变。”于是他——

谢绝了客户的聘请，始终坚守在本职岗位上。

随着城市经济体制改革形势的深入发展，对内搞活经济，对外开放政策的进一步落实，出现了市场活跃，经济繁荣的大好景象，但由此也带来一些新的问题。到批发部进货的市内外国营、集体、个体客户日益增多，有些客户为了争购到市场急需的紧俏商品，采取各种方法拉关系、送人情、甚至行贿等，干扰了批发工作的正常进行。面对这种情况，××同志看在眼里，急在心上，他清楚地认识到，改革形势虽好，但不能低估新的不正之风蔓延的严重性和危害性，作为一个共产党员，应该忠于职守，廉洁奉公，不管情况如何变，为人民服务的宗旨不能变。工作中，××同志经常遇到“好心”的客户主动送给他土特产、日用工业品，为了送给他，有的塞条子请吃饭，有的从邮局寄，有的询问家庭地址等，对待这些情况，××同志一是坚决拒绝，二是耐心说服，三是不随波逐流，坚持做到眼不红、心不动、手不痒、嘴不馋。他给自己提出了工作中不吸客户一支烟，不吃客户一粒糖，不收客户一份礼，不托客户买物品，对待客户不搞厚此薄彼，客户问家庭地址不讲，客户请吃饭不去，客户送东西不要的严格要求。今年春节前一位安徽客户给他带来六斤花生米、十斤麻油，要以低价卖给他，被××同志婉言谢绝；又有一次，一位客户受厂领导委托，专程送来两只鸡、七斤鱼，××坚持不收；去年七八月，十里县百货公司的客户和领导来采购商品，两次设宴招待，再三请××同志赴宴，他都谢绝了。

××同志不仅自己言行一致，而且更重要的是注意搞好传帮带，他热情耐心地给小组同志传思想、帮业务、带作风，使小组政治空气浓厚，不少同志学习“铁门”精神，对待顾客一视同仁，不徇私情，不收礼，不受请，新人新事不断涌现。我们号召全体党员和干部，向××同志学习，在新形势下要真正做到有理想，守纪律，拒腐蚀，永不沾，自觉抵制不正之风，以保证经济工作和体制改革顺利进行。

××食品有限公司

二〇一一年十二月九日

写作实训

完成前述写作任务。要求：

1. 文种选择适当；
2. 符合相应文种写作规范和写作要求；
3. 材料取舍恰当，主题突出，逻辑清晰，文字通顺。

检查与评估

1. 学生结合前述写作规范，自我检查或相互检查；
2. 教师选择学生例文进行点评。

写作实训拓展

1. 修改、完善前述写作任务；
2. 总结自己完成写作任务的得失。

参考范文

范文一：

关于对××分公司××同志的通报表扬

公司各部门、各分公司：

通达分公司经理××同志自进入公司以来工作勤奋努力，他所带领的团队富有强烈的开拓意识和协作精神，已在××市场取得了可喜的成绩，为中交科技的员工树立了良好的榜样。

经公司领导研究决定，现对通达分公司区域经理××予以通报表扬并奖励该员工人民币1 000元整以资鼓励。

希望该员工再接再厉，同时望全体员工积极向他学习，共创通达科技辉煌。

特此通报

人事行政中心

二〇一二年九月四日

范文二：

××镇政府关于××同学实习期间工作通报表扬

××学院：

学生××于2012年7月来我镇实习，协助计生和农业工作，实习期间，该同学认真践行“三个代表”重要思想，认真履行实习期间工作职责，扎实开展工作，始终保持了共产党员思想上的先进性、工作上的主动性、创造性和实效性，较好地完成了实习期间的各项工作任务。

一、加强学习，努力提高自身素质和工作能力。××同学坚持把学校学习的知识与本次实习工作相结合，努力求得理论与实践相结合，并把结合实际工作作为提高自身素质和工作能力的重要途径，积极参加镇里组织的学习和各种社会活动，注重深入基层，向群众学习、向实践学习。通过先后认真学习邓小平理论、“三个代表”重要思想以及科学发展观的有关论述，极大地提高了自身的政策理论水平和实际应用水平，更加适应和担当起新形势、新任务的工作需要。

二、求真务实，努力创造工作佳绩。实习期间，××同学在尽快熟悉工作情况的基础上，摆正工作位置、端正工作态度、明确工作思路，以求真务实的精神，认真搞好实习工作，树立了大学生在干部群众中的良好形象。该同学在实习期间服从党委政府的安排，听从指挥、工作主动积极，工作绩效明显：1. 深入实际，切实做好联系村工作。一是深入群众、走家串户，大力宣传党的路线方针、政策和社会主义新农村建设的基本要求、党和国家对农民多予少取的惠农政策，经过给群众做耐心细致的工作，农村合作医疗参保人数达70%以上；二是认真调查研究，广泛倾听群众意见，多方协调，解决多年难以解决的遗留问题，既考虑群众思想状况及愿望，又充分实现镇党委、政府的工作要求，对具体问题有具体的解决方案，并逐一落实；三是深入调查、收集民意，参加群众大会讨论，及时研究社会主义新农村建设方案；四是同其他驻村干部一道，积极落实调整产业结构，仅今年四月就落实青蒿和撑绿竹种植面积各100亩，为村民开辟了新的增收途径。2. 扎实搞好协助工作，在实习期间李强同学主要协助镇计生办工作。一是认真搞好了19个村育龄妇女普查工作；二是为服务对象搞好各种服务；三是协助做好各种药具的发放工作；四是协助完善了各种计划生育基础台账。

三、严于律己，树立实习生良好形象。××同学实习期间，能够严格要求自己、模范遵守各项规章制度，坚持原则、敢于负责、崇尚实干，坚持求真务实、深入农村调研、努力提高在群众中的形象，以务实的态度和扎实的作风树立了实习生的良好形象。

××镇人民政府（印章）

二〇一二年九月一日

范文三：

××公司关于处理周末报餐行为的通报批评

各员工：

兹有生产部第一车间针修员工王××、刘××公司提供周日用餐福利以来，经核查在2012年10月9号到20号期间，该两名员工均未按照周末报餐和用餐规定进行吃饭和刷卡，其行为明知故犯，无视公司管理规定，严重影响公司相关管理纪律，念其该规定实施以来首次违反和认识错误态度较好，为严肃周末报餐管理纪律，警戒他人，杜绝类似现象的发生。根据周末报餐有关规定，经公司生产部管理层研究决定，现对该两名员工的违规行为在公司范围内予以通报批评。

希望公司全体人员以此为戒，在周末报餐中严格遵照规定报餐和用餐，如再发生类似现象，公司将给予严肃处理！

××文化产业有限公司生产部

二〇一二年十二月一日

第三节 请　　示

本节教学目标

知识目标：

学习请示的理论知识，了解不同种类请示之间的区别，明确其在社会实践活动中的重要作用。

能力目标：

通过请示的写作任务训练，把理论知识转化为写作该文种的技能，掌握写作要领，并能熟练自如地进行写作。

写作任务

根据以下材料，写三份请示。

任务一：

新年快到了，学校里洋溢着喜庆的气氛。会计系想组织一次迎新年晚会，由于女生占大多数，为了想达到更好的效果，现在想和计算机系一起举办联谊活动。举办此次活动，要考虑到活动的时间、地点、节目内容等一系列事项。尤为重要的是，一定要申请到活动的经费。现在假设你是此次活动的负责人，请你以此身份，向学校团委请示举办这次活动。

任务二：

现在就业压力越来越大，很多同学也想挑战自我，这几年政府和学校积极扶持大学生自主创业，在很多学校都设立了大学生创业园或者创业楼。这些场所的共同特点就是，当你创业刚起步的时候，这些场地都可以免费给你使用，但是资源比较有限，不是所有人都能进。学校更倾向于把这些场地给那些创业能力比较强或者创业比较成熟的学生，这样才能真正地让创业园发挥它的价值。现在假设你是一名想要创业的学生，请写一份向学校创业办申请场地的请示。在这份请示里，你要考虑以怎样的方式来展现自己的优势，最终帮你成功申请到这个创业场地。

任务三：

当你走向工作岗位的时候，第一份工作的办公场所可能是比较简陋的，工作条件可能也不尽人意。现在假设你进入了一家小外贸公司，八个同事一起共用一台打印机，会和别人起冲突，甚至和同事的关系会产生微妙的变化，这八个人之中，有三名是行政人员，你和其余四名同事是业务人员，你们经常因为工作原因，比其他三位行政人员使用打印机的频率要高得多，这使你们五个人萌发了想单独使用打印机的想法。原本此事你可以直接和你的部门主管口头请示，但是考虑到你刚进入这家公司，和上级的关系也不是很亲密，你打算采用一种更为稳妥而又慎重的方式，就是采用书面形式来向上级请示。请就此事写一篇请示。

必备知识 & 工具箱

为了完成这个写作任务，必须掌握一些请示的基本知识。学生应对这些知识有清晰地认识，对几种请示的异同做深入的讨论。在以上案例中，除了必须了解请示的概念外，还应该区别求批性请示和求助性请示之间的差异。

工具一：请示的概念与分类

请示是“适用于向上级机关请求指示、批准”的公文。请示为上行文，具有强制回复的性质。

按照写作的目的与内容，可将请示分为以下三类：

1. 求示性请示

如遇以下情况，就需写求示性请示：下级机关遇到问题，由于缺乏政策依据，无法解决；或虽有解决办法，但因对政策有理解不明确、不统一的地方，因而无法实施，需要上级机关给予明确指示。

2. 求准性请示

如遇以下情况，就需写求准性请示：发文机关自己对请示事项已有明确的意见，但按照规定无权做出实施的决定，必须请求上级机关认可和批准。

3. 求助性请示

如遇以下情况，就需写求助性请示：发文机关在经费、物质、人员等方面发生了困难，需要上级机关给予帮助。

工具二：请示的写作格式

1. 标题

请示的标题一般由发文机关、事由、文种组成。有时也可省略发文机关，标题由事由与文种组成，事由前要加介词“关于”。

2. 主送机关

请示的主送机关是指负责受理和答复该文件的机关。每件请示只能写一个主送机关，不能多头请示。

3. 正文

（1）开头。主要交代请示的缘由。它是请示事项能否成立的前提条件，也是上级机关批复的根据。原因要讲得客观、具体，理由充分，上级机关才好及时决断，予以有针对性地批复。

（2）主体。主要说明请求事项。它是向上级机关提出的具体请求，也是陈述缘由的目的所在。这部分内容要单一，只宜请求一件事。请求事项要写得具体、明确、条项清楚，以便上级机关予以明确批复。

（3）结语。应另起一段，习惯用语一般有“当否，请批示”、“妥否，请批复”、“以上请示，请予审批”等。

4. 落款

一般包括署名和成文时间两部分内容。标题写明发文机关的，这里可不再署名，但须加盖单位公章。

工具三：请示写作的注意事项

1. 必须做到“一文一事一请示”。

2. 请示的事项要具体明确，切忌含混不清。

3. 注意区别报告与请示。一定要把请示与报告区分开来，不能混用，更不能写成“请示报告”。因为请示与报告有以下不同：

（1）具体功用不同。报告是呈阅性公文，主要作用是向上级机关汇报工作、反映情况、提出建议，属于陈述性公文；而请示是呈批性公文，主要作用是向上级机关请求指示批准。

（2）行文时机不同。报告写在工作完成之后，也可写在工作进行当中；而请示必须写在事前，而不能先斩后奏。

（3）对上级机关的要求不同。报告一般不需要直接答复，而请示则要求必须批复。

（4）写作内容侧重不同。虽然都要陈述、汇报情况，但报告的重点只是汇报工作情况，报告中不能夹带请示事项；而请示中所陈述的情况只是作为请示的原因，即使反映情况以及阐述缘由所占的篇幅较大，其重点依然是请示事项。

参考例文

例文一：

关于成立创业投资公司的请示

区政府：

为促进金融服务业的发展，激活资本市场，引导推动创投企业发展，增加创业投资资本的供给，促进高端产业和新兴产业壮大规模，现将成立创业投资公司的有关事宜请示如下：

一、成立创业投资公司的作用

创投公司主要在以下方面发挥作用：

（一）发挥政府引导投资方向的作用，产生更大的社会效益。可以将政策性目标与创业投资的市场化运作相结合，引导投资资金流向重点扶持和鼓励的企业、项目和行业中，从而推动创新，促进经济增长和创造就业机会。

（二）发挥示范带动作用，形成项目跟投趋势。目前处于起步期，技术风险较高的小企业一直处于“投资空白”中，投资公司成立的意义就在于可以通过有目的的参与和引导，填补这些空白，为中小企业的创新活动提供资金保障。通过示范作用拉动社会资本设立和发展一批创业投资企业，增强其资本实力，为中小企业创新创业融资提供新的渠道。

（三）创新政府投资方式，直接投资项目转变为通过引导创业投资企业按市场机制选评项目、投资项目和管理项目，提高投资质量和效率，引导社会资本重点投向新能源、新材料、高技术服务业以及高技术改造传统产业等我市鼓励发展的高技术产业和新兴产业，形成新的经济增长点。

二、创业投资公司的设立、规模及资金来源

（一）设立方式及管理

并参照国有投融资公司进行运作管理。

创投公司设董事长一名、总经理一名、财务总监一名，投资总监三名，组成决策机构。创投公司对外行使引导基金的相关权益和义务，主要负责参股创业投资企业的调查评估、参股方案初审、交易谈判与协议签订、注资组建、运行监管、退出回收等日常规范性管理工作。

（二）规模及资金来源

创投公司的资金规模可达××亿元，其中由区财政出资××亿元，区属国有公司出资××亿元，民间可募集资金××亿元。

当否，请批示。

创投协会
二〇一一年十月十日

例文二：

关于交通肇事是否给予被害者家属抚恤问题的请示

最高人民法院：

据我省余江县人民法院报告，他们对交通肇事致被害人死亡，是否给予被害者家属抚恤的问题，有不同意见。一种意见认为，被害者是有劳动能力的人，并遗有家属需要抚养的，就给予抚恤；被害者若是没有劳动能力的老人或儿童，就不给予抚恤。另一种意见认为，只要不是由被害者自己的过失所引起的死亡事故，不管被害者有无劳动能力，都应酌情给予抚恤，我们同意后一种意见。几年来实践经验证明，这样做有利于安抚死者家属。

当否，请批复。

省高级人民法院
二〇一一年九月十日

例文三：

关于安置失业人员申请工资性岗位补贴的请示

海淀区人力资源和社会保障局：

我单位于2011年9月招用了八名失业人员，并与其签订了三年期的劳动合同，按规定为他们缴纳了2011年9月至2013年8月的社会保险。根据《关于用人单位招用失业人员享受工资性岗位补贴有关问题的通知》（京劳社就［2007］170号）文件规定，现申请八名失业人员第一年（2011年9月至2012年9月）的工资性岗位补贴800元。

妥否，请批复。

申办企业（签章）
二〇一一年十月十日

写作实训

完成前述写作任务。要求：

1. 文种选择适当；
2. 符合相应文种写作规范和写作要求；
3. 材料取舍恰当，主题突出，逻辑清晰，文字通顺。

检查与评估

1. 学生结合前述写作规范，自我检查或相互检查；
2. 教师选择学生例文进行点评。

写作实训拓展

1. 修改、完善前述写作任务；
2. 总结自己完成写作任务的得失。

参考范文

范文一：

关于申请筹建生物工程实验室项目缺口资金的请示

省科技厅：

近年来，在省委、省政府和贵厅的大力支持和关心下，我所的工作取得较快发展，开发的项目多次获奖，有的项目已进入市场，创造了较好的社会效益和经济效益。我所按照科学发展观要求，以项目为载体，积极筹建生物工程实验室项目，经过努力，项目进展较快，现还差项目配套资金100万元，请厅按筹建生物工程实验室专题会会议精神给予拨付。

医义研究所
二〇一二年十二月二日

范文二：

杭州市××局关于成立老干部办公室的请示

杭州市政府：

随着干部制度的改革和时间的推移，我局离退休干部日益增多，截至目前已达65人。由于没有专门的管理服务机构和工作人员，致使这些老同志的政治学习和生活福利得不到应有的组织和照顾，一些实际困难得不到妥善解决。为了使离退休老同志老有所为、老有所养、老有所依，充分发挥余热，根据上级有关部门的规定和离退休老同志的迫切要求，我们拟成立老干部办公室。现将成立老干部办公室的几个问题，请示如下：

一、老干部办公室的主要职责是做好离退休干部的管理服务工作。具体任务是：

（一）组织离退休干部学习党的方针政策，使他们了解党和政府的大事，了解新形势，跟上新形势。

（二）定期召开离退休干部座谈会，交流思想。

（三）开展身体力行、丰富多彩的文体活动，增进离退休干部的身心健康。

二、老干部办公室的编制及干部调配等问题，具体意见如下：

（一）老干部办公室直属我局领导，拟设处级建制。

（二）该办公室拟设行政编制五名，其中主任（正处级）一名，副主任（副处级）一名。编制由局内调配解决。办公室经费由局行政经费中调剂解决。

二〇一二年十二月二日（印章）

范文三：

关于购买办公及教学用品的请示

程校长：

为满足教务处新增工作人员及班主任办公需要，拟购买部分办公用品，为满足教学需要，拟更新3401教室音响柜。明细如下：

1. 教学档案柜：4个×500元=2 000元
2. 卷柜：3套×500元=1 500元
3. 办公桌：3个×900元=2 700元
4. 电脑：6 500元×2台=13 000元
5. 音响柜（调音台）：1个×700元=700元

共计：199 00元（壹万玖仟玖佰元整）

妥否，请批示。

教务处（印章）

二〇一二年九月一日

第四节 批　　复

本节教学目标

知识目标：

学习批复的理论知识，了解批复与报告的区别，明确其在社会实践活动中的重要作用。

能力目标：

通过批复的写作任务训练，把理论知识转化为写作该文种的技能，掌握写作要领，并能熟练自如地进行写作。

写作任务

任务一：

假设你是学校团委的老师，你接到了一份会计系学生申请举办新年联谊晚会的请示，你打算给他们拨款2 000元支持他们这个活动，但是时间上你认为在12月29号（周四）的晚上举办比较适宜，因为考虑到周五有很多学生可能都要回家。请你就此事写一篇批复。

任务二：

假设你是创业办的一名老师，现在收到了八份学生申请创业办的请示，这学期学校只能提供四个创业园的房间，这八个申请，你对其中的六份申请项目比较满意，你打算定在下周二中午一点对这六个项目负责人进行第二轮面试并且最终筛选。另外两个申请项目你打算直接予以书面拒绝。请就此事写作两份不同结果的批复。

任务三：

讨论：假设你是业务部的主管，你收到了一份下级人员申请添置一台新打印机的请示。在你眼里是一件很小的事情，为了保护这位新员工的积极性，而且他在讲请示理由时，确实有很强的合理性，你打算直接给他口头回复。那么你觉得接下来要做哪些事情呢？

写作要求：文种选择适当，格式规范，要素齐全，对提供的材料有组织，正确使用公文语言。

必备知识 & 工具箱

为了完成这个写作任务，必须掌握一些批复的基本知识。学生应对这些知识有清晰地认识，对几种批复的异同作深入的讨论。在以上案例中，除了必须了解批复的概念外，还应该区别各种批复之间的差异。

工具一：批复的概念与分类

批复是适用于答复下级机关请示事项。批复与请示相对应，可以分为指示性批复和批准性批复。

（一）指示性批复。是对下级机关的求示性请示的回文，并对有关问题作明确的答复。如例文八：《国务院关于深圳市城市总体规划的批复》。

（二）批准性批复。是对下级机关求批性请示的答复。上级机关对下级机关的求批性请示，无论同意与否，都要作出答复，下级应遵照执行。如：《国务院关于福建省进一步对外开放问题的批复》。

工具二：批复的写作格式

1. 标题

由“发文机关＋事由＋文种”组成，如：关于同意核销呆账贷款的批复；关于同意你校王宝义同志赴美国考察的批复；深圳市编办关于市直机关生活服务中心等单位“八定”方案的批复。

2. 正文

一般由引据、主体、结语三部分组成。

引据：主要引述下级机关行文标题和来文文号。必要时还可以引述来文要点。

主体：针对请示的内容，作出明确的答复，即同意或不同意。如不同意要尽量写明理由，以便下级机关接受。

结语：结语提出希望、要求、限定条件和说明。一般用“此复”或“特此批复”等惯用的结束语。有的叙述完批复事项全文自然结束，不再用“此复”。

3. 落款

一般包括署名和成文时间两部分内容。标题写明发文机关的，这里可不再署名，但须加盖单位公章。

工具三：批复的注意事项

1. 特点：(1) 权威性；(2) 被动性；(3) 针对性。

2. 写作要求：(1) 行文前认真地进行调查；(2) 批复的意见应明确、具体可行；(3) 批复的内容必须围绕请示的事项逐一答复。

参考例文

例文一：

中国证券监督管理委员会关于××新华期货经纪有限公司的批复

证监期审字〔2011〕25号

××新华期货经纪有限公司：

经审核，你公司符合期货经纪公司的标准，请持本批复到国家工商局申请注册登记，经管范围为：国内期货经纪业务，期货投资、信息咨询服务业务、期货从业人员培训业务。在完成该公司注册登记手续后，请持营业执照副本原件及复印件、法人授权委托书和领取人身份证原件及复印件到我会领取《期货经纪业务许可证》。

特此批复。

中国证券监督管理委员会
二〇一一年十月五日

例文二：

××省教委关于红兴大学开设秘书专业的批复

省教发〔2011〕××号

××大学：

你校关于增设秘书专业的请示（××教呈〔2011〕15号）收悉。现批复如下：

1. 同意增设秘书专业。

2. 2011年9月开始招生，学制两年，每年招50人。

3. 适应现代化建设的需要，为县党政机关和企业事业单位培养出高层次的秘书人才。

特此批复。

××省教委
二〇一一年七月十日

例文三：

关于扩建副食冷库的批复

商贸第五分公司：

《关于扩建副食品冷库的请示》已收悉，同意。

希望分公司接此文后，即同当地有关部门协商，在保障安全的前提下，选好建库地址，按期投入使用。所拨资金要专款专用，不得超支。但是作为扩建冷库的专用资金，进口高级冷库设备不合适，需要的外汇太多，而且懂得外国冷冻设备安装和调试的技术人员也不好找。要求拨800万元建一个冷库，标准太高。因为国家资金有限，标准太高，也无太大必要，所以，只拨给建筑款项500万元。随着市场经济的发展和我国即将加入WTO，扩建冷库很有必要。款不够，可采用其他办法筹款，你们自行安排，但要符合国家政策。

商贸总公司

二〇一二年八月一日

写作实训

完成前述写作任务。要求：

1. 文种选择适当；
2. 符合相应文种写作规范和写作要求；
3. 材料取舍恰当，主题突出，逻辑清晰，文字通顺。

检查与评估

1. 学生结合前述写作规范，自我检查或相互检查；
2. 教师选择学生例文进行点评。

写作实训拓展

1. 修改、完善前述写作任务；
2. 总结自己完成写作任务的得失。

参考范文

范文一：

关于同意成立围棋协会的批复

××县围棋协会筹备组：

你们提交的《关于要求成立××县围棋协会的申请报告》及有关材料收悉。根据新门《社会团体登记管理条例》、《浙江省社会团体管理办法》和有关政策规定，经研究批复如下：

一、准予××县围棋协会筹备成立，业务主管单位为××县体育局。

二、你们应在××县范围内进一步发展会员，于本批复下达之日起六个月内召开会员大会或会员代表大会，通过章程，产生执行机构、负责人和法定代表人，并向县民政局申请成立登记。经核准登记后，协会方可开展社会团体业务活动，合法权益受法律保护。

三、协会成立登记后，要健全组织机构，加强能力建设，充分发挥提供服务、反应诉求、规范行为等方面的作用，开展与县内外同行业的合作与交流，团结和组织全县各界热爱围棋运动的团体和个人，积极开展群众性围棋运动。协会各项活动必须遵守宪法、法律法规和有关社团管理政策，自觉接受业务主管单位新门县体育局、社团登记管理机关的业务指导、检查和监督管理，重大活动及时报告业务主管单位和我局。

××县公安局

二〇一二年十一月一日（印章）

范文二：

××市教委关于修建杭州师范学院教学楼的批复

××师范学院：

你院关于修建教学楼的“请示”收悉，经研究批复如下：

一、同意教学楼面积为8 000平方米。

二、投资400万元，分两次拨款；不足部分请自行解决。

三、建筑材料和施工力量请自行组织。

请抓紧组织，并加强管理，降低成本，提高效率，力争明年年底竣工使用。

特此批复。

××市教委（印章）

二〇一二年十二月一日

范文三：

关于对医义研究所资金缺口请示的批复

医义研究所：

你所上报的“关于申请筹建生物工程实验室项目缺口资金的请示”已收悉，同意拨付资金100万元。请你所按要求使用该项资金，项目完成后，提交资金用途报告，我厅将进行审核。

××省科技厅

二〇一二年十二月三十日

第五节 报　　告

本节教学目标

知识目标：

学习报告的理论知识，了解不同种类报告之间的区别，明确其在社会实践活动中的重要作用。

能力目标：

通过报告的写作任务训练，把理论知识转化为写作该文种的技能，掌握写作要领，并能熟练自如地进行写作。

写作任务

任务一：

从今年开始，学校特别重视学生寝室生活，也加强了对学生寝室的检查。现在学校正在大力推进“文明寝室”评比工作，每个系部都非常重视这项活动，明天系书记将召集全系100个寝室的寝室长开会。假设你是一名寝室长，你所在的寝室环境整洁，同学关系融洽，学习上积极进取。请你在会上作一份寝室长工作报告。

任务二：

电子商务时代已经真正来临了，很多传统的实体店都在电子商务的冲击下纷纷倒闭。网购在消费者生活中所占的比重越来越大，你身边很多同学可能都有当当网、亚马逊、淘宝网等网站的账号。你知道他们为什么要选择网购吗？他们在网上都买了些什么东西呢？他们的购物体验又是怎么样的呢？和其他群体相比，他们的网络购物是显得激进还是保守呢……你对这里边的种种现象是否有过思考或是分析？现在请你关注你周边的同学，写一份网络购物的报告。

任务三：

在你的求学生涯中，其中有一项称作社会实践。比如在外面做家教、发传单、餐馆端盘子或者在卖场里当促销人员。这些兼职工作都称为社会实践。寒暑假的时候，有的同学还会找到一家单位，在里面的某个岗位实习一个月或者两个月。在那里，你会全心地投入工作，体会到这个岗位的种种艰辛与成就，从而使自己的能力与心智得到进一步的发展。这些社会实践都是你日后发展的财富，请结合你的社会实践体验，写一篇工作报告。

写作任务分析

这个写作任务主要是为了训练学生学会报告的基本写作方法，而学生要正确掌握报告的写作方式，学会对基础材料进行分析取舍，就至关重要。

必备知识 & 工具箱

为了完成这个写作任务，必须掌握一些报告的基本知识。学生应对这些知识有清晰地认识，对几种报告的异同作深入的讨论。在以上案例中，除了必须了解报告的概念外，还应该区别不同种类报告间的差异。

工具一：报告的概念与用途

报告是“适用于向上级机关汇报工作，反映情况，答复上级机关的询问”的公文。它是一种陈述性上行文。

报告应用相当广泛。它可以用于定期或不定期地向上级机关汇报工作，反映本部门、本单位贯彻执行各项方针、政策批示的情况，反映实际工作中遇到的问题，为上级机关制定方针、政策，活动决策、发指示提供依据；还可以用于答复上级机关的询问，使上级机关在全面掌握情况的基础上，准确、有效地指导工作。

工具二：报告的分类及写作方法

➢ 根据不同的内容分类

报告根据不同的内容可以分为工作报告，情况报告和答复、报送报告三类。其基本结构同一般公文。下面讲一下三类报告正文的写法。

1. 工作报告

工作报告用于汇报工作，其正文一般为三部分。

第一部分写报告的原因、依据和目的等，讲清楚所报告的是什么工作，进展到什么阶段，要报告哪些问题。这部分概括叙述有关事实和情况即可，不用展开。

第二部分写报告的事项，这是报告的主体和核心，是需要上级了解的主要内容，因此要比较具体地分段、分条、分项陈述工作所取得的成绩，分析取得这些成绩的原因，包括做法和体会。

最后要说明工作中存在的问题和今后的打算。

2. 情况报告

情况报告用于反映情况，对本单位或本地区发生的重大问题或重要情况向上级汇报。例如出现自然灾害、发生重大事故必须立即向上级汇报，以便领导采取相应的措施。

撰写情况报告，其内容重点在反映情况，一定要把情况弄清楚，有什么积极意义或造成什么结果和影响。情况报告往往要引出建议或意见，这些建议或意见是建立在对情况分析研究的基础上。因而要在情况清楚的前提下，运用辩证的观点，全面地实事求是地分析问题，透过现象，抓住本质，得出正确的结论，提出有较高实用价值的建议或意见。表达上以陈述情况为主，分析议论为辅。

其正文内容大体包括：报告原因（说明报告的根据、目的、意义等）；报告事项（陈述具体事件、处理情况及经验教训等），可采用段落式，也可以分条分项的结构形式；结束语常用“特此报告”、“以上报告，请审阅（查）”。

3. 答复、报送报告

答复报告，是用来回答上级询问的，具有明确的针对性，必须针对上级来文（电）行文。它的写法比较简单，正文的结构包括：引述来文（先引标题，后引文号）；答复事项（着重回答上级想要知道或要求回答的问题，不能答非所问，漫无边际）；结语（“专此报告”）。

报送报告，是在报送文件（如计划、总结等）、物件时使用。正文只需写明所报材料的名称、数量（或规格）；结语一般用“请查阅”、“请查收”、“请审阅”等。

➢按其使用性质分类

报告按其使用性质可分为以下两种：

1. 呈报性报告，是下级机关根据上级指示精神或上级的询问，在工作完毕后或在工作中遇到问题时，向上级汇报、反映情况。报告可以陈述工作完成、进展情况；陈述工作中存在的问题；也可以提出一些意见、建议，但仅供上级参考。有时报送材料、物品也可以用报告行文。

2. 呈转性报告，是下级机关呈报给上级机关，并要求批准转发给有关部门执行的报告。这类报告在内容上以意见和建议为主；有的是在工作进行前，对工作提出具体措施、办法；有的是针对工作中存在的问题提出具体解决办法。

工具三：报告写作的注意事项

1. 实事求是、有针对性

向上级报告的事实、情况、工作成绩以及存在的问题都必须抱着负责的态度，实事求是，不夸大，不缩小，不以偏概全，也不用空话搪塞。

报告中的分析和建议要有针对性，要有的放矢。一是要针对事实、情况分析问题；二是要针对领导机关的决策提出参考性的建议。这样的报告，才会引起领导机关的重视，报告也才有价值。

2. 报告情况、有概述性

报告中经常要汇报情况，讲述事实，一般都采用概述的表达方式，用语简练，不必细节描述。但简练不等于笼统，事实要写清楚，情况要摆明确，要给上级留下清晰的印象。越是概述，语言越要求精确；切忌模棱两可、含糊不清。

3. 点面结合、有重点性

“点”是较为典型的具体事实，“面”是概括性很强的事实。报告中两种事实都需要，没有“点”，报告缺乏说服力；没有“面”，所列举的事实就缺乏代表性。点面结合，既有深度又有广度，因而也更具说服力。报告中的事实和情况，要受报告主题的支配，为主题服务，并能强化主题。所以在选材上要详略得当、重点突出，才能中心明确。

4. 报告中不得夹带请示事项

报告是陈述性公文，一般不要求上级答复，如有请求，应另用“请示”或“意见”行文。

参考例文

例文一：

关于治理水质污染问题的报告

××市人民政府：

前接市政发〔2005〕106号函，询问我县水质污染原因及治理问题，现将有关情况报告如下：

我县水质污染较严重，其主要原因：一是公众环境保护意识差，一些居民随意向河道坑塘倾倒垃圾；二是我县市政基础设施薄弱，无污水处理厂，居民生活污水直接排入大环境；三是近几年，我县“三业”发展较快，其废水杂物直接排入护城河及坑塘，造成水质严重污染；四是县纸厂停产治理后，虽有污水处理系统，但运行费用高，工程设计落后，不能做到不间断达标排放。

解决水质污染问题的根本途径：第一，建设污水处理厂，目前，县政府正在积极筹备之中。第二，加大宣传力度，提高全民环保意识，减少污水无序排放。第三，加大环保监督检查力度，确保排污企业治污设施正常运行，达标排放，促进水质好转。第四，环保部门依法行政，严格执法，从源头把关，减少各种污染。

专此报告。

××县（印章）

二〇〇五年四月二十九日

例文二：

关于××高速公路塌方事故的报告

××市建设委员会：

二〇〇五年七月二十九日，××高速公路××路段发生塌方事故，造成一定的伤亡后果。事故发生前，桥面上分散有二三十名工人，已浇铸了近200立方的混凝土，而且违章施工，按照施工程序应分两次浇筑的混凝土却一次浇铸。估计事故原因是桥面负荷过重。事故发生后，近200名消防人员、工地工人、公安干警赶到现场紧急抢救，抢救时间持续近24小时。××市市政总公司第一分公司是该工程的承建商。

特此报告。

××市政工程总公司

二〇一二年×月×日

[例文评析]

例文一是××县人民政府为答复市政府的询问函而写的答复报告。报告详细分析了××县水质现污染的具体原因，并针对相应问题提出了治理水质污染的具体意见。该报告全文紧扣主题，作出答复，有针对性，格式规范，语言简练、得体。

例文二是××市政工程总公司的事故情况报告，但无论从格式规范上，还是行文表述上，都存在诸多的问题。首先，格式上，主送机关应处在正文的上一行位置顶格写，不能与正文相连；其次，正文逻辑思路比较混乱，重点不突出，而事故表述中，对事故发生的原因分析不够明确，且使用了过分含糊的用语“估计”，致使这篇报告没有真正发挥其反映情况、汇报工作的作用。

写作实训

完成前述写作任务。要求：

1. 文种选择适当；
2. 符合相应文种写作规范和写作要求；
3. 材料取舍恰当，主题突出，逻辑清晰，文字通顺。

检查与评估

1. 学生结合前述写作规范，自我检查或相互检查；
2. 教师选择学生例文进行点评。

写作实训拓展

1. 修改、完善前述写作任务；
2. 总结自己完成写作任务的得失；
3. 写作任务拓展：

请你代你学校团委向学校党委写一份开展活动的报告。要求说明为什么要开展这次活动？是怎样开展活动的？有什么收获？

参考范文

范文一：

个人工作业绩报告

我叫××，女，27岁。2007年进入正大公司加油站工作，至今在零售管理部担任了××系统的上线及维护，还分别担任过数据信息统计岗、督查岗、物流岗、IC报表岗，现担任零售管理岗，对零售各项业务环节较为熟悉。2009年取得加油站操作员高级工技能等级。在领导和同事们的指导和帮助下，我及时保质保量完成了上级下达的各项工作任务。回顾几年的工作历程，我觉得自己不仅在政治素养上有很大的提高，在业务上也积累了丰富的工作经验，收获很大。现将有关情况总结如下：

一、政治素养有了很大提高

十年的工作历程，使我成为具备了较强的政治素养和工作技能的中石化员工，在这个过程中多次参加省公司的集中培训，通过学习《员工守则》，使我初步了解了作为一名合格的新时代加油站员工所应该具备的基本的政治素养和道德情操，知道了集团公司“发展企业、回报股东、奉献社会、造福员工”的企业目标。特别是耳闻目睹了许多优秀员工的先进事迹，给了我深刻的启发和教育。他们所表现出来的爱岗敬业精神，焕发出来的工作热情，都给我树立了榜样，使我更加珍惜××员工的光荣称号。增加了我忠诚加油站事业，努力践行重要核心价值理念的自觉性。

二、保质保量完成各项工作任务

自2010年调入零管部后，领导安排我的主要工作职责有：零管系统上线及维护、数据信息统计、督查、物流、IC报表以及零售管理。在领导和同事们的指导及帮助下，通过个人的努力，我掌握了这些工作的基本技能。在工作中，我注意向老同志学习，做到不懂就问，虚心求教。自担负工作以来，我按时间、有质量地完成了各项工作任务，及时准确汇总上报各类分析和报表，注意收集资料精细管理。在领导的安排下参加了许多对自己工作能力有帮助、提高的活动。比如，随同领导对公司辖区内各片区加油站夜查、巡查和督查工作，多次参加省公司有关系统、后台系统及销售技巧的培训，使我的业务技能得到一定的扩展和提高。

三、几个需要努力的方面

十年来，虽然收获很大，同时也明显地感觉到自己还存在着许多需要改进和努力的方面，主要表现在：一是继续加强政治学习，不断的提高自己的政治素养和道德情操，学习是提高自身的根本途径，不仅在政治上要进一步加深对党的方针政策和集团公司经营理念的学习，增强爱岗敬业、无私奉献的自觉性，而且处处用新时代××员工的基本道德规范和思想情操约束自己的行为，使自己在政治上更加成熟。二是加强工作技能的学习，特别是在目前商业竞争日趋激烈的形势下，更需要我们具备娴熟的业务技能，工作经验还需要不断的积累，工作质量还需要进一步加强。我相信，有志者事竟成。在领导和同事们的指导帮助下，我有决心有信心通过个人努力，在业务技能方面百尺竿头，更进一步。三是注意虚心求教，我恳切地希望领导和同事从政治上、在工作中和日常生活方面多多给予指教，以便能够加快自己成长的步伐。四是增强团结和协作观念，团结就是力量。协作就有活力，我们后勤部是一个大家庭，是一个有机的整体，我应该自觉加强团队协作精神，主动配合同事完成不同阶段不同时期的各项工作任务。

总之，我，一个勤学好问，能吃苦，肯努力的人，会把工作做好的。

后勤部：××

二〇一二年十二月一日

范文二：

2012年生产部门年度总结报告

2012年在紧张和忙碌中过去了，回首过去的一年，虽没有轰轰烈烈的战果，但也算经历了一段不平凡的考验和磨砺。在这辞旧迎新之际，我个人谨代表生产部，将深刻地对本部门一年来的工作及得失做出细致的总结，同时祈愿我们公司明年会更好。

一、生产和产量

在过去的一年里，生产部对生产线进行了大量的工艺摸索试验，使产品质量标准大幅提高。使得公司产品生产从往年单一的88料、93料产品实现了向83、75圆弧系列同时生产的成功过渡。

二、产品质量

在完成生产产量的同时，我们生产部门也高度重视产品质量，严把生产工序的每一个质量控制关，严格按照生产流程\六要素\进行生产作业，对生产线上的半成品进行抽样检查，对每一批次产品配件进行检测 。

三、设备模具管理

在这2012年的一年里，公司投入资金购置了更加精密的模具和设备，为产品的产量和质量提供了更加有力的保证，有力地保障了设备的正常运转，进而很大程度上确保了生产运行的稳定性。

四、人员管理

因公司生产任务的急剧增加，产品型号的多样化，公司新招聘员工很多，共有很多批次的新员工进入到车间的各生产岗位，且流动量很大，各岗位人员极不稳定，给生产各方面管理带来极大的压力。

五、安全生产

在过去的一年里，基于行业的特殊性，我们生产部门将安全生产纳入了日常的管理工作之中，能够经常对各岗位员工进行安全知识的教育，培训操作工正确操作生产设备，发现问题及时处理。但仍然发生了因违反操作规程而造成的人身伤害事故，针对此类事件，生产部对全体操作工进行了更加频繁的安全警示教育。对一些有可能会造成人身伤害或设备模具损害隐患的人和事进行了严肃的经济处罚和批评警告 。

生产部门在过去的一年里，在公司领导的正确领导下，各生产岗位知难而上、基本顺利地完成了公司下达的各项生产任务。生产部虽然做了很多的工作，也取得了一定的成绩，但是也还存在较多的问题，主要有以下五个方面的不足：

(1) 生产现场管理

各岗位的生产现场管理较为混乱，主要是生产过程的各种辅助用品摆放不整齐，成品、半成品，配件没有做到定置管理。还有就是环境卫生、设备卫生、人员卫生很差，操作工甚至班长换型材换规格的清场意识薄弱。

(2) 人员管理

由于生产部大部分员工普遍文化素质较低、工作态度自由散漫，加之生产管理人员在具体管理方面的松懈，致使员工的责任、团队、服从管理意识不强，迟到、早退、消极怠工现象屡屡出现，缺乏质量观念和成本观念，不能很好地爱护公司财物，节约各项能源。这方面在生产部崔厂长的领导下……（此处自行补充）。

(3) 设备、模具管理

公司自2009年以来，新购设备较多，特别是2001年进的设备，采用了较先进的电子控制技术。对操作、模具保护提供了很大的便利，而有部分操作工却不能很好地爱护设备、模具，不能及时发现故障隐患，造成了多起模具严重损坏事故，对设备的保养、故障的提前预防做得还很不到位，大修设备或模具往往需要几天时间才能完成，有部分模具还不能达到生产质量的要求。新的一年将马上面临公司扩大生产规模，期间会有大量的辅助用具制造、设备模具调试工作，进一步建立设备模具运转率、故障率、闲置率等系列数据统计分析报告（此类表格已制定完成，正在落实具体统计）。

(4) 辅助用品、物料消耗及生产成本的控制

由于生产员工的操作技能不够熟练，至使原材料生产过程频繁碰伤刮伤，造成玻璃型材料头料尾过长或产品废弃率严重超标；因为没有对配件及辅助用品做到定置管理，换材质换规格的清场意识不够强，造成部分次品甚至成品被倒进垃圾堆；下班时不关设备电源、不关灯的情况也屡有发生，鉴于目前存在的浪费现象，应该首先从培养操作工的责任心、健全职能岗位人员开始，对生产班组领用的辅助用品指定区域、协同现场管理和仓储部门，遵循相关实施办法并加大执行力度，对违反规定的人员进行相应经济处

罚。实行责任制，要求必须遵守该环节所用机械的操作规程，熟练操作、避免材料在生产过程中磕碰，对使用的每一条材料都做好原材料检，根据实际情况实施相应的、合理的奖惩措施和节约能源、降低成本的思想教育，使整个生产流程环环相扣，避免出现管理上的真空。使这些职能岗位人员能够时刻保持高度的责任心和主人翁精神，逐渐为员工养成良好的节约习惯，公司提倡的节约每一寸材料、每一颗螺丝、每一张纸的口号，才不会成为一句空话。

（5）安全生产

安全生产是公司最重要的一个方面之一，安全是效益。但我觉得我们生产部门在这一点上做得还远远不够，特别是一些相关安全知识，一部分员工还没有完全理解，思想上对一些事故隐患不够重视，甚至一些基本的安全常识，也很容易松懈。定期进行对员工安全小知识的培训。另外结合各生产班组在班前会上纳入安全生产方面的要求，使员工在每时每刻都绷紧安全这根弦，在人人心中树立安全就是效益的理念，促进公司的安全生产工作能上一个新台阶。

从公司整体方面，有以下几点建议：

第一，公司在新产品生产方面应变能力还不够，因为每个产品在行业内都有它固定的需求量，没有新品的支撑，公司就没有发展的后劲。

第二，产品质量问题。目前，客户对我公司产品质量方面的不良反馈居高不下，达不到客户免检产品的标准要求。

第三，技术熟练人员的培养和留用方面，普通操作工的流动量非常大，大部分有思想的员工因为对公司不信任、没有依赖感而流失，导致管理模式发挥不了决定性的作用，甚至在对有些最普通岗位的违规作处罚措施时，他们竟然可以以辞职或请假相要挟。于是，产品质量总是得不到保证、规章制度执行难、管理难就成了公司管理工作最主要的难题 。

第四，公司在企业文化建设方面几乎是一片空白。面对即将到来的一年，我们生产部愿以最饱满的热情对待新年的每一天，团结协作，克服存在不足之处，提高工作质量，抓好安全生产，为企业的发展尽我们最大的努力。

生产部：××

二〇一二年十二月一日

范文三：

实习报告

一、实习目的

1. 了解室内装潢设计在怀化市场的现状及前景。
2. 进一步掌握ps、3dmax、cad等设计软件的运用。
3. 尝试把学校里学习的环境艺术设计相关理论运用到实习过程中。
4. 初探做好室内设计师的方法，熟悉室内设计的方法和程序步骤。
5. 培养人际交往与社交能力，为成为室内设计师做准备。

二、实习时间与地点

“东易日盛”创建于1996年，在中国家居产业已形成规模化、专业化、品牌化、集团化以及产业化的绝对领先优势。东易日盛集团以“做今日名牌 创百年企业”为宗旨，以东易日盛品牌为平台，以家居产业链为主线，立足在中高端家居装饰设计与施工、材料和家具及配饰供应、房地产楼盘精装修设计、全国性特许经营品牌发展以及行业专业研究分析等多个方向，以全球视野进行深度集成和资源优化整合，构建起中国最具竞争力的装饰产业和品牌梯队，形成齐发并举的战略体系和格局。

三、实习内容及进度

首先需要了解室内设计的程序步骤。

1. 设计准备阶段

设计准备阶段主要是接受委托任务书，签订合同，或者根据标书要求参加投标，明确设计期限并制定设计计划进度安排，考虑各有关工种的配合与协调，明确设计任务和要求，如室内设计任务的使用性质、功能特点、设计规模、等级标准以及总造价，根据任务的使用性质所需创造的室内环境氛围、文化内涵或艺术风格等，熟悉设计有关的规范和定额标准，收集分析必要的资料和信息，包括对现场的调查踏勘以及对同类型实例的参观等。在签订合同或制定投标文件时，还包括设计进度安排，设计费率标准，即室内设计收取业主设计费占室内装饰总投入资金的百分比。

2. 方案设计阶段

方案设计阶段是在设计准备阶段的基础上，进一步收集、分析、运用与设计任务有关的资料与信息，构思立意，进行初步方案设计、深入设计，进行方案的分析与比较。确定初步设计方案，提供设计文件。室内初步方案的文件通常包括：

(1) 平面图，常用比例1∶50，1∶100；

(2) 室内立面展开图，常用比例1∶20，1∶50；

(3) 平顶图或仰视图，常用比例1∶50，1∶100；

(4) 室内透视图；

(5) 室内装饰材料实样版面；

(6) 设计意图说明和造价概算；

(7) 初步设计方案需经审定后，方可进行施工图设计。

3. 施工图设计阶段

施工图设计阶段需要补充施工所必要的有关平面布置、室内立面和平顶等图纸，还需包括构造节点详细、细部大样图以及设备管线图，编制施工说明和造价预算。

4. 设计实施阶段

设计实施阶段也即是工程的施工阶段。首先，室内工程在施工前，设计人员应向施工单位进行设计意图说明及图纸的技术交底，工程施工期间需按图纸要求核对施工实况，有时还需根据现场实况提出对图纸的局部修改或补充，施工结束时，会同质检部门和建设单位进行工程验收。

其次，了解室内设计方法，赵师傅给我讲解了以下三种：

(1) 大处着眼、细处着手，总体与细部深入推敲；

（2）从里到外、从外到里，局部与整体协调统一；

（3）意在笔先或笔意同步，立意与表达并重。

经过仔细推敲和在工作中的实际运用，我发现上面三条确实很实用，跟那些经验丰富的设计师交流有“听君一席话胜读十年书”的感觉。

再次，掌握了一些设计软件小技巧，提高了软件运用的熟练程度。例如：巧变二维背景为三维场景、时光隧道的制作等。

四、实习收获与总结

通过这次为时三个月的实习，我对室内设计师这个行业有了更进一步地了解，也为即将成为他们中的一员而感到自豪，结合实习经历我总结出作为室内设计师应具备以下几方面素质：

（1）有全面的综合素质。室内设计师除了专业知识和技能外，要不断提升审美能力，要具备广博的知识和阅历，才可能创造出感动人的空间。

（2）有敏锐的洞察力。对时尚敏锐的观察能力和预见性是设计师自我培养的一种基本能力，站在一个高度上讲，设计师担负着引导时尚的责任。

（3）细致入微的追求。室内设计师所面临的是环境中各个不同的细节，对细节的处理，关系到整个室内空间设计的成败，越是简约的设计，细节越重要，要注意室内外空间角色的互换。

（4）有很强的表现能力及丰富的表现手段。设计师要清晰准确地表达自己的设计意图和思想，让业主能够很容易的理解和沟通。

（5）要有准确把握材料信息和应用材料的能力。市场的发展、科技的进步使新产品、新材料不断涌现。及时把握材料的特性、探索其实际用途可以拓宽设计的思路，紧跟时代，在市场中占据先机。

（6）重视概念设计。风格定位、概念设计是项目的设计思路，它是一个综合结果，它是一个总的思路，包含对人文和功能、科技与材料的综合考虑，有设计者对设计项目独特的认识因素和个性特征，是有别于其他设计方案的根本。着重体现设计中在满足功能的前提下，独特个性的植入。所以不要形成固定的风格，但可以形成固定的思路。

（7）对陈设品的认识修养与运用能力。对陈设品的认识和运用能力，是创造现代文化特征和品位的居住和生活环境的根本，陈设是空间环境中的一个重要部分，在优秀陈设设计中，装饰的形式美具有深厚的文化品质和美学价值，是人对某种文化境界的体味和追求。

（8）好的人际交往与社交能力。设计是服务性行业，是服务于大众的，不是做艺术品，很多事由业主说了算，与业主的沟通、磨合是达成一个方案的关键。只有理解了，设计才有方向——正如能够成功的艺术家都是其风格迎合了一定人群的需求。

（9）重视对市场的调查。在市场调查的基础上，对人在即将设计的空间中可能发生的动作、行为进行一些假设，同时考虑现代技术的应用对动作、行为的影响。因为这种假设和分析会引出我们将要面对的设计。比如：流线设计的问题、空间设置的问题、陈设的问题、设备配置的问题、色彩和造型的问题以及照明的问题、污染的问题等等。

（10）形成自己的风格。作为一个设计师，创新是非常重要的，在设计中要提高警惕，不要丢掉个性，要凭独创打开局面。设计毕竟是一个造型艺术，设计的发展有一个画图的过程，对个性化的要求是设计师毕生的追求，要不断地在工作中磨炼。形成自己独特的符合室内设计规律的风格。

报告人：××

二〇一二年十二月二十日

第六节　函

本节教学目标

知识目标：

学习函的理论知识，了解不同种类函之间的区别，明确其在社会实践活动中的重要作用。

能力目标：

通过函的写作任务训练，把理论知识转化为写作该文种的技能，掌握写作要领，并能熟练自如地进行写作。

写作任务

任务一：

为了拉近学生与老师之间的距离，特邀请老师参加师生交流会，请写一份邀请老师参加活动的邀请函。

任务二：

为了增强与康×公司之间的友谊与商业上的交流，特邀请康×公司到羽×公司参观，请对其写一份参观函。

任务三：

浙江××集团有限公司想购一些办公设备，需询问价格，请拟一则询价函。

写作任务分析

这个写作任务主要是为了训练学生掌握几种函的写作方法，而学生要正确掌握几种函的写作方法，学会辨析写作情境，就至关重要。

必备知识 & 工具箱

为了完成这个写作任务，必须掌握一些函的基本知识。学生应对这些知识有清晰地认识，对几种函的异同做深入的讨论。在以上任务中，除了必须了解函的概念外，还应该区别商洽函、问答函和求批函之间的差异。

工具一：函的概念与分类

函适用于不相隶属机关间相互商洽工作，询问和答复问题，请求批准和答复审批事项。

从函的内容和用途来看，函可以分为：

1. 商洽函，是机关单位之间用来商洽工作，联系事项的函；

2. 问答函，是机关单位之间询问和答复问题的函；

3. 求批函，是向有关职能部门请求批准的函。

工具二：函的写作格式

1. 标题

一般由发文机关、事由、文种或者事由、文种组成。一般发函为《关于开办办公自动化培训班的（事由）的函》；复函为《关于市十四人大四次会议建议（答复事项）的复函》。

2. 正文

一般包括三层：简要介绍背景情况；商洽、询问、答复的事项和问题；希望和要求，如："务希研究承复"、"敬请大力支持为盼"等。

3. 落款

一般包括署名和成文时间两部分内容。标题写明发文机关的，这里可不再署名，但须加盖单位公章。

工具三：函写作的注意事项

1. 要一函一事，切忌一函数事；

2. 要体现平等坦诚精神，文字恳切得体、简洁朴实，用语谦和有礼，切不可盛气凌人。

参考例文

例文一

商 洽 函

敬启者：

我方在《化学杂志》上，得到贵公司名称和地址，盼与贵公司建立商务关系，特函奉告。本公司系中国化学产品最大的出口商之一，具有50年的商务经验，商誉驰名。我方的服务和产品品质保证会使贵方满意。对我方的信用，如需作进一步地了解，请向中国银行深圳分行直接查询。盼尽速回音。

敬上

深圳市×××科技化学有限公司

二〇一〇年九月十日

例文二

关于询问元宵节文化大集筹备情况的函

（萨文办函〔20090909〕54号）

××区文化局：

根据2002年市文化工作会议的部署，由你局牵头安排落实“××市元宵节文化大集市”活动。按你局10月初所报文化大集市筹备工作进程表，2010年11月底应全部安排就绪。目前将市政府办公室《关于了解元宵节文化大集筹备进度的函》（罗府办函〔2009〕63号），告知市局，主管领导拟于2009年11月底前去××区视察文化大集筹备工作进展情况，并听取具体汇报。该函同时抄送××区政府及你局区政府。根据市局领导同志要求，请你局速将大集筹备情况上报市局，并及时与区政府沟通，会同各有关部门，切实搞好筹备工作并做好汇报。

专此函达。

××市文化部

二〇〇九年十二月三十日

例文三

关于请求批准×××同志辞职的函

××人力资源和社会保障局：

现有×××职工×××同志，女，汉，中专毕业，于××××年×月参加工作，该同志近日自愿提出辞职。经研究，同意该同志辞职。现请求贵局按规定办理相关手续为盼。

妥否，请函复。

二〇一〇年九月四日（公章）

写作实训

完成前述写作任务。要求：

1. 文种选择适当；
2. 符合相应文种写作规范和写作要求；
3. 材料取舍恰当，主题突出，逻辑清晰，文字通顺。

检查与评估

1. 学生结合前述写作规范，自我检查或相互检查；
2. 教师选择学生例文进行点评。

写作实训拓展

1. 修改、完善前述写作任务；

2. 总结自己完成写作任务的得失。

参考范文

范文一：

“读书与学习”交流会邀请函

各位老师：

大一新生军训结束，根据学校要求将进行为期两天的入学教育。以“读书与学习”为主题的交流会，将于9月29日上午8:30在模拟法庭举行，诚邀各位老师百忙之中抽出时间，为新生指点迷津。

法学院学工组

二〇一二年九月二十七日

范文二：

关于赴××企业参观的函

××公司：

我会拟组团本月底赴贵公司参观，成员人数约30人，主要由青年企业家和干部组成，参观内容主要是参观生产现场，盼予接待为感！

二〇一二年五月三日

范文三：

询　价　函

××公司：

我公司拟采购如下办公设备，现向贵公司询价，请给出相应最低报价，报价含具有抵税功能增值税专用发票。具体品牌、型号、配置要求如下表。如有供货意向，请填好价格盖贵公司公章于2012年12月1日10点前传真到0571－89264512，谢谢合作。

序号	产品名称	型号、配置及保修时限（×年保修）	单价（元/台）
1			
2			
3			
4			
5			

注：以上配置如有更改可直接在上表标注、更改，除××机、××外不接受其他品牌报价。更改的配置需不低于上表配置。

联系人：××　电话：88514369　传真：0571－89264512（传真前请电话联系，以便及时收件）

浙江××集团有限公司
二〇一二年十一月一日

第七节　会议纪要

本节教学目标

知识目标：

学习会议纪要的理论知识，了解会议纪要和会议记录的区别，明确其在社会实践活动中的重要作用。

能力目标：

通过会议纪要的写作任务训练，把理论知识转化为写作该文种的技能，掌握写作要领，并能熟练自如地进行写作。

写作任务

任务一：

请写一则参加过的一次班会或者社团活动的会议纪要。

任务二：

根据以下会议记录内容写一则会议纪要。

××公司项目会议记录

时间：2010年9月1日

地点：公司会议室

出席人：公司各部门主任

主持人：××（公司副总经理）

记录：×××（办公室主任）

一、主持人讲话：今天主要讨论一下《中国办公室》软件是否投入开发以及如何开展前期工作的问题。

二、发言：

技术部朱总：类似的办公软件已经很多，如微软公司的WORD、金山公司的WPS系列，以及众多的财务、税务、管理方面的软件。我认为首要的问题是确定选题方向，如果没有特点，千万不能动手。

资料部祁主任：应该看到的是，办公软件虽然很多，但从专业角度而言，大都不很规范。我指的是编辑方面的问题。如WORD中对于行政公文这一块就干脆忽略掉，而书信这一部份也大多是英文习惯，中国人使用起来很不方便。WPS是中国人开发的软件，在技术上很有特点，但中国应用文方面的编辑十分简陋，离专业水准很远。我认为我们定位在这一方面是很有市场的。

市场部唐主任：这是在众多航空母舰中间寻求突破，我认为有成功的希望，关键的问题就是必须小巧，并且速度极快。因为我们建造的不是航空母舰，这就必须考虑到兼容问题。

三、各部门都同意立项，初步的技术方案将在十天内完成，资料部预计需要三个月完成资料编辑工作，系统集成约需要20天，该软件预定于元旦投放市场。

散会。

主持人：（签名）

记录人：（签名）

任务三：

请代×××公司写一份营销工作会议纪要。

写作要求：文种选择适当，格式规范，要素齐全，对提供的材料有组织，正确使用公文语言。

写作任务分析

这个写作任务主要是为了让学生熟悉并掌握会议纪要的用途、格式与写作要求。学生要起草一份合格的会议纪要，了解会议纪要的文体规范就至关重要。

必备知识 & 工具箱

为了完成这个写作任务，必须掌握一些公文，尤其是“会议纪要”的基本知识：文种概念、种类、要素、格式要求以及语言要求等。学生应对这些知识有清晰地认识。在这个案例中，除了必须了解会议纪要的概念外，还应该区别它与会议记录的差异。

工具一：会议纪要的概念与种类

➢ 会议纪要的概念

会议纪要是用于记载、传达会议情况和议定事项的公文。会议纪要不同于会议记录。会议纪要对企事业单位、机关团体都适用。

➢ 会议纪要的种类

按照会议纪要的行政约束力可将会议纪要分为：

1. 决议性会议纪要。是对领导层经过集体讨论所形成和议决性意见进行阐述的纪要。它具有政策性、理论性、指导性等特点，行政约束力很强，具有明确的指示性。

2. 学术性会议纪要。这类纪要属讨论型的会议纪要，它既可以按发言人的先后顺序纪要整理，也可按问题类别进行整理。有的纪要还要注意表达清楚问题分歧的焦点。学术性纪要不具有法定的行政权威和约束力。

工具二：会议纪要的写作注意事项

根据会议性质、规模、议题等不同，大致可以有以下几种写法：

1. 中概述法。这种写法是把会议的基本情况，讨论研究的主要问题，与会人员的认识、议定的有关事项（包括解决问题的措施、办法和要求等），用概括叙述的方法，进行整体的阐述和说明。这种写法多用于召开小型会议，而且讨论的问题比较集中单一，意见比较统一，容易贯彻操作，写的篇幅相对短小。如果会议的议题较多，可分条列述。

2. 项叙述法。召开大中型会议或议题较多的会议，一般要采取分项叙述的办法，即把会议的主要内容分成几个大的问题，然后另上标号或小标题，分项来写。这种写法侧重于横向分析阐述，内容相对全面，问题也说得比较细，常常包括对目的、意义、现状的分析以及目标、任务、政策措施等的阐述。这种纪要一般用于需要基层全面领会、深入贯彻的会议。

3. 发言提要法。这种写法是把会上具有典型性、代表性的发言加以整理，提炼出内容要点和精神实质，然后按照发言顺序或不同内容，分别加以阐述说明。这种写法能比较如实地反映与会人员的意见。某些根据上级机关布置，需要了解与会人员不同意见的会议纪要，可采用这种写法。

工具三：会议纪要的文体格式要求

不同类型的通知其基本格式是一致的，一般包括标题、正文、成文日期等部分。这里着重介绍正文部分的写作。

➢ 标题

会议纪要的标题有单标题和双标题两种形式。

1. 单标题：由“会议名称 + 文种”构成。

2. 双标题：由“正标题 + 副标题”构成。正标题揭示会议主旨，副标题标示会议名称和文种。

➢ 正文

会议纪要的正文大多由导言和主体构成。具体写法依会议内容和类型而定。

导言：主要用于概述会议基本情况。其内容一般包括会议名称、会期会址、参加人员、主持人和会议议程等。具体写法常见的有两种：

第一种：平列式。将会议的时间、地点，参加人员和主持人、会议议程等基本情况采用分条列出的写法。这种写法多见于办公会议纪要。

第二种：鱼贯式。将会议的基本情况作为一段概述，使人看后对会议有个轮廓了解。

➢ 主体

这是会议纪要的核心部分。主要介绍会议议定事项。

参考例文

例文一：

会议纪要

2010年11月3日9:00－10:30，在集团公司五层总经理办公室，×××副董事长和总经理×××，召集总工程师×××、经营副总×××、基建副总×××、总经理助理×××在五层总经理办公室开会，研究明确了优化组合后工资发放和员工工休等问题，会议形成如下意见：

一、关于优化组合后工薪发放问题

1. 机关及各矿从9月1日起执行新的工薪标准，具体明确如下：

（1）各矿副矿级以上人员和公司安全生产系统部长，月薪标准按年薪的十二分之一发放。

（2）公司安全生产系统科长，工薪按优化组合方案所确定的月工资水平标准执行。

（3）机关非矿类部（科）长，工薪均按照优化组合方案所确定的一级标准执行。

（4）集团公司科员的工薪级别，由各部领导组织考核，根据能力和成绩提出工薪级别标准，经分管副总审核后，报公司领导批准执行。

2. 机关和各矿九月和十月份工薪不再追溯考核，11月和12月份公司要对工薪实行考核发放制。

3. 公司副总级领导已有工薪待遇的，暂按原有标准发放。暂还没有确定工薪的，等董事长回来确定。

4. 关于各矿停产期间工薪管理办法。

会议明确，各矿因自然灾害等不可抗力原因而造成停产的，公司暂按如下原则办理：

（1）在停产期间，未开展任何有效的工作来启动、恢复生产工作的，整个矿井领导的工薪按70%发放；

（2）在停产期间，为了启动、恢复生产积极工作（如设备安装、调试）的，整个矿井领导的工薪根据工作的实际效果按80%、85%或90%发放。

5. 关于公司机关值班及下井补助标准。

（1）参加公司安全生产值班的人员，建议每人每班补助80元；

（2）集团公司人员下井补助，建议部长50元、科长30元、科员20元。

二、关于下一步绩效考核办法

1. 公司对各矿后二个月考核办法，由总工程师×××、基建副总×××、总经理助理×××根据《煤矿安全生产质量标准化考核办法》进行修订补充，作为公司11、12月份对各矿副矿级以上人员考核的依据。

2. 公司对机关安全生产部门人员的考核办法，由总工程师×××、基建副总×××、总经理助理×××抓紧制定安全生产系统人员的考核细则办法，从11、12月试行，年底修订后正式推出考核制度文件。

3. 非矿类机关人员考核办法，依据已定考核标准执行。

三、关于员工工休问题

会议明确，从现在到年底，员工出勤、请销假及工休暂定为：

1. 省内员工工作26天为全勤，省外员工工作24天为全勤。

2. 各矿、各部门在保证不影响工作的情况下，可合理安排员工轮流工休。

3. 因工作原因工休日无法安排休息的，经考勤部门核实后，对超出天数按当月日工资水平予以补助，因个人原因达不到全勤天数的，按员工的当月日工资水平予以减薪。

4. 会议明确必须严格执行请销假制度，公司副总、各矿矿长（副矿长）、部门经理请假必须报总经理批准，一次违反规定的，罚款500元；两次以上违反规定的，停职检查。其他人员的请假按照公司相关规定执行。

四、重申机关、矿级、安全生产系统领导下井次数

根据国家和地方政府对集团公司、矿级、安全生产系统领导带跟班、与工人同上同下制度的要求，各级领导要认真落实此项制度，具体要求为：

1. 集团公司的董事长、总经理每月下井次数不得少于六次，总工程师、副总不得少于12次；

2. 矿级领导矿长每月下井次数不得少于12次，副矿长不得少于18次；

3. 安全生产系统部门领导每月下井次数不得少于20次。

2010年11月3日

例文二

公司会议纪要

2011年12月9日下午，公司召开第一次总经理办公会议，研究讨论公司经济合同管理、资金管理办法、机关2013年3－5月份岗位工资发放等事宜。张总经理主持，公司领导，总经办、党群办及相关处室负责人参加。现将会议决定事项纪要如下：

一、关于公司经济合同管理办法

会议讨论了总经办提交的公司经济合同管理办法，认为实施船舶修理、物料配件和办公用品采购对外经济合同管理，有利于加强和规范企业管理。会议原则通过。会议要求，总经办根据会议决定进一步修改完善，发文执行。

二、关于职工因私借款规定

会议认为，职工因私借款是传统计划经济产物，不能作为文件规定，但是，从关心员工考虑，在职工遇到突发性困难时，公司可以酌情借10 000元以内的应急款。计财处要制定内部操作程序，严格把关，人力资源处配合。借款者本人要做出还款计划。

三、关于公司资金管理办法

会议认为计财处提交的公司资金管理办法有利于加强公司资金管理，提高资金使用效率，保障安全生产需要。会议原则通过，计财处修改完善后发文执行。

四、关于职工工资由银行代发事宜

会议听取了计财处提交的关于职工岗位工资和船员伙食费由银行代发的汇报，会议认为银行代发工资是社会发展的必然趋势，既方便船舶和船员领取，又有利于规避存放大额现金的风险。但需要二个月左右的宣传过渡期，让职工充分了解接受。会议要求计财处认真做好实施前的准备工作，人力资源处配合，计划下半年实施。

五、关于公司机关 11 月份效益工资发放问题

会议听取了人力资源处关于公司机关 11 月份岗位工资发放标准的建议。会议决定机关员工 3－5 月份岗位工资发放，对已经下文明确的干部执行新的岗位工资标准，没有下文明确的干部暂维持不变。待三个月考核明确岗位后，一律按新岗位标准发放。

会议最后强调，公司机关要加强与运行船舶的沟通，建立公司领导每周上岗接船制度，完善机关管理员工随船工作制度，增强工作的针对性和有效性。

××公司

2011 年 12 月 9 日

例文三：

杭州伍方座谈会会议纪要

2011 年 10 月 11 日在杭州伍方会议室召开座谈会，本次会议主要由×××、××、××参加。会议在×××的主持下形成了如下内容：

一、经理提出

针对 7 月份座谈会内容，除车辆问题未能解决，其他由保安队员提出的问题均得到解决，为保安队伍解决了一定的困难，由此看来，每月开好座谈会尤为重要。请队员提出对生活和工作等方面存在的问题及建议和意见。

二、各队队员提出意见汇总

问题一：一中队队员提出一中队宿舍较小，夏天空气流通缓慢，保安部中队人员有所增加，宿舍可利用空间小，呼吸较为困难，没有培训及开例会的空间。

问题二：巡逻队提出形象岗岗台遮阳伞较小，天气炎热，阳光足，遮阳伞起不到作用。

问题三：二中队队员提出因为现在公司要求所有人员均到食堂吃饭，禁止打饭，但目前保安部在岗人员不是很充足，如保证均到食堂吃饭，需分三批，但队员反映，第三批队员到食堂吃饭时食堂已没有饭菜。

问题四：保安部全体队员提出，更改夜宵方便面质量，提高方便面档次，队员提出如提高方便面档次资金不够，可用鸡蛋更换。

问题五：因五号岗距离食堂较远，中午及晚餐吃饭均存在困难，希望领导能够解决。

针对此次座谈会提出的问题，领导将会以最快的速度给予答复，尽全力帮助保安队员解决实际困难。

二〇一一年十月十一日

写作实训

完成前述写作任务。要求：

1. 文种选择适当；
2. 符合相应文种写作规范和写作要求；
3. 材料取舍恰当，主题突出，逻辑清晰，文字通顺。

检查与评估

1. 学生结合前述写作规范，自我检查或相互检查；
2. 教师选择学生例文进行点评。

写作实训拓展

1. 修改、完善前述写作任务；
2. 总结自己完成写作任务的得失。

参考范文

范文一：

××公司2012年8月21日安全生产周例会会议纪要

2012年8月21日上午10:00，××公司主持工作副厂长××在厂部会议室主持召开了厂安全生产周例会。各车间副主任以上人员及办公室有关人员参加了会议。会议传达了8月20日下午集团公司会议精神，听取了各部门上周工作完成情况汇报，并对下周安全生产组织及各事项进行了部署。现纪要如下：

一、传达集团公司调度会精神

1. 近期多台风天气，雨水较多。要求厂属各部门对负责区域内的排洪通道及边坡勤加检查、做好记录，提前做好防洪、防台风措施。

2. 对硐坑水引入生产系统的管理。会议要求相关负责人要跟踪、落实，提前做好管道铺设、维护工作。

3. 对我厂下半年生产。会议指出各部门要相互配合、精心组织、科学安排，避免由人为因素对生产造成的影响，对影响生产项目要加快建设进度，要加强工艺指标控制、降低尾矿品位、提高选矿回收率。

4. 推行新的经济责任制考核是实现我厂"精、细化"管理的重要手段。各部门应加大推行力度，实施过程中若意见相差较大时应及时反馈。

二、生产任务完成情况

会议通报了8月份生产任务的完成情况。截止至8月20日，××公司8月份选矿系统处理干矿量13.088万吨，月完成率58.43%，原矿平均品位约0.33%，铜精矿铜品位20.98%，选铜尾矿铜品位0.047%。生产铜精矿1 747.95吨，铜精矿铜金属量为366.80吨，选铜回收率85.82%；生产硫精矿4 909.31吨，平均品位约43.48%，选硫回收率45.80%。

三、上周工作完成情况及下周各项工作部署

1. 上周各督办项目均已完成。会议要求对修订好的防洪应急预案、治安消防应急救援预案、危险源辨识清单需组织员工进行学习。

2. 会议强调各部门对本次我厂组织的五天检修时间应引起足够的重视。车间要提前下发检修项目并组织员工学习，同时强调要注意检修期间各项安全，尤其要注意上、下交叉作业安全，并要求厂安全专员加强检修期间的巡查。

3. 会议指出对本次固定资产的盘点。车间应全力配合财务并专门指定一名人员负责盘点工作。

4. 会议指出由自动化组负责将一选厂 PLC 远程监控界面连接到我厂中控室，同时还要求自动化组做好粉矿仓料位的自动监控。

5. 会议指出我厂应成立节能工作领导小组并制定相应的节能降耗减排措施。

6. 会议指出2012年国庆系列活动已陆续展开。要求办公室继续跟进，各车间积极配合，在保障生产组织的前提下做好人员的调动，确保系列活动顺利进行。

××公司

2012年8月21日

范文二：

公司会议纪要

2012年6月1日下午，公司召开第一次总经理办公会议，研究讨论公司经济合同管理、资金管理办法、机关2012年3－5月份岗位工资发放等事宜。××总经理主持，公司领导，总经办、党群办及相关处室负责人参加。会议决定事项纪要如下：

一、关于公司经济合同管理办法

会议讨论了总经办提交的公司经济合同管理办法，认为实施船舶修理、物料配件和办公用品采购对外经济合同管理，有利于加强和规范企业管理。会议原则通过。会议要求，总经办根据会议决定进一步修改完善，发文执行。

二、关于职工因私借款规定

会议认为，职工因私借款是传统计划经济产物，不能作为文件规定。但是，从关心员工考虑，在职工遇到突发性困难时，公司可以酌情借10 000元内的应急款。计财处要制定内部操作程序，严格把关。人力资源处配合。借款者本人要作出还款计划。

三、关于公司资金管理办法

会议认为计财处提交的公司资金管理办法有利于加强公司资金管理，提高资金使用效率，保障安全生产需要。会议原则通过，计财处修改完善后发文执行。

四、关于职工工资

由银行代发事宜会议听取了计财处提交的关于职工岗位工资和船员伙食费由银行代发的汇报，会议认为银行代发工资是社会发展的必然趋势，既方便船舶和船员领取，又有利于规避存放大额现金的风险。但需要二个月左右的宣传过渡期，让职工充分了解接受。会议要求计财处认真做好实施前的准备工作，人力资源处配合，计划下半年实施。

五、关于公司机关11月份效益工资发放问题

会议听取了人力资源处关于公司机关11月份岗位工资发放标准的建议。会议决定机关员工3－5月份岗位工资发放，对已经下文明确的干部执行新的岗位工资标准，没有下文明确的干部暂维持不变。待三个月考核明确岗位后，一律按新岗位标准发放。

会议最后强调，公司机关要加强与运行船舶的沟通，建立公司领导每周上岗接船制度，完善机关管理员工随船工作制度，增强工作的针对性和有效性。

×××公司行政办

二〇一二年六月一日

范文三：

2010年××机关党支部党建工作会议纪要

2010年1月28日，××机关党支部书记张××在四楼会议室主持组织召开了机关党建工作会议，机关全体党员参加了会议。

会议认为：为加强机关党建工作，充分调动和发挥党员的积极性和主动性，成立了党员活动中心，还组织开展了一系列慰问党员活动。虽然我们在党建工作中做了大量工作，但由于年龄结构、文化层次、思想状况参差不齐，为党建工作、党员活动的开展带来了一定的难度。从整体情况看，党员的思想状况、精神面貌是良好的，特别是在维权、帮扶中做出了积极贡献，为地区经济社会发展和社会政治稳定发挥了积极作用。但由于以上原因的存在，使其部分党员感觉不到党组织的温暖，党性观念不强、带头作用逐步弱化。因此，做好党建工作，切实解决好党员反映的问题，真正发挥党员的先锋模范带头作用就显得尤为重要和迫切。

会议强调：

一、要切实加强机关党组织的自身建设。党的基层组织建设是党的全部工作和战斗力的基础，党支部作为党的最基层组织，要表现出党的先进性和充分发挥战斗堡垒作用，一是加强党支部的硬环境建设。解决部分党支部无办公场地、无活动经费的现象。二是加强对班子的培训和管理。组织班子成员不断加强科学文化的学习，学习市场经济知识、现代科学技术知识、现代管理知识以及法律知识等，不断提高科学文化素质，引导班子成员学习马列主义、毛泽东思想、邓小平理论和"三个代表"重要思想，努力提高班子整体的理论水平和运用理论解决实际问题的能力。

二、不断创新党员教育管理的方法。针对党员的不同特点，党组织应以党建为着眼点，分类别分层面，采取不同的方式，进行教育管理。主要应从政治、思想、生活上关心他们，依据他们的所想、所盼、所需进行教育管理。从实际出发，因人制宜，发挥其职业特长，让他们在工作中发挥先锋模范作用。通过逐步完善楼道党员公示制度、在职党员登记制度，党员志愿者制度等等，从而引导他们在工会建设中发挥示范带头作用，努力改变党员管理中的断层现象。

××机关党支部
2010年1月29日

第八节 决　　定

本节教学目标

知识目标：

学习决定的知识，了解各种决定的区别，明确其在社会实践活动中的重要作用。

能力目标：

通过决定的写作任务训练，把理论知识转化为写作该文种的技能，掌握写作要领，并能熟练自如地进行写作。

写作任务

根据以下材料，起草一份公文。

××市消防大队走过了一条艰苦奋斗的创业之路、自强不息的发展之路和开拓进取的成功之路，在部队正规化管理乃至部队全面建设上，在完成党和人民赋予的各项任务中，年年有进步、年年上台阶，为保卫地方经济建设、人民生命财产安全和驻地“两个文明建设”作出了突出的贡献。先后荣立集体二等功一次、三等功二次，连续八年被总队评为先进大队；多次被评为省级“文明单位”、“青年文明号”和“学习雷锋志愿服务先进集体”；多次被评为××市“拥政爱民先进集体”、“军警民共建先进单位”和“文明服务示范窗口单位”；大队党总支还分别被省公安厅、总队党委评为“基层优秀党组织”。假设你是×市支队党委办公室的工作人员，要求写一份决定，在全市消防部队广泛深入地开展向××市公安消防大队学习的活动。

写作要求：格式规范，要素齐全，对提供的材料有组织，正确使用公文语言。

写作任务分析

这个写作任务主要是为了让学生熟悉并掌握决定的用途、格式与写作要求。学生要起草一份合格的决定，了解公告的文体规范就至关重要。

必备知识 & 工具箱

为了完成这个写作任务，必须掌握一些公文，尤其是“决定”的基本知识：文种概念、种类、要素、格式要求以及语言要求等。学生应对这些知识有清晰地认识。在这个案例中，除了必须了解决定的概念外，还应该区别它与通告、通知的差异。

工具一：决定的概念与种类

➢决定的概念

决定适用于对重要事项或重大行动做出安排，奖惩有关单位或人员，变更或撤销下级机关不适当的决定事项。

决定是行政领导机关使用的严肃、庄重的公文文种，非“重要”、“重大”不用；这是它有别于通知的地方。

➢ **决定的种类**

1. 法规性决定

用来统一对某一方面或某类带有普遍性的重大问题的认识，确定大政方针，如《中共中央关于加强和改进党的作风建设的决定》、《中共中央关于经济体制改革的决定》等。

2. 指挥性决定

用来部署某一重要工作或安排某一重要活动，如《中共中央、国务院关于打击经济领域中严重经济犯罪活动的决定》、《中共中央、国务院关于普及中小学教育若干问题的决定》等。

3. 知照性决定

用来解决具有特殊意义的重要事项，如《中共中央关于恢复沈雁冰同志党籍的决定》、《国务院授予巴金“人民作家”荣誉称号的决定》等。

4. 奖惩性决定

某一级的党、政组织，按照有关政策、章程、规定给予有功人员或有过人员所做的表彰或处分的正式书面决定，如《国务院关于 2001 年度国家科学技术奖励的决定》、《关于向张××同志学习的决定》。

5. 更正性决定

用来对已做出的处分进行调整和更正。

工具二：决定的文体格式要求

公告的格式一般由标题、发文字号、正文、落款构成。

➢ **标题**

决定的标题有四种写法：一是由发文机关名称、事由和文种组成；二是由发文机关名称和文种组成；三是由事由和文种组成；四是只写文种“决定”二字。

➢ **发文字号**

发文字号在标题之下。如果落款处不签署公告的发布日期，可在发文字号处标明制发公告的年、月、日。

➢ **正文**

决定的正文主要包括缘由、具体事项和结束语三部分。缘由部分简要写明发文的原因、目的和依据。有的决定可根据情况省略这部分内容。具体事项部分写要决定的重要事项，这是决定的核心内容。如果内容较多，这部分要分条列项。结束语通常用“特此决定”、“现予决定”等惯用语作结，也可自然作结。

➢ **落款**

在正文的右下方署上发文机关和发布日期。若标题已有发文机关名称，可只标明发布日期。若发布日期已在发文字号中标注，落款处可省略。

工具三：决定写作的特殊要求

1. 原因要写的简短明确；
2. 决定事项要写的准确具体，具有可行性。

参考例文

例文一：

全国人民代表大会常务委员会关于维护互联网安全的决定

（2000年12月28日第九届全国人民代表大会常务委员会第十九次会议通过）

我国的互联网，在国家大力倡导和积极推动下，在经济建设和各项事业中得到日益广泛的应用，使人们的生产、工作、学习和生活方式已经开始并将继续发生深刻的变化，对于加快我国国民经济、科学技术的发展和社会服务信息化进程具有重要作用。同时，如何保障互联网的运行安全和信息安全问题已经引起全社会的普遍关注。为了兴利除弊，促进我国互联网的健康发展，维护国家安全和社会公共利益，保护个人、法人和其他组织的合法权益特做如下决定：

一、为了保障互联网的运行安全，对有下列行为之一，构成犯罪的，依照刑法有关规定追究刑事责任。

（一）侵入国家事务、国防建设、尖端科学技术领域的计算机信息系统；

（二）故意制作、传播计算机病毒等破坏性程序，攻击计算机系统及通信网络，致使计算机系统及通信网络遭受损害。

（部分略）

利用互联网侵犯他人合法权益，构成民事侵权的，依法承担民事责任。

七、各级人民政府及有关部门要采取积极措施，在促进互联网的应用和网络技术的普及过程中，重视和支持对网络安全技术的研究和开发，增强网络的安全防护能力。有关主管部门要加强对互联网的运行安全和信息安全的宣传教育，依法实施有效地监督管理，防范和制止利用互联网进行的各种违法活动，为互联网的健康发展创造良好的社会环境。从事互联网业务的单位要依法开展活动，发现互联网上出现违法犯罪行为和有害信息时，要采取措施，停止传输有害信息，并及时向有关机关报告。任何单位和个人在利用互联网时，都要遵纪守法，抵制各种违法犯罪行为和有害信息。人民法院、人民检察院、公安机关、国家安全机关要各司其职，密切配合，依法严厉打击利用互联网实施的各种犯罪活动。要动员全社会的力量，依靠全社会的共同努力，保障互联网的运行安全与信息安全，促进社会主义精神文明和物质文明建设。

人大代表常务委员会
二〇〇一年一月一日

例文二（指挥性决定）：

国家税务总局关于全面加强税收执法监督工作的决定

各省、自治区、直辖市和计划单列市国家税务局、地方税务局，扬州税务进修学院：

为进一步规范税收执法行为，促进税务机关依法行政，全面推进依法治税，切实贯彻依法治国基本方略，国家税务总局决定，在税务系统全面推进税收执法监督工作。

一、充分认识加强税收执法监督工作的重要意义。党的十五大明确提出将依法治国作为党领导人民治理国家的基本方略，要求政府机关必须依法行政，并要求加强对政府机关和政府工作人员执法活动的监督。近年来，各级税务机关全面推进依法治税，取得了明显进展。但执法随意性的问题仍然比较严重，其中很重要的原因就是执法监督不力。各级税务机关对此要有清醒的认识，要充分认识到当前全面加强税收执法监督工作的重要性、紧迫性，认真抓好落实，切实取得成效。

二、加强税收执法监督工作制度建设。各级税务机关要根据本单位的实际情况和全面加强税收执法监督工作的要求，加强制度建设，健全对征收、管理、稽查及税政等各环节执法行为进行监督的具体制度和措施，切实完善税收执法监督制约机制。

三、严格执行税收规范性文件会签制度，各级税务机关制定的对征纳双方具有普遍约束力的税收规范性文件，包括制定执法程序和执法文书，必须经过法制机构会签。凡未经法制机构会签的税收规范性文件一律不得出台，确保税收规范性文件的制定符合法定程序和权限，防止税收规范性文件制定中的违规行为。

四、严格执行地方性税收法规、规章、规范性文件备案备查制度。各级税务机关必须按规定及时报备，要充分运用网络手段，提高备查效率。接受备案的上级税务机关应当提高备查效率，发现问题及时纠正。

五、定期清理税收规范性文件。各级税务机关要对自行制定的税收规范性文件，包括有关执法程序和执法文书的规定进行定期清理。与国家税法规定不一致的，要及时修改、废止。对已经实施的执法程序和执法文书，要严格按照规范化的要求进行简化、归并。

六、实行减免税集体审定制度。各级税务机关必须严格遵守减免税的审批权限和程序。重大减免税审批事项，必须经局务会议讨论，实行集体审定。

七、严格执行重大税务案件审理制度。各地要认真贯彻落实总局下发的《重大税务案件审理办法》，严格执行重大税务案件由税务局审理委员会进行审理的规定。要根据本地的实际情况和审理办法的要求，合理确定重大税务案件的标准，保证重大税务案件的审理不少于全年税务案件的10%。审理过程中要重点关注案件的法律适用和处理程序，努力提高审理质量。经审理委员会审理的案件，其税务处理决定书或税务行政处罚决定书一律以审理委员会所在税务局名义下达。

八、严格执行税务行政复议制度。各级税务机关要严格执行行政复议法、税收征收管理法和总局有关规定，做好税务行政复议的各项工作。对应当予以变更或撤销的违法或不当的行政行为，要坚决予以变更或撤销，充分发挥行政复议的监督职能，增强税务机关的自我纠错能力。

九、切实加强税收执法检查。各级税务机关要按照总局下发的《税收执法检查规则》的要求，认真开展执法检查工作。对税务机关执法行为的检查，统一归口法制机构组织实施，防止多头检查。要切实推行税收执法检查工作的日常化，不仅要加强对下级税务机关的执法检查，更要加强对本级税务机关所属执法部门的检查。要建立执法情况通报制度，将执法检查情况在系统内公开通报。要将执法检查结果作为年终考核被检查单位的重要依据。税收执法检查应与执法监察结合，加大检查工作力度。

十、加强对税务机关领导干部的执法监督。要继续落实好总局党组关于加强“三项建设”、“两权监督”的意见，加强上级税务机关对下级税务机关领导干部执法情况的监督。上级税务机关对下级税务机关领导干部的考核，应当包括对执法情况的考核。要把执法监督与选拔、培养干部结合起来，对执法存在重大问题的干部不予提拔。

十一、强化税收会计监督。各级税务机关要采取切实有效措施，整顿税收会计工作秩序，强化税收会计监督。要对税款入库、退库、欠税分类审批、会计核算等各项工作制定严格的操作规程，要明确各项原始凭证资料的填制和传递、税收会计账簿的设置和登记、会统报表的编制和报送等各项工作的程序、方法及要求，严格规范税收会计行为，要加强日常会计核算，加大会计检查力度，充分发挥税收会计对税收执法行为的监督作用。税收会计人员要严格履行会计职责，坚持原则，坚决抵制违法违规行为。

十二、健全政务公开制度。各级税务机关要按照政务公开的要求，将执法依据、执法程序、执法主体、执法责任向社会公开。要采取发放评议卡、设立投诉信箱和电话等多种形式，主动听取社会各界对税收执法的意见和建议。要重视人民群众来信来访，正确对待舆论监督。

十三、积极配合外部监督。各级税务机关要自觉接受党委、人大、政府、司法、审计、财政等有关部门依法进行的监督，特别是要注意配合审计部门进行的审计监督。国家税务局要严格执行总局《关于配合中央税收收入征管审计工作的若干规定》，地方税务局可参照此规定积极配合地方审计部门的监督。

十四、认真落实执法责任制，全面加强税收执法监督。各级税务机关要认真落实执法责任制，合理分解岗位职责，明确工作规程，认真开展评议考核，特别是要严格过错责任追究，充分发挥责任追究的威慑力，保证执法监督制度落到实处。

十五、加强税收执法监督工作的组织建设。各级税务机关要建立健全法制机构，选配高素质的人员要适应新型征管模式的要求，充分发挥法制机构在执法监督工作中的主体作用，形成以法制机构牵头、有关部门齐抓共管的执法监督工作格局。征收、管理、稽查、税政等部门在执法过程中发现其他环节的执法问题，要及时通知并移交法制机构处理。法制机构在执法监督过程中发现税务人员有违规违纪行为，要及时移交纪检监察和人事等部门查处。法制机构要坚持原则，恪尽职守，认真履行执法监督职责。

十六、加强领导，确保税收执法监督工作落实到位。各级税务机关的领导要把全面加强税收执法监督工作作为推进依法治税的首要任务，列入重要议事日程。要创造一切必要条件支持法制机构开展执法监督工作。

十七、加强对税收执法监督工作的督促检查。国家税务总局将对各地税收执法监督工作定期进行检查。各地也要对下级税务机关开展税收执法监督工作的情况进行定期检查，督促各地切实健全和落实税收执法监督制度，认真开展税收执法监督工作。

国家税务总局（印章）
二〇〇一年十一月二十日

例文三（知照性决定）：

人事任命决定

为适应新形势下公司经营发展需要，经集团公司管理层会议决议，决定对以下同志进行新的人事任命，现予以公布：

一、任命××同志为总经理，主持×××日常工作。

二、任命×××同志为总经理助理，协助该公司总经理进行日常事务管理。

………………

以上人员任期均为三年，本任命决定自发布之日起即开始执行。

×××有限公司（盖章）
××××年×月×日

例文四（奖惩性决定）：

关于表彰第四届“工商新闻百星”的决定

各工商报社：

2006年以来，在国家工商行政管理总局党组的正确领导下，在全系统各级工商行政管理机关的大力支持下，中国工商报社各地记者站记者和各地基层通讯员以邓小平理论和“三个代表”重要思想为指导，深入贯彻落实科学发展观，在新闻宣传报道中奋发进取，开拓创新，为全国工商系统努力做到“四个统一”、牢牢把握“四个只有”、大力加强“四化建设”、积极推进“四个转变”、全面实现“四高目标”，围绕应对国际金融危机和加快经济发展方式转变，服务经济社会又好又快发展，营造了良好的舆论氛围，做出了积极贡献，取得了显著成绩。

各地记者站记者和基层通讯员在认真做好本职工作的同时，积极从事工商新闻报道工作，他们虚心学习、刻苦钻研，牢记使命、胸怀大局，勤奋敬业、无私奉献，以敏锐的新闻意识、开阔的新闻视角、丰富多彩的新闻佳作，在新闻宣传报道活动中取得骄人的成绩。他们以实际行动诠释了新时期基层工商干部具有的优秀品质，充分展现了全国工商系统干部队伍建设的新成效。

为充分发挥先进典型的示范作用，经国家工商总局领导批准，中国工商报社组织实施了第四届“工商新闻百星”评选活动，对表现优秀的单位和个人进行表彰。经广泛推荐和严格评选，决定授予北京市工商行政管理局海淀分局等20个单位“璀璨群星奖”，授予×××等70名同志“耘墨之星奖”，授予×××等10名同志“瞬间恒星奖”，授予××等14名同志“秉笔金星奖”，授予×××等40名同志“工商新闻百星”提名奖。

希望以上受到表彰、获得荣誉的单位和个人，发扬成绩，珍惜荣誉，谦虚谨慎，再接再厉，认真学习贯彻党的十七届五中全会精神，在工商行政管理战线上，以“五个四”重要理论为指导，以保持经济平稳较快发展为首要任务，以促进经济发展方式加快转变为工作重点，积极投入创先争优活动，坚持公平正义，在工商行政管理事业的改革创新中再立新功。全系统从事中国工商报新闻宣传报道工作的同志要以他们为榜样，努力学习新闻知识，牢牢把握新闻规律，坚持贴近实际、贴近生活、贴近群众的要求，大力宣传工商系统服务经济社会又好又快发展的新成就、新形象，为开创工商行政管理工作新局面提供有力的思想保证和舆论支持，在工商行政管理新闻宣传报道工作中再创新业绩。

中国工商报社
二〇一一年×月×日

例文五（更正性决定）：

关于解除××同志行政警告处分的决定

××，男，土家族，大学文化，YY市人，1980年11月出生，处分前系××区社会事业管理局打击传销工作办公室工作人员。2011年5月23日，××因违反公务员职业道德错误，被×××区监察局给予行政警告处分。鉴于××在受处分期间表现良好，参照《中华人民共和国公务员法》第五十八条、第五十九条之规定，经研究，×××区监察局同意按期解除给予××的行政警告处分。

×××区监察局
二〇一一年年一月六日

写作实训

完成前述写作任务。要求：

1. 文种选择适当；
2. 符合相应文种写作规范和写作要求；
3. 材料取舍恰当，主题突出，逻辑清晰，文字通顺。

检查与评估

1. 学生结合前述写作规范，自我检查或相互检查；
2. 教师选择学生例文进行点评。

写作实训拓展

1. 修改、完善前述写作任务；
2. 总结自己完成写作任务的得失。

参考范文

关于向××市公安消防大队学习的决定

各县（市、区）公安消防大队：

近年来，××市消防大队走过了一条艰苦奋斗的创业之路、自强不息的发展之路和开拓进取的成功之路，在部队正规化管理乃至部队全面建设上，在完成党和人民赋予的各项任务中，年年有进步、年年上台阶，为保卫地方经济建设和人民生命财产安全和驻地“两个文明建设”作出了突出的贡献。先后荣立集体二等功一次、三等功二次，连续八年被总队评为先进大队；多次被评为省级“文明单位”、“青年文明号”和“学习雷锋志愿服务先进集体”；多次被评为××市“拥政爱民先进集体”、“军警民共建先进单位”和“文明服务示范窗口单位”；大队党总支还分别被省公安厅、总队党委评为“基层优秀党组织”。2001年6月24日，公安部原部长贾春旺同志视察了××大队，对大队各项工作给予了高度评价，并欣然命笔题写了“人民利益高于一切，消防形象重于生命”，以示对大队官兵的鼓励和鞭策。今年10月28日至29日，全省消防部队正规化管理现场会在××隆重召开，××大队的部队建设尤其是正规化管理，受到了总队首长的充分肯定和兄弟部队的交口称赞。××大队的先进事迹具有鲜明的时代特征和典型意义，集中体现了新形势下消防部队官兵应有的理想追求和思想境界，是全市消防部队学习的楷模。学习××大队，对落实《江西省公安消防部队建设与发展三年规划》、深入开展“双争”活动，进一步加强部队革命化、正规化、现代化建设，健康、快速地推进赣州消防部队的建设与发展，必将产生积极而深远的影响。为此，支队党委决定，在全市消防部队广泛深入地开展向××市公安消防大队学习的活动。

一、学习他们践行学“三个代表”重要思想，坚定信念，奋发向上的理想追求。

××大队之所以在平凡之中脱颖而出，就在于他们具有坚定的政治信念和高尚的理想追求，始终把“红都精神”作为建队之魂，创先之本，以实际行动叫响了“扬红都精神，做红军传人，创一流业绩，建一流队伍”的口号。全市消防部队要向他们那样，坚持把思想政治建设放在首位，用邓小平理论和“三个代表”重要思想武装官兵头脑，使官兵始终保持政治上的坚定性和思想道德上的纯洁性，要不断加强官兵世界观、人生观、价值观的改造，打牢官兵思想基础，真正解决“为谁当兵”的问题，使官兵明确肩负的神圣职责，自觉投身消防事业和部队建设，爱岗敬业、开拓进取，增强“站前列、当先锋、争一流”的信心和勇气。

二、学习他们发扬传统、勇于创新，严格管理、严抓细抠的优良作风。

××大队之所以打造成了部队正规化管理全省一流、全国有一定影响的队伍，就在于他们继承和发扬了我党我军的光荣传统，始终贯彻“按纲建队”的思想，坚持标准从严从难要求，狠抓养成，在落实上下苦功夫、下硬功夫，严抓细抠，精益求精。全市消防部队要向他们那样，坚持依法从严治警，以战斗力为标准，以纪律建设为核心，以人员管理为重点，以贯彻条令条例为主线，深入研究解决部队管理中的新问题，勇于探索，大胆实践，努力建设一支训练有素、纪律严明、作风过硬、具有坚强战斗力的队伍。

三、学习他们忠于职守，顽强拼搏，赴汤蹈火，不畏艰险的优秀品质。

××大队之所以在每一个火魔肆虐的战场上临危不惧、冲锋陷阵，就在于他们发扬连续作战的革命加拼命精神，在于他们平时摸爬滚打练就的过硬灭火救援技能。全市消防部队要向他们那样，始终牢记使命，恪尽职守，牢固树立"练为战"的思想，严训练、严管理，出成绩、出精兵，当党和人民需要的时候以"不怕困苦、不怕流血牺牲"的英雄气概，挺身而出，用实际行动向党和人民交上一份合格的答卷。

四、学习他们励精图治，开拓进取，"不用扬鞭自奋蹄"的精神状态。

××大队之所以能够在落实《三年规划》中先行一步，高人一筹，就在于他们解放思想，善于分析形势任务，善于抓住发展的新机遇，不等不靠，开拓进取，敢闯敢干，敢为人先。全市消防部队要像他们那样，进一步把思想和行动统一到落实《三年规划》上来，把智慧和力量凝聚到"创一流业绩，建一流队伍"的奋斗目标上来，以更加开放的理念，更加开阔的视野，更加开诚的胸襟，坚定信心，奋力拼搏，全力奏响《三年规划》奋进的强音。

五、学习他们服从大局，保卫改革，服务社会，积极为地方"两个文明"建设做贡献的崇高精神。

××大队之所以被当地人民所津津乐道，还在于他们始终不忘"鱼水之情"，不忘"人民乃父母"，时时处处心里装着人民群众，在"有险必救，有难必帮"的承诺下，竭尽全力为地方政府和人民竭诚服务。全市消防部队要向他们那样，视人民如父母，把驻地当故乡，抢险救灾、扶贫帮困、为政府分忧、为百姓解难、为驻地添彩、为社会奉献，始终走在社会主义精神文明建设的前列。

支队党委要求，全市消防部队要迅速掀起向××消防大队学习的热潮。各单位要严密组织，认真落实，加强针对性，注重实效性。要结合十六大精神学习贯彻和《江西省公安消防部队建设与发展三年规划》的贯彻落实，在××大队先进典型的感召下，形成比、学、赶、帮、超的良好氛围，切实推动全市消防部队的全面建设，为赣州消防"站前列、当先锋、争一流"目标的实现而努力。

××支部党委

二〇〇二年十一月九日

第九节 公 告

本节教学目标

知识目标：

学习公告的理论知识，了解公告和通告的区别，明确其在社会实践活动中的重要作用。

能力目标：

通过公告的写作任务训练，把理论知识转化为写作该文种的技能，掌握写作要领，并能熟练自如地进行写作。

写作任务

根据以下材料，起草一份公文。

××市国土资源局经××市人民政府批准，将于2008年2月20日上午9:00在××市行政审批服务中心拍卖出让建政储出（2008）03号地块的国有建设用地使用权。该地块位于梅城镇梅花中路与梅花南路交叉口，面积1 802 m^2，容积率≤3.5，建筑密度≤81%，绿化率≥20%，建筑层次为6层，分商业、居住两种用途，商用使用年限为40年，居住使用年限为70年。起拍价为640万元（拍卖成交价含城市配套费）。

凡符合拍卖出让文件要求的竞买人均可参加，可以独立竞买，也可以联合竞买。非房地产开发公司竞得的，在市建设局办理有关手续后，可获得房地产单项开发经营权。竞得人必须严格按照拍卖出让文件规定的条件进行开发建设。

报名时间：2008年1月28日至2008年2月19日下午5:00整。报名截止日达不到拍卖条件的，将采取挂牌方式出让。挂牌出让申请截止时间：2008年2月20日上午8:30起至2008年3月4日下午4:00整。挂牌报价时间：2008年2月20日上午8:30起至2008年3月6日下午4:00整。

拍卖出让的详细资料请参阅拍卖出让文件。有关拍卖出让文件资料可于2008年1月28日起（节假日除外），到××市行政审批服务中心国土窗口（××市×××街道新安东路298号）购取。拍卖出让宗地的具体位置及相关要求请详阅拍卖出让文件。咨询电话：0571－64719192，64780224，64780265。

写作要求：格式规范，要素齐全，对提供的材料有所组织，正确使用公文语言。

写作任务分析

这个写作任务主要是为了让学生熟悉并掌握公告的用途、格式与写作要求。学生要起草一份合格的公告，了解公告的文体规范就至关重要。

根据以上材料，我们可以做出以下情景分析：

在我国，土地属于全民所有。土地拍卖或者出让属于重大公共事务，拍卖者希望有足够多的人竞标，国内外企业都有参与竞标的权利。这样重大的需要让公众知晓的事情，通知、通告都不合适，应该选用的文种是“公告”。

必备知识 & 工具箱

为了完成这个写作任务，必须掌握一些公文，尤其是“公告”的基本知识：文种概念、种类、要素、格式要求以及语言要求等。学生应对这些知识有清晰的认识。在这个案例中，除了必须了解公告的概念外，还应该区别它与通告、通知的差异。

工具一：公告的概念与种类

➢ **公告的概念**

公告是党政机关或有关职能部门向国内外宣布重要事项或者法定事项时所使用的公文。

党和国家高级权力机关常用公告宣布重要的人事任免决定，颁布有关法规、法令，宣布一些应当让国内外关注、知晓的重大事项。有关职能部门也常用公告宣布法定事项，如司法部门的开庭公告、公开拍卖财务的公告；国家工商行政管理部门的商标公告，企业法人登记公告；上市的股份制企业董事会就股本变动、人事调整、股东大会的召开等重大事项，均应发布公告。

➢ **公告的种类**

1. 宣布重要事项的公告。所谓重要事项是指事关全局或在国内外能产生重大影响的事项。如公布宪法、公布全国人大代表数、国际性庆典活动等。

2. 宣布法定事项的公告。所谓法定事项是指按法律程序批准确定的重大事项。如中华人民共和国第十届全国人民代表大会第一次会议主席团 2003 年 3 月 15 日发布公告，宣布第十届全国人民代表大会第一次会议于 2003 年 3 月 15 日选举胡锦涛为中华人民共和国主席，曾庆红为中华人民共和国副主席。这类宣布法定事项的公告是程序性的，是按照我国《宪法》的有关规定行事，具有权威性和法律效力。

工具二：公告的文体格式要求

公告的格式一般由标题、发文字号、正文、落款构成。

➢ **标题**

公告的标题有四种写法：一是由发文机关名称、事由和文种组成；二是由发文机关名称和文种组成；三是由事由和文种组成；四是只写文种“公告”二字。

➢ **发文字号**

发文字号在标题之下。如果落款处不签署公告的发布日期，可在发文字号处标明制发公告的年、月、日。有的公告则在标题下标注公告编号。

➢ **正文**

公告的正文主要包括缘由、具体事项和结束语三部分。缘由部分简要写明发文的原因、目的和依据。有的公告可根据情况省略这部分内容。具体事项部分要写公布的重要事项，这是公告的核心内容。如果内容较多，这部分要分条列项。结束语通常用“特此公告”、“现予公告”等惯用语作结，也可自然作结。

➢ **落款**

在正文的右下方署上发文机关和发布日期。若标题已有发文机关名称，可只标明发布日期。若发布日期已在发文字号中标注，落款处可省略。

工具三：公告写作的特殊要求

1. 要防止滥用公告。公告使用级别较高，内容重大、公开，国内外极为关注，切不可事无巨细均发公告，也不可随意将公告当作广告、通知、启事使用。

2. 行文简要，措辞严谨。公告的内容要简洁明了，而不需要对其意义、事情的经过做过多阐述。文字要准确、严谨，庄重得体，表达清晰，有条理。

3. 要根据不同职能部门的要求写作公告。有些职能部门的公告有自己的规定，应该按照其要求写作。

工具四：公告与通告的共同点和区别

《国家行政公文处理办法》明确规定，“公告”适用于向国内外宣布重要事项或者法定事项，“通告”适用于在一定范围内公布应当遵守或者周知的事项。从上述定义来看，公告和通告有两个共同的特点：一是它们都属于公开性文件，在有效的范围，了解其内容的人愈多愈好；二是在写法上要求篇幅简短，语言通俗易懂、质朴庄重。

这两个文种的区别也是比较明显的：第一，内容属性不同。公告用于“向国内外宣布重要事项或者法定事项”，兼有消息性和知照性的特点；与公告相比，通告的内容是“在一定范围内应当遵守或周知的事项”，具有鲜明的执行性、知照性。第二，告知的范围不同。公告面向国内外的广大读者、听众，告知面广；通告的告知面则相对较窄，只是面向“一定范围内的”的有关单位和人员。第三，使用权限不同。公告通常是党和国家高级领导机关宣布某些重大事项时才用，新华社、司法机关以及其他一些政府部门也可以根据授权使用公告。而通告则适用于各级行政机关和企事业单位。目前，公告和通告这两个文种在实际运用中存在着比较严重的混乱现象。在报纸杂志中，在公共场所的招贴栏上，常常可以看到某某企业开业的《鸣谢公告》、宣传产品质量的《公告》、补交电话费的《公告》、《桥牌大赛通告》以及老干部体检的《通告》等等。无论从哪个角度来看，这些做法都是不规范、不妥当的，“鱼目混珠”的后果，使得这样两种具有法定效力的文件失去了其对公众应有权威性和约束力。这种现象应该引起我们的重视。

参考例文

例文一：

××市土地出让公告

根据国家和××市的相关规定，经××市人民政府批准，××市国土资源局决定在市土地交易市场公开招标出让××市×××区鲁谷银河商务区M地块商业金融项目用地国有土地使用权。

一、宗地基本情况。

本次招标出让宗地位于×××区鲁谷。具体四至范围为：东至永乐西小区；南至×××区青少年活动中心；西至银河南街；北至鲁谷村路。规划经济技术指标如下表：

招标编号	建设用地性质	出让年限	土地面积（平方米）	建筑控制规模（平方米）
京土整储招（石）[2007] 057 号	商业金融	商业 40 年	12 658.062	≤50 632

二、中华人民共和国境内外企业、其他组织、个人（法律另有规定外）均可参加投标。允许独立投标或联合投标。

三、本次招标出让宗地为政府储备土地，××市土地整理储备中心×××区分中心负责完成该宗地的土地一级开发工作，本次招标出让宗地将以“七通一平”的形式招标出让。

四、本次招标的投标预登记时间为2007年11月20日上午8:30－11:00，下午13:30—16:00，投标时间为2007年11月22日9:00—10:00，投标截止后当即开标。投标人须在上述时间内将投标文件送达××市土地整理储备中心。本次招标的投标保证金为人民币2 500万元。

本次招标不接受电话、邮寄及口头投标。

五、本次招标的详细资料请参阅有关招标文件。有关招标文件于2007年10月30日起（节假日除外），在××市土地整理储备中心市场交易部发售。

地址：××市××区×××北街2号××市国土资源局2层

咨询电话：64409582、64409583

网址：http：//www. bjtd. com

××市国土资源局

二〇〇七年十月三十日

例文二：

中华人民共和国海关总署公告

新修订的《中华人民共和国海关企业分类管理办法》（以下简称《办法》）已于2008年1月30日以海关总署令第170号予以公布，并将自2008年4月1日起实施。根据《办法》内容，现决定对部分海关公告和规范性文件（目录见附件）自《办法》实施之日起予以废止。

特此公告。

附件：废止的海关公告和规范性文件目录

海关总署

二〇〇八年三月二十七日

附件：

废止的海关公告和规范性文件目录

序号	文件字号	文 件 名 称
1	署监〔1999〕345号	《海关总署关于印发〈中华人民共和国海关对企业实施分类管理办法实施细则〉的通知》
2	署监〔1999〕817号	《海关总署、国家经贸委、外经贸部关于企业分类管理标准若干问题的补充通知》
3	公告〔2001〕5号	《海关总署关于对企业分类管理评审标准进行调整的公告》

续表

序号	文件字号	文　件　名　称
4	公告〔2002〕5 号	《海关总署关于对〈中华人民共和国海关对企业实施分类管理办法实施细则〉进行修改有关事项的公告》
5	署监发〔2002〕57 号	《海关总署关于修改〈海关取消 A 类管理通知书〉的通知》

写作实训

完成前述写作任务。要求：

1. 文种选择适当；
2. 符合相应文种写作规范和写作要求；
3. 材料取舍恰当，主题突出，逻辑清晰，文字通顺。

检查与评估

1. 学生结合前述写作规范，自我检查或相互检查；
2. 教师选择学生例文进行点评。

写作实训拓展

1. 修改、完善前述写作任务；
2. 总结自己完成写作任务的得失。

参考范文

××市国有土地使用权拍卖出让公告

根据国家有关法律、法规的规定和中华人民共和国国土资源部 39 号令《招标拍卖挂牌出让国有建设用地使用权规定》，经××市人民政府批准，××市国土资源局定于 2008 年 2 月 20 日上午 9:00 整，在××市行政审批服务中心拍卖出让建政储出（2008）03 号地块的国有建设用地使用权，现将有关事宜公告如下：

一、拍卖出让地块位置：

本次拍卖出让地块建政储出（2008）03 号位于××镇××中路与××南路交叉口。

二、拍卖出让地块的主要技术指标、起拍价及地块用途、使用年限：

地块编号	建设用地面积（m^2）	容积率	建筑密度	绿化率	建筑层次	起拍价（万元）	用途	使用年限
建政储出（2008）03 号	1 802	≤3.5	≤81%	≥20%	6 层	640	商业居住	40 年 70 年

注：拍卖成交价含城市配套费

三、竞买人的范围及资格：

凡符合拍卖出让文件要求的竞买人均可参加竞买，可以独立竞买，也可以联合竞买。非房地产开发公司竞得的，在市建设局办理有关手续后，可获得房地产单项开发经营权。竞得人必须严格按照拍卖出让文件规定的条件进行开发建设。

四、竞买报名申请截止时间：2008年1月28日至2008年2月19日下午5:00整止，拍卖过程由××市公证处公证。

五、报名截止日达不到拍卖条件的，将采取挂牌方式出让。挂牌出让申请截止时间：2008年2月20日上午8:30起至2008年3月4日下午4:00整止。挂牌报价时间：2008年2月20日上午8:30起至2008年3月6日下午4:00整止。

六、本次拍卖出让的详细资料请参阅拍卖出让文件。有关拍卖出让文件资料可于2008年1月28日起（节假日除外），到××市行政审批服务中心国土窗口（××市×××街道××东路298号）购取。拍卖出让宗地的具体位置及相关要求请详阅拍卖出让文件。

××市国土资源局地址：××省××市×××街道××东路20号

咨询电话：0571－64719192、64780224、64780265

××市国土资源局
××市公共资源交易中心
二〇〇八年一月二十三日

第十节　通　　告

本节教学目标

知识目标：

学习通告的理论知识，了解公告和通告的区别，明确其在社会实践活动中的重要作用。

能力目标：

通过通告的写作任务训练，把理论知识转化为写作该文种的技能，掌握写作要领，并能熟练自如地进行写作。

写作任务

根据以下材料，起草一份公文。

延安路2008年1月20日将要施工，进行道路拓宽。因为要进行道路施工，必然会影响交通，为了保证道路交通有序、畅通，并保证安全，杭州市公安局交通警察支队决定进行交通分流，从2008年1月19日零时起，禁止机动车在解放路延安路西口由西向北左转弯。这样做是有依据的，依据就是《中华人民共和国道路交通安全法》第三十九条的规定。杭州市公安局交通警察支队呼吁大家配合，共同维护交通畅通。

写作要求：文种选择适当，格式规范，要素齐全，对提供的材料有所组织，正确使用公文语言。

写作任务分析

这个写作任务主要是为了让学生熟悉并掌握通告的用途、格式与写作要求。学生要起草一份合乎要求的通告，了解通告的文体规范与写作要求就至关重要。

根据以上材料，我们可以做出以下情景分析：

近年我国车辆增加迅速，各地道路交通压力都很大。另外，由于缺乏合理的规划，道路改建、扩建工程十分常见，道路通行能力雪上加霜。这就要求交通管理部门采取适当措施，缓解交通压力，保证交通安全、畅通。而这些措施要发挥作用又离不开广大交通参与者的配合。因此，用适当的方式把所采取的交通管理措施告知公众，就是必不可少的工作。告知公众可以采取多个文种，要分情况采用适当者。

必备知识 & 工具箱

为了完成这个写作任务，必须掌握一些公文，尤其是“通告”的基本知识：文种概念、种类、要素、格式要求以及语言要求等。学生应对这些知识有清晰地认识。在这个案例中，除了必须了解通告的概念外，还应该区别它与通告、通知的差异。

工具一：通告的概念与种类

➢ **通告的概念**

通告是适用于公布社会各有关方面应当遵守或者周知的事项的公文。它是行政机关、企事业单位、社会团体广为使用的告知性和指导性的公文。

通告也属于公开发布的下行文。它既具有晓谕性，又具有法规性，在一定范围内具有法律效力和行政约束力。

➢ **通告的种类**

1. 周知性通告。此类通告是以通告的形式将某项需要社会有关方面周知的事项告诉有关群众或组织。如《杭州市人民政府关于加强市区通航河道水上居住船舶安全管理的通告》。这类通告主要用于维护道路、电路、输水管线以及工商、税务、卫生、城建、交通管理等部门要求有关人员在一定期限内登记、换证、检疫、拆迁及报考等，使用频率较高。

2. 法规性通告。此类通告主要由各级权力机关、行政机关以及司法机关以通告的形式发布具有约束力的法规性文件。如公安部2001年4月18日发布的《关于严厉打击违反爆炸物品、枪支弹药管理违法犯罪活动的通告》；杭州市人民政府2007年10月18日《关于从重处罚乱扔垃圾等违法行为的通告》。

工具二：公告的文体格式要求

通告的格式一般由标题、正文、落款等部分组成。

➢ **标题**

发文单位、事由、文种三要素齐全的标题，一般用于发布重要事项或者政府发布的通告，如《杭州市人民政府关于加强市区通航河道水上居住船舶安全管理的通告》；一般性通告，其标题常省略发文机关名称或事由，有的甚至只写文种“通告”二字。

➢ **正文**

一般分三个层次，第一层阐明通告的依据、缘由、目的，然后用“现将有关事项通告如下”、“特通告如下”等过渡语引起下文；第二层分条列项写出通告的具体事项，要按事物之间的逻辑顺序排列，以便于人们理解和执行；第三层是结语，常用“特此通告”、“此告”等习惯语结尾，也有的提出希望或要求。

➢ **落款**

包括发文机关和发布日期。通告的发文机关和发布日期一般标于文末右下方。有的通告只有成文日期，没有署名，因为发文机关已在标题中标出。但专门性的通告，标题中虽已有发文机关，仍须由依法能以自己名义行使权利和担负义务的组织或个人具名，而且冠以职衔，以示郑重和负责。

工具三：通告写作的特殊要求

1. 目的、观点要明确。告知什么、为何告知、有何依据，允许做什么和不允许做什么，都应交代清楚明白，要求要具体，措施要切实可行。

2. 符合法规政策。通告的政策性很强，是党和国家方针政策、法律法规在一定范围内和某些事项上的具体体现。通告撰写者必须正确地把握方针政策、法律法规，熟悉有关事项的具体情况。

3. 语言要通俗易懂、简洁清晰。通告是一种周知性公文，常以张贴和登报的方式发布以使公众知晓，有的甚至要求家喻户晓，妇孺皆知。因此，写作时应注意语言通俗易懂，以适应受众不同文化层次的现状，达到“周知”以便“遵守”的目的。

工具四：公告与通告的共同点和区别

1. 使用范围不同。通告的告知对象一般只针对与通告内容有一定关系的社会某一方面，用于局部，范围较小；公告告知的范围广，面向社会，面向国内外。

2. 内容重要性不同。公告的事项更为重大，尤其党政机关发布的公告，多为国内外人士所关注；通告的内容具有较强的业务性，多为一般性事项，管辖范围内的人关注，不在范围的人可以不关注。

3. 发文机关级别不同。通告的使用者为各级各类行政机关、企事业单位、社会团体；而公告的使用者级别一般较高，除一些职能部门就法定事项专门发布的公告外，公告的发文机关大多为党政机关、人大常委会。

参考例文

例文一：

关于调整学院路整治期间交通组织措施的通告

根据“两纵三横”学院路整治第二阶段施工需要，为确保施工现场及周边道路交通安全、有序和基本顺畅，公安机关交通管理部门根据《中华人民共和国道路交通安全法》第三十九条之规定，将调整部分施工路段路口交通组织措施。现就有关事项通知如下：

一、2008年1月2日21时起至2月4日，学院路的天目山路至文一路口段实行机动车由南向北单向单车道通行。其余路段维持现状交通组织不变。

二、非机动车和行人在施工区预留通道内通行。

请广大交通参与者依照施工区相关交通标志、标线指示通行，并服从现场民警和管理人员的指挥。

特此通告。

公安机关交通管理部

二〇〇七年十二月二十九日

例文二：

××市工商行政管理局关于对利用电子邮件发送商业信息的行为进行规范的通告

为促进我市网络经济健康发展，保障电子邮件收件人的合法权益，创造公平的市场竞争环境，北京市工商行政管理局决定依法对利用电子邮件发送商业信息的行为进行规范。特通告如下：

一、用者利用电子邮件发送商业信息应本着诚实、信用的原则，不得违反有关法律法规，不得侵害消费者和其他经营者的合法权益。

二、因特网使用者利用电子邮件发送商业信息，应遵守以下规范：

（一）未经收件人同意不得擅自发送；

（二）不得利用电子邮件进行虚假宣传；

（三）不得利用电子邮件诋毁他人商业信誉；

（四）利用电子邮件发送商业广告的，广告内容不得违反《广告法》的有关规定。

三、对违反上述规定的因特网使用者，工商行政管理部门将作如下处罚：

（一）对违反本通告第二条第一项的，工商行政管理部门将责令其停止发送该商业信息；对后果严重或屡教不改的，工商行政管理部门将支持被侵权的收件人诉诸法律的请求，并依据有关法律法规对违规责任人予以处罚。

（二）对违反本通告第二条第二项、第三项的，工商行政管理部门将依据《中华人民共和国反不正当竞争法》的有关规定予以查处。

（三）对违反本通告第二条第四项的当事人，工商行政管理部门将依据《中华人民共和国广告法》的有关规定予以查处。

四、在消费者权益受到损害并向工商行政管理部门提出申诉后，工商行政管理部门将依据《中华人民共和国消费者权益保护法》及《××市实施〈中华人民共和国消费者权益保护法〉办法》对违法者予以查处。

本通告自公布之日起实施。

××市工商行政管理局
二〇〇八年五月十五日

写作实训

完成前述写作任务。要求：

1. 文种选择适当；
2. 符合相应文种写作规范和写作要求；
3. 材料取舍恰当，主题突出，逻辑清晰，文字通顺。

检查与评估

1. 学生结合前述写作规范，自我检查或相互检查；
2. 教师选择学生例文进行点评。

写作实训拓展

1. 修改、完善前述写作任务；
2. 总结自己完成写作任务的得失。

参考范文

关于××路××路西口禁止机动车左转弯的通告

为确保道路交通有序、安全和畅通，根据《中华人民共和国道路交通安全法》第三十九条之规定，公安机关交通管理部门将调整××路××路西口的交通组织措施。现就有关事项通告如下：

自2008年1月19日零时起，禁止机动车在××路××路西口由西向北左转弯。

敬请广大交通参与者注意上述交通变化，并严格按标志标线指示行驶。

特此通告。

××市公安局交通警察支队
二〇〇八年一月十四日

第三编

事务文书

事务文书是指在处理事务过程中所常用的各种文体，它们都有明确的应用目的和较为固定的格式，其特点是讲求规范性、政策性、求实性；其作用是总结经验，沟通信息，指导工作，约束行为等。事务文书的写作应注意符合政策，观点鲜明；实事求是，准确无误；熟悉业务，表述精当；格式规范，文风朴实，语言简明。本篇选择了计划、总结和调查报告等文种，以新的诠释和训练模式，介绍了各种文体的写法。

第一章

计　　划

本章教学目标

知识目标：

学习计划的理论知识，了解计划的区别，明确其在社会实践活动中的重要作用。

能力目标：

通过计划的写作任务训练，把理论知识转化为写作该文种的技能，掌握写作要领，并能熟练自如地进行写作。

写作任务

任务一：

进入大学，并不意味着可以停下脚步轻松一下。与过去相比，现在大学的学习面临更大的压力与挑战。当然，对每个进入大学殿堂的学生来说，大学校园也意味着无限可能。每个人的大学是相同的，但也是不同的。有的人三年大学很充实，在面临就业时能够从容不迫，尽管现在就业压力很大，但对有准备的人来说，压力与挑战意味着更多的机遇；而有的人，尽管大学过得很轻松，就业却成为迈不过去的门槛。这么大的差异并不取决于专业的冷热，学校的名气，更多地取决于对待“大学”这门课所采取的不同态度。大学，是我们进入社会的最后一个校门。如何读好这门课，顺利迈出校门，关键还在于如何规划。现在就针对自己的情况，给自己制定一个本学年的计划。

任务二：

职业生涯规划是指个人和组织相结合，在对一个人职业生涯的主客观条件进行测定、分析、总结研究的基础上，对自己的兴趣、爱好、能力、特长、经历及不足等各方面进行综合分析与权衡，结合时代特点，根据自己的职业倾向，确定其最佳的职业奋斗目标，并为实现这一目标做出行之有效的安排。在制定个人的职业生涯规划时，要充分了解所处环境的特点、掌握职业环境的发展变化情况、明确自己在这个环境中的地位以及环境对自己提出的要求和创造的条件等等。现在你已经进入大学了，请你为自己制定一份职业生涯规划，让自己的大学生活过的更加充实。

任务三：

社会实践即通常意义上的假期实习，对于在校大学生具有加深对本专业的了解、确认适合的职业、为向职场过渡做准备以及增强就业竞争优势等多方面意义。也有些学生希望趁暑假打份零工，积攒一份私房钱。作为新时代的大学生，积极参加社会实践活动是非常有必要也是非常有意义的，随着社会的发展，一个只有满腹经纶，却没有实际经验的人，会逐渐被社会淘汰，我们应该在掌握理论知识的基础上，真正的走上社会，将其应用于其中。现在假设你要参加社会实践了，请你做一个社会实践前的计划。

写作任务分析

这三个写作任务主要是为了整体布局的思维，要进行这样的一个构思，执行计划写作，学生必须要掌握两个重要内容：1. 认真思考开展一个计划应该要从几个方面入手，计划的布局该如何设置；2. 如何用计划的文体和要求来进行写作。

必备知识 & 工具箱

工具一：计划概述

计划是为了实现一定时期的目标决策，制定总体的和阶段的任务及实施的方法、步骤和措施的书面表达形式。它要解决和回答的是：在未来的时期里，要做什么，怎么做，达到什么标准。

在本章，我们要掌握计划的特点，它与其他文种相比自身的特色，如何有效地进行计划写作。

为了完成这个写作任务，必须掌握计划的基本知识。学生应对这些知识有清晰的认识，对几种计划的异同作深入的讨论。在这个案例中，除了必须了解计划的概念和写作方法之外，还应该整体思考。

工具二：计划的适用场景

当需要在某段时间内完成某项工作，从而需要订定出明确的任务目标及切实可行的措施并提出具体要求时，使用此技能。

为什么计划是必需的：做任何工作都应该事先定出目标、分好步骤、想好措施等，这样才有利于一步一个脚印地完成任务，达到目的。否则就会使工作陷入盲目被动的状态中，不能达到预期的目标。因此在开始一项工作之前，制订计划是非常有必要的。

工具三：计划的种类

计划是计划类文书的统称，也是各种计划最常用的名称。这类文书由于时限上、详略上的不同，还使用规划、方案、要点、设想以及打算等名称。一般情况下：

规划适用于时间较长、范围较广、内容较全面的情况；

要点、方案往往是上级机关借以向下级机关布置一定时期的工作，交代政策界限，提供工作办法的文件；

设想是一种初步的、不成熟的，提供参考的计划；

打算则适用的时间较短，范围较小，内容比较具体。

从管理学的角度来讲，制订计划是为了实现工作目标。计划的内容，就是把管理者决策的目标分解到所管理的工作的各个方面、相关的时间段，形成实现目标所需完成的具体任务、要求、措施、办法和步骤。

工具四：计划写作技巧详解

1. 标题

完整格式由单位名称、适用时间、内容范围和文种构成。可以省略适用时间或内容；当标题由两项要素构成时，则由内容范围和文种名称构成。

2. 正文

计划的正文一般有如下几种写作方法：

（1）图表式。图表式的计划通常用于时间较短、比较单一或者量化指标比较多的情况。一般通篇都用图表来表示。这种计划制作简单、文字简明，便于对照和检查。

（2）条文式。是将一项计划的内容分为几个加小标题的部分，主要用文字阐述。如果涉及数字指标，就将其穿插到有关部分的文字叙述之中。这一形式的正文一般包括以下三部分：

前言。以简明扼要的语言阐明制订计划的背景和基本情况以及落实此项计划的重要性。有一些不太复杂的简短计划可以省略这个部分。

主体。包括计划的任务、要求、具体项目、措施以及步骤等。对于任务比较单一、各项任务间有共同基本措施的计划，要采用“做什么 – 怎么做 – 达到何种目标”的分列式结构；对于任务较多、相互之间属于独立、并列关系的，采取每个任务一段、在每一段内说明一个任务的综合式结构。

结语。多用于总结全文阐述意义，或是表达完成此项计划的决心；同时也有以效益预测或对前景的展望来收尾的。结语要短暂有力，切忌过长。

（3）表格文字综合式。适合一般生产、经营计划。通常由计划表格和计划的编制说明组成。编制说明部分要对计划的背景、依据、目标及具体安排等，做出相应的介绍和解释。

在结尾处，往往要提出执行时需要注意的事项和修订、检查的办法。如果计划还有别的材料作为附件，要在正文结束后予以说明。

3. 落款

如果标题下已署名，则此处可以省略。

计划的制订要服从大局，与实际情况相结合，同时具有一定的挑战性。很容易就完成的工作，不用制定过于正式的计划。计划还要注意留有适当的余地，不要太满。这样才能更好地对工作进行指导。

参考例文

例文一：

2013年个人年度工作计划

2013年是个人转型发展、稳定发展的起步之年，是坚持加快熟悉业务工作，积极参与企业建设，认真履行岗位职能，积累基层工作经验，努力推进企业创新的关键一年，为确保各项目标落到实处，在回顾过去，总结经验，分析形势，展望未来，联系实际的基础上，特制定本计划：

一、指导思想

以全面落实科学发展观为指导，以实现个人价值与企业价值的和谐统一为最高宗旨，以转变观念为突破口，积极融入企业和谐发展的历史进程中；以加强学习为根本，加速提升岗位技能水平；以遵章守纪为重点，努力确保人身安全无隐患；以勤奋工作为主攻方向，树立刻苦钻研的敬业精神；以拓展兴趣爱好为追求，不断提升个人综合素质。以崭新的战斗姿态，崭新的精神风貌、崭新的工作作风促进企业实现建设精品化矿井的战略目标而努力奋斗。

二、工作目标

蓝图绘就，目标确定，关键在于抓好落实。为使目标如期实现，要切实做好以下四方面工作：

（一）转变观念，明确奋斗目标

俗话说“意识反应态度”、“态度决定一切”，心态的好坏直接影响着一个人对工作的态度。因此，面对新的工作岗位，新的工作环境，今年要突出做好两个方面的工作：

1. 加强认识，转变工作角色

面对当今世界严峻的经济形势，今年当务之急必须做到“一个转变，一个认清”，即转变工作角色，认清工作形势。为此，一方面要加强认识，提高意识，要从大局意识出发，站在可持续发展的高度上，牢固树立“三百六十行，行行出状元”和“既来之，则安之”的观念，警惕“今天工作不努力，明天努力找工作”的不良后果；另一方面在思考问题，处理事情时，必须跳出以前的思维方式，摆正自己的位置，树立全局意识，切实转变工作角色，积极融入企业发展的大潮中。

2. 实事求是，重建职业规划

目标就是方向，有了前进的方向就有了奋斗的目标。因此，一方面要本着实事求是、适当超前的原则，重新建立职业发展规划，制定出未来三年的发展目标，然后将三年发展目标逐年、逐月进行分解，让自己对职业成长有一个清晰的目标，随着目标的攀升与实现，努力实现因能择岗、因长择业，因绩提升，促进综合素质的不断提升；另一方面要把目标植根脑中、牢记心中、常念口中，从而使自己目标明确，不断鞭策自己，并力争做到三月一回顾、半年一小结、一年一总结，确保目标不流于形式，促进各项目标顺利进行。

（二）加强学习，提升个人素质

学习是历史使命，是时代要求，选择学习就是选择进步，忽视学习就是忽视进步，放弃学习就是放弃进步，要把学习作为终身任务和长期实践的行为贯穿个人工作的始终，要通过学习达到“身强体健”。因此，要从三方面着手：

1. 加强思想政治学习

思想政治一直是我国国家企业的优良传统，随着社会的发展，人们的思想越来越活跃，更善于观察问题，分析问题，思考问题。作为一名新世纪的青年，更要自觉加强思想政治的学习，使自己更好地服务于企业，服务社会。因此，要积极做好以下三个方面：

一要加强邓小平理论、“三个代表”重要思想和科学发展观的学习，运用马克思主义的立场、观点和方法来端正自己的世界观、人生观、价值观，在学习贯彻的深入、深度和深化上下功夫，增强贯彻唐安煤矿各项政策、文件和规章的自觉性和坚定性。

二要积极投入到企业打造本质安全型矿井，建设现代化精品矿井，争做自主保安型员工的大潮中来，围绕企业创建和谐矿区的目标，积极进行个人品德教育活动，进一步加强职业道德、社会公德、家庭美德和个人品德的教育学习，努力强化自己的敬业精神，不断提升个人修养和岗位奉献精神。

三要积极抵制不良社会风气的侵蚀，树立敢于同落后思想斗争的勇气，培养健康高雅的生活情趣，努力维护唐安煤矿积极健康、安定祥和、融洽和谐的生动局面。

2. 始终牢记安全教育

煤矿行业作为一种高危行业，安全始终是我矿发展的头等大事，没有安全就没有发展，要想推动发展首先得推动安全发展。因此，作为一名井下工人，要思想上高度重视安全工作，严格按照企业安全发展的要求，遵章守纪，强化决不违章蛮干、向三违隐患宣战，认真圆满完成生产任务；要积极通过煤矿的“井下文化长廊”、“安全知识考试”、警示案例教育以及班前会等一系列卓有成效的教育活动来宣传教育强化安全生产意识，促进自己由“要我安全”到“我要安全”的自觉转变，争做一名优秀的安全型唐矿员工。

3. 强化岗位技能学习

岗位技能是企业员工发展的生命线。要做一名合格的员工首先必须加强和提高自己的岗位技术水平。为此，首先要进一步明确工作职责，按照队班领导对自己工作的安排，尽快熟悉自己的工作和职责，熟悉队班内各项规章制度，明确工作要求；其次要结合实际深切领悟集团公司党政的发展规划和决策部署，明确工作任务，进一步提高工作的主动性和自觉性；再次要向“书本学、向师傅学、向同事学、向领导学”和通过唐矿“互帮互助”等活动，虚心听取大家的指导和教育，而且要善于学习、勤于思考，在干中学、学中干，明确工作的运行和处理问题的程序，做到守纪律、知程序、明内容、讲方法，学于用、知与行、说与做的统一，同时要采取多种途径和方式加强与各级各类人员的交流和沟通，确保各项交流畅通无阻；最后要不折不扣地参加集团、煤矿和队班组织的各项安全知识与技能培训，积极参加检测评估，完成培训任务，保证培训质量；同时还要充分利用业余时间自学充电，真正做到干中学，学中干，活到老，学到老，逐步培养终身学习的良好习惯。

（三）勤奋工作，积极回报企业

立足本职，踏实工作不仅是员工回报企业的最根本方式，而且也是员工责任意识的重要体现。唐矿是一个企业，同时也是一个事业，做事先做人，做人和做事是一致的，做人和做事，要对得起社会，对得起企业，对得起自己的良心。唐矿是一个发展中的企业，它为员工铺设了成长的道路、搭建了成才的平台、奠定了成功的希望。因此，只有踏实工作，才能创造业绩，只有艰苦奋斗，工作才会不是一句空话。无论在任何时候都要坚持刻苦钻研、勤奋工作，都要坚持谦虚、谨慎、不骄、不躁。不论什么时候都应以饱满的热情，充沛的干劲投入到生产工作中，切切实实履好职，踏踏实实干好本职，常怀感恩之心，这样才能推动企业和个人实现和谐健康发展。

（四）拓展领域，实现个人价值

自我价值与社会价值相结合，是人的社会本质的必然要求。只有个人为企业多做贡献，才能更多获得企业的尊重和满足，才能更好地实现自我价值。目前，唐矿的深化改革和强劲发展为我们实现人生价值创造了难得的发展机遇，创建现代化精品矿井的热潮为员工施展个人才华提供了广阔的发展平台，我们要本着对岗位高度负责的态度，紧紧抓住发展机遇，充分施展个人才华，真正以朝气蓬勃的精神状态创造性的做好自己的本职工作。因此，首先要密切关注唐矿发展、及时了解唐矿信息，通过网络、报刊、电视等新闻媒介，敏锐把握各项方针政策动向，保持工作的主动性。其次是要树立高尚的品格，做到眼界宽广、胸襟广阔、淡泊名利、甘于奉献、坚持原则，努力展现“人人代表唐矿形象，处处体现唐矿风采”当代矿工的良好风貌。最后要充分挖掘个人特长，积极参与企业文化宣传工作，并在方针政策、规章法纪、制度程序范围内，为提高工作效率、工作质量以及工作方法等方面积极作出新的探索，在自己的工作岗位上创造性地开展工作，积极参与煤矿的各项历史进程，不断丰富自己的知识结构和才干，努力实现个人价值和企业价值的完美统一。

平凡的事业承载新的希望，宏伟的目标开启新的梦想。面对新的工作、新的挑战、新的起点、新的机遇。我相信：有唐安煤矿各级领导的正确领导，有广大工人师傅的教育和帮助以及自己的不懈努力，我一定会成为一名优秀的唐矿员工，唐安煤矿也一定会在建设精品化矿井的伟大进程中不断开创辉煌而灿烂的美好明天！

××

2012 年 12 月 25 日

例文二：

电教工作计划

本学期我校的电教工作将继续紧紧围绕县教育局“大力推进教育信息化建设”的工作目标开展工作。为了加强电化教育设备用到实处，切实抓好现代远程教育为全校教师服务。在新的一年里，我们将继续按照上级要求，努力工作，力争取得更大的成绩。结合本校实际，特制定本年远程教育工作计划：

1. 加强教师的信息技术与学科教学整合的教学设计能力。教师的教学设计能力是信息技术整合能力系统的核心，根据教学目标和教学内容的要求，针对学习者的特点和发展需求，论证信息技术的潜能和不足，选用合适的信息技术，并确定信息技术应用方式的能力；综合考虑各种因素确定教学方法，设计教学和学习活动的能力；合理处理和应用教学资源的能力。

2. 完善学校办公自动化，落实常规管理，常抓不懈

做好校园广播、监控、电脑等日常维护工作，配合教导处搞好本校教研工作以及学校开展的各项工作，开展学生的思想教育工作，宣传正面典型，抨击负面现象。

3. 管理好机房，严格执行机房管理制度

既要提高使用率，充分发挥其作用，又要保证设备的完好，并做好机房的卫生、安全工作。

完善好各类文件档案资料。认真记录好多媒体教室使用记录表。

4. 提高信息技术专业人员的专业素质

作为信息技术专业人员，要努力学习信息技术与学科课程整合的理论，发挥创造力，大胆实践，进行网络环境下学科课程教学的研究，积极参加上级部门组织的各级各类计算机学习。

5. 增强电教人员的服务意识

采取合适的方式将学校内的电教资源传递给各位老师，让每位老师了解学校的资源进而能利用这些资源来改进教学工作，提高教学效率，得到较好的教学成果。

××小学

二〇一一年九月

写作实训

完成前述写作任务。要求：

1. 文种选择适当；
2. 符合相应文种写作规范和写作要求；
3. 材料取舍恰当，主题突出，逻辑清晰，文字通顺。

检查与评估

1. 学生结合前述写作规范，自我检查或相互检查；
2. 教师选择学生例文进行点评。

写作实训拓展

1. 修改、完善前述写作任务；
2. 总结自己完成写作任务的得失。

参考范文

范文一：

2012年度个人学习计划

2012年的工作已经全面展开，今年既是十二五规划承上启下的重要一年，也是落实党委三届二次全委（扩大）会议精神，实现×××跨越式发展和长治久安的关键之年。作为一名新录用人员，为了更好地适应发展的要求，尽快胜任自己本职工作，在新的一年里我要继续加强自身学习，不断提高自己的理论水平和业务能力，做到理论联系实际，学以致用。现将今年的个人学习计划制定如下：

一、不断强化理论知识的学习。

从普通人到机关干部身份的转变要求我必须掌握足够多的理论知识，为了弥补这一薄弱环节，我准备从以下着手：用心研读十七大报告中关于科学发展观的论述，尽最大努力领悟其内涵；认真学习党委三届二次全委（扩大）会议精神，熟读领导重要讲话及会议文件的内容，认真领会会议精神，并用于指导自己的实际工作；通过每天观看《新闻联播》、《晨间新闻》，阅读人民日报、中国日报等报纸杂志以及浏览搜狐门户网站、中国政务信息网、绿一信息网等的方式及时了解国家大政方针，时刻关注时政要闻，以达到提高政治素养和理论水平的目的。

二、积极参加党工委和党支部组织的各项学习，不断提高学习意识和集体意识。

集体学习是党员干部学习的一种重要方式，在今年的集体学习中，本人要严格自我要求，端正学习态度，严守学习纪律，做到不迟到不早退，按时保质的完成各项学习任务。积极参加本年度党工委组织的读书学习，认真听取专题讲座和观看电教片，认真参加党支部的党课学习。

三、加强自学，不断巩固专业知识，提升工作技能。

由于参加工作时间不长，很多工作目前还难以独立完成，了解工作性质，熟悉工作内容就是目前工作的当务之急，学习专业知识也是目前一个紧迫任务，我决定做好以下几个方面：一是苦练写作，××工作的大部分事务性内容都要求有一定的写作水平和技巧，机关的各种文件处理都有严格的写作规范，这些知识在上学时和工作初期都没有过多的接触，为了更快达到独立完成本职工作的目的，今年要紧抓事务性公文写作不放松，不断提高写作功底。本人决定今年将《办公室文秘写作大全》、《机关事务公文规范》两本书自学一遍，同时认真研读单位以往的文件，尽快掌握科协办公要点和基本写作知识。二是坚持专业知识常态化学习，要以学习××工作会议精神、《2012年度××工作要点》为方向，不断学习科技知识，提高自身的科技创新能力，深化自己在青少年科技创新大赛方面的理论学习，力当科技创新的践行者和带头人。三是不断提高自身的组织协调能力和心理素质，科协的工作要求有一定的活动组织能力，能够独立组织开展一些中小型的科普活动，这在以前的人生经历中是没有的，因此我要积极地向领导和同事请教，争取尽快提高自己的业务能力和组织水平。

四、和睦相处，团结协作。

良好的人际交往能力是所有工作都不可或缺的一项。“没有完美的个人，只有完美的集体”，团结协作能够高效优质地完成工作。作为××的新人，所有的领导同事都将是我的老师，我定会虚心求教以期尽快融入这个大家庭，同样我也会服从领导安排和指挥，用心投入工作，在工作中不断学习，用学习促进工作。

××

2012年1月5日

范文二：

职业生涯规划书

一、自我解析

1. 自我兴趣爱好盘点

（1）业余爱好：研究股票及中国经济、听音乐、英语、韩语

（2）喜欢的书籍：《货币战争》、《人性的弱点全集》、《麦田里的守望者》

（3）喜欢的歌曲：《笨小孩》、《welcome to my world》、《Stairway to the Stars》……

（4）心中的偶像：股神巴菲特（庆幸巴菲特当年大学也是学财务管理的）、科比布莱恩特、罗杰费德勒

（5）信奉教条：人，靠自己！

2. 自我优势优点盘点

（1）具有冒险精神，积极主动。勤奋向上，只要我认为应该做的事，不管有多少麻烦都要去做，但却厌烦去做我认为毫无意义的事情。

（2）务实、实事求是，有目标有想法，追求具体和明确的事情，喜欢做实际的考虑。喜欢单独思考、收集和考察丰富的外在信息。不喜欢逻辑的思考和理论的应用，对细节很强的记忆力。

（3）与人交往时较为敏感，比较谦逊、有同情心，对朋友忠实友好，有奉献精神，充满一腔热血喜欢关心他人并提供实际的帮助。

（4）做事有很强的原则性，学习生活比较有条理，愿意承担责任，依据明晰的评估和收集的信息来做决定，充分发挥自己客观的判断和敏锐的洞察力。

3. 自我劣势缺点盘点

信心不足，不敢去尝试一些新事物；对失败和没有把握的事感到紧张和压力；对于别人对自己的异议不服输；脾气有时温和，有时暴躁，容易激动，在公众场合不敢展现自己，有些害羞；做事情有时拖拖拉拉。

4. 个人分析（结合职业测评）

我的职业价值观：小康型。追求虚荣，优越感也很强，渴望能有社会地位和名誉，希望常常收到人们的尊敬。欲望得不到满足时，由于过分强烈的自我意识，有时反而觉得很自卑。

相应职业类型：记账员、会计、银行出纳、法庭速记员、成本估算员及税务员等。

我的职业兴趣：企业性工作。包括策划、管理、行政及商务专业工作等，需要具备

领导才能、有决断力、并能在压力下独立工作。

我的气质：多血质。活泼好动，反应灵敏，乐于交往，注意力易转移，兴趣和情绪多变，缺乏持久力，具有外倾型。

我的职业性格：敏感型和思考型。敏感型——精神饱满，好动不好静，办事爱速战速决，但是行为常有盲目性。与人交往中，往往会拿出全部热情，但受挫折时又易消沉、失望。思考型——这类人工作、生活有规律，爱整洁，时间观念很强，重视调查研究和准确性，但这类人思想僵化、教条、纠缠细节、缺乏灵活性。宜从事工程师、教师、财务和数据处理等职业。

所谓知己知彼，通过上面较为客观的自我分析，我认为，最基本我清楚了我现在学的这个专业还算是通往我理想职业的专业，也比较符合我自身的个性。

二、组织与社会环境评估

1. 财务管理行业三大热点："热"——会计就业面相对比较宽，国企、私人企业等都需要会计人员；"高"——学历要求高，工作素质以及薪水高；"缺"——中级以上会计师、注册会计师以及精算师等高级财务人员

2. 财务管理特殊环境：由于中国的管理科学发展较晚，管理知识大部分源于国外，中国企业的财务管理还有许多不完善的地方。中国急需管理人才，尤其是经过系统培训的高级管理人才。因此，财务管理市场前景广阔。但经济与世界接轨的同时财务管理也与世界接轨，为了适应以后的工作，身为财务管理的学生应做好充分的准备。

三、目标确立

1. 职业定位：白领，中级会计师，财务总监

2. 职业发展路线：出纳→边工作边学习→韩资或者外资企业的会计师或者财务管理人员

虽然是学财务管理专业的，但是财管和会计是紧密相连的，所以要学好财务管理也要努力做一名优秀的会计师，要做一名优秀的会计师，要从以下一步步认真做起：

(1) 毕业前充分学好会计知识和会计电算化；

(2) 毕业后10年内成为一名优秀的中级会计师。

四、短期目标规划——大学三年目标

大二：争取更加努力学习，拿到奖学金。参加各种活动，竞选学生会，弥补大一没进学生会的遗憾，在学生会锻炼自己的胆量。但最重要的是在上学期过计算机二级考试和英语四级考试，并且自学并在大二下拿到会计从业资格证和会计电算化证书，过掉自学考试其中的三门。在大二的小学期时间段左右过英语六级。

大三：争取入党并在大三下学期准备雅思考试，多看与专业相关的知识，扩展自己专业方面的知识而不仅仅局限于学校所教授。

考研待定，有可能启动备选方案。

关于备选方案，我给自己定的方向是继续深造学习而不是本科毕业就从事工作。众所周知，当今的社会竞争之激烈，本科生比比皆是，尽管有些本科生能力很强但很多单位不予考虑。但是由于现今挑选人才也很看重工作经验。考研还是找工作确实是个难题，所以我留有备选方案——先在一家公司里做临时的财务人员，边工作边准备考研。

大四：争取到好的实习机会，多多积累经验，认真踏实的学习。

五、中长期目标

中期目标：如果没有读研毕业，先进入事业探索期和事业发展期，预计时间为六年，希望进入任意公司从事财会工作积累工作经验，并且要一边工作一边深入学习，在努力工作的同时，还要争取扩大发展人际关系，和同事老板搞好关系，并且要养成好的生活习惯，抓紧时间参加体育锻炼。在此期间，还要努力挣钱，为出国深造积累资金，如果可以争取机会公费出国更好。出国深造时间预计为三年，婚姻问题暂不考虑。

长期问题：事业成熟期，奋斗目标——财务总监，争取进入韩资或者外资企业，以成熟职业的姿态去处理遇到的事件。

六、我对于职业生涯规划的看法

1. 虽然可能没有成型的职业规划，但是我觉得每个阶段的前进方向和短期目标要有，比如这段时间我要练好英语听力到什么水平，我要朝着什么方向努力，没有努力的方向和短期的目标，很容易虚度光阴。

2. 职业规划肯定要有，但是我觉得职业规划不可能现在就定下来，周围的环境随时在变，而且自己随着不断的成熟和接触不同的东西，也会变。我以前想当官，现在想当外企白领，所以我觉得这个很难就定下来，更何况是在校大学生，没有任何社会阅历，谈这个就似乎有点纸上谈兵。但是我觉得这次的职业规划是必要的，这不仅仅是一份作业，对大一新生来说，通过这次的思考，可以在短期内找到奋斗的目标。

×××

2012 年 10 月 9 日

范文三：

暑期社会实践活动计划书

今年是“五四”运动 85 周年，也是大中专学生志愿者“三下乡”社会实践活动开展 20 周年。为响应校团委 2012 年关于暑假社会实践活动的通知精神，弘扬广大学生的“传承‘五四’报国志，落实科学发展观”的主题，提高同学们的社会实践能力，应用数学学院社会实践部组织本次活动。具体安排如下：

（一）活动主题

本着“传承‘五四’报国志，落实科学发展观”的主题，通过集体组队参加社会实践活动，引导广大青年大学生深入学习“三个代表”重要思想，大力弘扬和培育民族精神，继承和发扬“五四”爱国、进步、民主、科学的光荣传统，树立和落实科学发展观，在实践中认识自己，奉献社会，提高素质。

（二）活动目的

为了更好的锻炼大家的社会实践能力，丰富大家的暑期生活，积累更多的社会经验，提高自身素质，更好的完善自我，为以后社会工作经历打下良好的基础，特开展此次于黄花岗街道办事处及其下属居委会的暑期社会实践活动。

（三）活动流程

a. 时间：从2012年7月15日至2012年7月30日

b. 地点：广州市黄花岗街道办事处及其下属居委会

c. 实践内容：在街道办事处学习了解其日常政务工作，参与其工作流程。了解街道企业，参观公司。在居委会社区进行群众交流、走访群众、解决群众的实际困难。还有采集各种资料，历史文化采风。深入基层调研，开展环境保护活动。

d. 工作时间：7月15日至7月30日，每天上午：8:00～11:30、下午：2:30～5:30。

e. 人员及工作安排：此次实践活动将组成15人的队伍，将15人分成两组（一组七个人，另一组8个人），每组有一个负责人，黄花岗街道办事处及其居委会各提供四个科室，将15人分配到各个科室。每天早上7：00由负责人集中队员一起出发，中午提供工作地点的午休，下午返回学校。注：为切实做好各方面的工作，所有行动统一听取指挥，统一时间。

f. 工作特色：我们将采取“滚动式”工作方式，即两个小组在工作满一周后会进行对调，目的是为了更好地利用各种岗位，学到更多的经验。为了更好地学习总结，要求每位队员配发笔记本，记录整理活动细节。学院配置摄影人员对特色活动，表现优秀个人进行摄影记录。

（四）注意事项

a. 由于此次活动在校外进行，请大家注意人身、财产、交通安全。安全必须放在首位。

b. 考虑到此次实践活动可能会遇到各种困难，所以每位都必须做好吃苦耐劳的准备。

c. 每位队员务必要服从科室、居委会工作人员及各组负责人的安排。

d. 有特殊情况应及时向负责人汇报，统一安排调度。不得擅作主张。

e. 在工作中要有主动、积极的态度，带着问题去工作，才能够学到更多的东西。

（五）备注

a. 人数为15人，工作时间为15天。

b. 组织部负责提供车费，生活费用由队员自己解决。

××学院分团委

二〇一二年七月一日

第二章

总　　结

本章教学目标

知识目标：

学习总结的理论知识，了解综合总结和专题总结的区别，明确其在社会实践活动中的重要作用。

能力目标：

通过对总结的写作任务训练，把理论知识转化为写作该文种的技能，掌握写作要领，并能熟练自如地进行写作。

写作任务

任务一：

大学已过去一年了，在这一年里你会有很多的收获，请拟写一学年的校园生活总结。

任务二：

假期里，你会去做各种有意义的事情，比如兼职、暑期社会实践等等，请写一则假期工作实习和社会实践的总结。

写作任务分析

这个写作任务主要是为了训练学生掌握总结的写作方法。而学生要正确掌握几种不同类型总结的写作方法，学会辨析不同的写作情境，就至关重要。

根据以上材料，我们可以做出以下情景分析：

第一篇总结写作情景：材料以大学校园生活为背景，以学生在校期间的学习、生活为依托，进行自我总结，属于个人总结，也属于专题性总结。

第二篇总结写作情景：暑期社会实践是大学生个人走向社会的一个“热身”活动，更是个人社会工作经历的开始，因此，这其实是一份个人实习阶段的综合性总结。

必备知识 & 工具箱

为了完成这个写作任务，必须掌握一些总结——尤其是“综合总结”和“专题总结”的基本知识。学生应对这些知识有清晰地认识，对不同类型总结的异同做深入的讨论。在以上案例中，除了必须了解总结的概念外，还应该区别综合总结与专题总结各自内容的差异。

工具一：总结的概念及种类

➢ 总结的概念

所谓总结，指的是人们对某一阶段或某项工作进行回顾和反思，并做出客观评价和指导性结论的书面表达形式。总结的目的，主要通过进行概括性的分析和评价，检查以往的工作情况，认识和掌握事物发展的规律，积累经验，扬长避短，以促进各种实践活动的顺利进行。

总结是一种科学的工作方法，也是提高工作能力和业务水平的有效途径。因为人的正确认识来源于实践，通过实践总结规律，再以总结的规律为指导，又回到实践中去。这样，实践、认识、再实践、再认识，不断循环往复，使我们的感性认识逐步上升到理性认识，思想觉悟和工作能力就会不断得到提高。从另一方面来说，总结是在计划的基础上形成的，并能检验计划的执行情况，检验计划的科学性和准确程度，因而也就为制定下一阶段计划奠定了基础，同时，也为提高下一步计划的质量提供了依据和可能。因此，凡从事某一工作或开展某一活动，都应事前有计划，事后有总结，善始善终，着眼未来。

➢ 总结的种类

总结的使用范围很广，因此种类很多。具体可分为以下几类：

按内容分：工作总结、生产总结、学习总结、活动总结及思想总结等。按时间分：年度总结、季度总结、月份总结等。

按范围分：个人总结、部门总结、单位总结及地区总结等。

按性质分：综合总结、专题总结。

一份工作总结，往往同属几种类型。常见的总结主要有综合总结、专题总结和个人总结三种。无论哪种总结，都该纳入综合总结和专题总结两种。综合总结包括两方面含义：从时间上看，是一个阶段的全面总结，即总结一个单位或部门一定阶段内的整个工作（各个方面）情况；从内容上看，是一项工作任务的全面情况的总结，包括基本情况、成绩、效果、做法、体会、问题及今后意见等。专题总结是对某一项工作或某一方面问题所进行的专门总结。

工具二：总结的内容和形式

➢ 总结的内容

总结一般是围绕工作的指导思想、基本纲领、概况及所取得的经验和体会、问题和教训及今后的打算几个方面展开。

1. 背景材料概况

说明总结的指导思想、范围、目的地；交代时间、地点、背景、环境、主客观条件、有利和不利因素以及工作发展状况，这部分内容，主要是对工作的总体评价，起到开宗明义的作用。语言要求简明。

2. 具体工作情况

首先是介绍工作的过程和做法，包括工作的方法、措施和步骤以及中间经过的主要环节。特别是介绍一些有普遍意义的做法，能给人们以启迪和借鉴。其次是工作的成绩与经验，是总结的精髓，也是衡量一篇总结价值之所在。成绩指工作中取得的物质成果的原因和方法等。成绩要实事求是，有一般情况，又有典型事例，令人信服；经验必须反映工作进程中的内在规律。再次是工作的问题和教训，问题指工作中的缺点和失误，教训指反面的经验，即总结出工作中所遇到的问题，着重分析出现问题和失误的主客观原因，并由此得出应吸取的主要教训，以防重蹈覆辙。这部分要求重点突出，主次分明，详略得当，条理清楚，有说服力。

3. 新的奋斗目标

针对工作中存在的问题，提出切实有效的改进措施，以表明决心，展望未来，鼓舞斗志。语言须简洁有力。

➢ 总结的形式

总结的基本形式由标题、正文和落款三部分组成。

1. 标题

有单行标题和双行标题之分。单行标题的形式有公文式和文章式，基本和计划相似。公文式标题由“单位名称、时限、内容和文种”组成，四要素齐全的为全称公文式标题，如《华丽集团公司2003年财务工作总结》；根据具体情况，省略一个或一个以上的为简称公文式标题，如《杭州市商业银行工作总结》。文章式有内容型和主题型两种，内容型是直接将总结的主要内容清楚地表述出来，如《浙江经济改革与建设回眸》、《税制改革：三次重大突破》；主题型是将总结的主旨直接揭示出来，如《1998：中国金融业改革年》、《有“为”才有“位”》。双行标题是指同时使用主标题和副标题，主标题一般用单行标题中的文章式标题，副标题一般用单行标题中的公文式标题。

2. 正文

总结的正文由前言、主体、结尾三部分组成。

（1）前言

主要概述基本纲领情况，分别有：概述式、结论式、提示式、提问式和对比式。概述式：概述基本情况，简要地交代工作的背景、时间、地点及条件等。结论式：先明确提出结论，使人了解经验教训的核心所在，然后再引出下文。提示式：对工作的主要内容做提示性、概括性的介绍。提问式：开头先提出问题，点明总结的重点，以引起人们的注意。对比式：采用比较法，将有关情况进行对比，显示优劣，说明成绩。

（2）主体

这是总结的核心部分，常见的有五种形式。

第一，贯通式。这种结构方式以时间和空间为顺序，不分条款，不用小标题，不分章节，紧扣主题，先叙后议，中心突出，适用于专题性总结。

第二，标题式。在正文部分按逻辑关系分成若干小标题，逐层深入地进行总结。小标题的内容往往是相应部分的概括。这种形式，层层展开，条理清晰，脉络分明，一目了然。一般适用于专题总结。

第三，分点式。把总结的内容按性质和主次轻重分点平列，各点之间有着内在的逻辑关系。它的特点是：有事例，有分析，有比较，有结论；行文简洁、生动，眉目清楚、灵活，适用于领导机关全局性的专题总结。

第四，板块式。这是总结的基本结构形式。全篇按内容的不同分成若干板块，有基本情况、成绩和经验、总结和教训、方向和设想等几部分。这种形式容量大，内容集中，眉目清楚，整体性强，适用于综合性总结。

第五，条目式。按工作项目排列成若干个条目。由若干个条目形成一个整体，每个条目内部都分成基本情况、成绩和经验、问题和教训、新的打算几个部分。这种形式内容单一，条目鲜明，一般用于比较复杂、工作繁多的综合性总结。

（3）结尾

结尾因文而异。综合性总结的结尾，一般是结合存在问题，提出改进意见或努力方向；而专题性经验总结，做法和体会讲完了，全文结束，就不另写结尾了。

3. 落款

总结的落款包括署名和日期。单位总结的署名，一般不放在落款处，而写在标题中或标题下。也有随另文发送，总结上不署名。个人总结署名，一般写于正文的右下方。

工具三：总结与计划的异同

总结和计划在实际运用中常相伴而行，相互依存。二者即有相同点又有不同之处。

1. 相同点

和计划的范围基本一致，都是“做什么”、“怎么做”和“做到何种程度”三大项，而且二者相互依赖、相互制约、相互促进的；总结都是在计划的基础上形成的，并能检验计划的执行情况，检验计划的科学性和准确程度，因而也就为制定下段计划奠定了基础，同时，也为提高下一步计划的质量提供了依据和可能。总结和计划，实际上是“计划——实践——总结——再计划——再实践——再总结”这样一个循环往复，不断促进和提高的过程。

2. 总结和计划的区别

首先是写作时间不同，计划是在事前，总结是在后；其次是具体内容不同，计划是有根据的合理设想。总结则是确实发生过的实践。

参考例文

例文一：

房地产销售工作总结

在房地产行业工作也已经半年多了，在销售方面还有待提高。虽然自己的水平有限，但还是想把自己的一些东西写出来，既从中发现得到提高，也可以从中找到自己需要学习的地方，完善自己的销售水平。

经历了上次开盘，从前期的续水到后期的成功销售，整个的销售过程都开始熟悉了。在接待客户当中，自己的销售能力有所提高，慢慢的对于销售这个概念有所认识。从自己那些已经购房的客户中，在对他们进行销售的过程里，我也体会到了许多销售心得。在这里拿出来给大家看看，也许我还不是做得很好，但是希望拿出来跟大家分享一下。

第一，最基本的就是在接待当中，始终要保持热情。

第二，做好客户的登记及进行回访跟踪。做好销售的前期工作，有利于后期的销售工作，方便展开。

第三，经常性约客户过来看看房，了解我们楼盘的动态。加强客户的购买信心，做好沟通工作，并针对客户的一些要求，为客户做好几种方案，便于客户考虑及开盘的销售，使客户的选择性大一些，避免集中在同一个户型。这样也方便了自己的销售。

第四，提高自己的业务水平，加强房地产相关知识及最新的动态。在面对客户的时候就能游刃有余，树立自己的专业性，同时也让客户更加相信自己，从而促进销售。

第五，多从客户的角度想问题，这样自己就可以针对性的进行化解，为客户提供最适合他的房子，解决他的疑虑，让客户可以放心的购房。

第六，学会运用销售技巧，营造一种购买的欲望及氛围，适当的逼客户尽快下定。

第七，无论做什么如果没有一个良好的心态，那肯定是做不好的。在工作中我觉得态度决定一切，当个人的需要受挫时，态度最能反映出你的价值观念。积极、乐观者将此归结为个人能力、经验的不完善，他们乐意不断向好的方向改进和发展，而消极、悲观者则怪罪于机遇、环境的不公，总是抱怨、等待与放弃！什么样的态度决定什么样的生活。

第八，找出并认清自己的目标，不断坚定自己勇往直前、坚持到底的信心，这个永远是最重要的。龟兔赛跑的寓言，不断地出现在现实生活当中，兔子倾向于机会导向，乌龟总是坚持核心竞争力。现实生活中，也像龟兔赛跑的结局一样，不断积累核心竞争力的人，最终会赢过追逐机会的人。人生有时候像爬山，当你年轻力壮的时候，总是像兔子一样活蹦乱跳，一有机会就想跳槽、抄捷径；一遇挫折就想放弃，想休息。人生是需要积累的，有经验的人，像是乌龟一般，懂得匀速徐行的道理，我坚信只要方向正确，方法正确，一步一个脚印，每个脚步都结结实实地踏在前进的道路上，反而可以早点抵达终点。如果领先靠的是机会，运气总有用尽的一天。

对工作保持长久的热情和积极性，更需要有“不待扬鞭自奋蹄”的精神。所以这半年来我一直坚持做好自己能做好的事，一直做积累，一步一个脚印坚定地向着我的目标前行。

销售部：×××
2012年10月9日

例文二：

汽车销售年度工作总结

春去冬来，转瞬之间，历史即将掀开新的一页。在过去的一年里，×××的全体工作人员在××的领导下、公司各部门的大力支持下，通过全体工作人员的共同努力，克服困难，努力进取，圆满完成了2009年初下达的销售任务。在新春即将来临之际将2009年的工作情况做如下总结汇报：

一、销售情况

2009年销售891台，各车型销量分别为富康331台、爱丽舍161台、世嘉3台、凯旋2台以及毕加索394台。

二、营销工作

为提高公司的知名度，树立良好的企业形象，在我们和客户搭建一个相互交流、沟通、联谊平台的同时，把更多的客户吸引到展厅来，搜集更多的销售线索。2005年本部门举行大小规模车展和试乘试驾活动17次，刊登报纸硬广告34篇、软文4篇、报花56次、电台广播1 400多次并组织销售人员对已经购车的用户进行积极的回访，通过回访让客户感觉到我们的关怀。公司并在2009年3月正式提升任命××同志为×××营销经理。工作期间××同志每日按时报送营销表格，尽职尽责，为公司的营销工作做出贡献。

三、信息报表工作

报表是一项周而复始重复循环的工作，岗位重要，关系到××公司日后对本公司的审计和项目的验收，为能很好地完成此项工作，2009年3月任命张守同志为信息报表员，进行对公司的报表工作，在工作期间××同志任劳任怨按时准确的完成了公司交付的各项报表，每日核对库存情况，对车辆销售工作做出了贡献。

四、档案管理

2009年为完善档案管理工作，特安排××同志为档案管理员，主要工作有收集购车用户档案、车辆进销登记、合格证的收发以及用户档案汇总上报公司等，工作期间××同志按照公司规定，圆满完成了公司交代的工作任务。

以上是对2009年各项工作做了简要总结。最近一段时间公司安排我部门××同志在×××进行了长时间的咨询学习工作，俗话说得好：三人行必有我师，学习并结合以往工作经验，取长补短，现对于2010年的工作计划做如下安排：

1. 详细了解学习公司的商务政策，并合理运用，为车辆的销售在价格方面创造有利条件。

2. 协调与公司各部门的工作，争取优惠政策，加强我们的市场竞争力。

3. 每日召开晨会，了解车辆销售情况，安排日常工作，接受销售人员的不同见解，相互学习。

4. 销售人员的培训，每月定期四个课时的培训学习，以提高销售人员的销售技能、服务技能、团对意识以及礼仪等。

5. 增设和发展二级销售网点，制定完整的二级网点销售政策，并派驻本公司销售人员，实现行销工作的突破发展，使我们的销售工作更上一层楼。

6. 合理运用资金，建立优质库存，争取资金运用最大化。

7. 根据公司制定的销售任务，对现有的销售人员分配销售任务。

8. 重新划定卫生区域，制定卫生值日表。

9. 一日工作模式，俗话说的好：好一日不算好，日日好才是好。

最后，在新春到来之际，请允许我代表××专卖店全体销售人员，感谢公司领导和全体同事，在2009年一年的工作中对我们工作的大力支持与帮助。在此表示深深的谢意。在2010年新的一年中我们将继续努力工作，虚心学习。以更好的成绩来感谢领导和各位的支持。

再次谢谢大家，祝大家新年愉快，阖家幸福。

××汽车专卖店

二〇〇九年十二月二十九日

写作实训

完成前述写作任务。要求：

1. 文种选择适当；
2. 符合相应文种写作规范和写作要求；
3. 主题突出，逻辑清晰，文字通顺。

检查与评估

1. 学生结合前述写作规范，自我检查或相互检查；
2. 教师选择学生例文进行点评。

写作实训拓展

1. 修改、完善前述写作任务；
2. 总结自己完成写作任务的得失。

参考范文

范文一：

年终个人工作总结

做一名好老师是许多老师一生所追求的目标，也是我的目标。自踏入教育这个岗位以来，我始终以勤勤恳恳、踏踏实实的态度来对待我的工作，以“师德”规范自己的教育教学工作，以“当一名好老师”作为自己工作的座右铭，现将一学期的工作总结如下：

一、在思想上爱党爱国，积极进取

我积极参加各种学习培训，认真参加政治学习，认真学习了党章，为了提高自己的思想觉悟，我认真学习胡锦涛主席《在“三个代表”重要思想理论研讨会上的讲话》，并思考“我如何在自己的岗位上实践‘三个代表’的思想”，我还深知要教育好学生，教师必须先身先之率，时时做到教书育人、言传身教、为人师表，以自己的人格、行为去感染学生，在工作中，我积极、主动、勤恳、责任性较强，乐于接受学校布置的各项工作；我还注重文化学习，在不断的学习中，努力使自己的思想觉悟、理论水平、业务能力都得到较快的提高。

二、在教育教学上，敬业爱岗，严谨治教

把学生教好，让学生成功，是每位教师最大的心愿、最高的荣誉。在备课中，力图体现新课标。背文本，背学情。现在对于课程改革环境下的教师，光有一桶水是不够的，要根据学校与地方的实际，拓展学生学习资源。我注重研究现代教育技术在课堂教学中的应用，通过把本地的教学资源与网络资源相结合，进行教学资源的重组，尽量使课堂教学效果优化。所以孩子们比较喜欢上课。

在校内，虚心、主动地向×××学习信息技术，丰富教学手段，向×××请教自然、科学知识使自己的教学语言更严谨。抓住学校安排外出听课的机会，虚心学习，不耻下问，及时消化，吸取别人的精华，在自己的教学中不断实践，不断总结，不断提高。平时向书本学习、向身边有经验的老师学习，提高自己的课堂教学水平。

总之，在这一学年中，我不仅在业务能力上，还在教育教学上都有了一定的提高。但我平时工作中出现需改进的地方也较多，如理论知识不够，论文精品意识不强；电脑知识长进不快。在今后的工作中，我将扬长补短，不断努力。

三、在分管工作上，服从安排，积极主动

在每周繁忙的情况下，要安排好自己的条线工作，的确有时感到力不从心。但在校领导指引、支持下，学科常规性竞赛在各位老师的努力下有条不紊地开展着。分管工作思路清晰，做到期初进行合理计划，实施过程抓落实，及时反思小结，期末总结。这学期为了扎实地推进新课程，教导处安排了综合实践课堂教学调研活动，我尽量抽出时间，按照计划，落实调研工作，及时与教师探讨、交流。教师教学竞赛能积极地配合上课教师做好赛前准备工作，能帮助教师修改论文案例。学生学科竞赛也能尽自己的力量，进行辅导。

我们的学校无论是环境还是领导、教师都给人一种宽松、和谐、民主、团结的好感，所以在这样的集体中工作虽然有时任务较重，但心理上还是比较轻松、愉快的，所以工作上比较主动，希望自己能最大限度地为学校的建设献出微弱的力量。平时能及时把工作情况、问题、困难向领导请示、汇报。同志之间能做到顾全大局，服从安排，互相关心，互相帮助，互相沟通。

四、提高素养，不断创新

在各位领导和教师的大力支持、帮助下，在这学期本人开始开设综合实践，而且自己所教班级成绩名列前茅。

但是在不断的工作实践中，我深深地认识到，课程的改革需要我不断地加强学习、反思，提高自身的素养。在条线管理中也暴露出不足，如何做到科学计划、科学落实、科学评价学生和教师，如何做好条线管理，这些还需不断地努力。希望大家对本人进行严格地监督，作出批评指正。

五、不足

1. 加强自身基本功的训练，注重对幼儿能力的培养，提高自身随机教育的能力。

2. 提高自身理论科研水平。

3. 在教学上下工夫，努力使班中孩子在原有的基础上有更大的进步。

××

二〇一二年十二月一日

范文二：

实践总结

作为一名当代大学生，绝不应该是仅仅局限于书本，学习理论知识的同时更要注意实践能力的培养。当今社会需要的是实践能力强的，能迅速完美的解决问题的人才。

今年寒假，我应聘入一家自助餐厅——××人美食广场当服务员。从找工作的艰辛到初次应聘的小小紧张，到上班时候的辛劳等等，都让我从心底里对当前的社会就业形势、作为一名大学生应该着重培养的能力以及专业业务知识有了更深一步的了解和认识，也让我重新看待生活的意义。闲话不多说，下面让我从几个方面谈谈此次社会实践的收获：

第一章　专业篇——人应该有一技之长

××曾在高中生社会实践报告中对大学生说，当代大学生要想有所成就，就应该学好自己的专业或者某一自己擅长的领域，并在努力成为这一领域的佼佼者。身在这个竞争激烈弱肉强食的社会，拥有一技之长极其重要，据不完全统计，现在一般每一个中薪职位就有将近40个大学生或者硕士生竞争，竞争的激烈性实在令作为大学生的我深感压力之重。

就企业而言，企业都要求应聘者在某一领域拥有特长，企业家看中的是求职者在专业领域的影响力和实际操作能力。当今社会，社会分工严重，一个博而不精的人无法成为分工时代的佼佼者。

在我找工作的过程中，与几家有关档案管理工作的经理联系过，都以没有工作经验，专业技能不强而婉辞，甚至有一家餐饮老板也以无服务经验将我拒之门外。工作经验从某一角度上说也就是专业技能的掌握程度，可见专业技能对于大学生求职的重要性。对于我而言，一个计算机专业的学生，如果想要在不久就要步入的职场驰骋，显然需要在现在努力严谨的学习好专业知识，打下坚实的理论基石，正所谓“公欲善其社会，必先利其器！”在我上班之时，虽然工作与计算机无关，但我也积极的工作。

总之，现在的我务必在大学期间将自己的专业知识学牢固，在学习上肯动脑，勤动脑，并且拿下计算机专业必要的证书，努力成为计算机领域的佼佼者！

第二章　人际篇——为人谦逊，善于交流，勇于表达

职场如战场，在职业场上，人际关系对于个人的发展有着举足轻重的分量，好的人际关系可以帮助个人在职场上路路顺风，而坏的人际关系显然会阻碍一个人的职场发展。在我做服务员的那段时间，让我深深地体会到了处理人际关系的重要，如何和上级领导处理好关系，和同事处理好关系，作为服务员更重要的是要和顾客处理好关系。“为人谦逊，微笑待人”是我在工作期间总结的八字箴言，看似简单，确实有实实在在的效果！

科学依据已经证明，良好的人际关系和和谐的工作环境对个人的工作有重要的作用。专家如是说：“和谐的工作环境可以带给人积极的暗示，而人在喜悦、积极的状态下可以发挥出超出平常的工作效率。”而尴尬的环境往往使人心烦焦躁，从而降低工作效率。

另外，善于与人沟通，勇于表达自己对于一个人的职场发展至关重要，沟通是思想与思想交流的途径，人与人之间的关系，离不开沟通，离不开交流，善于交流是一种能力，在社交场如鱼得水的人往往在事业上会大有所成！当代大学生绝不能成为书呆子，“两耳不闻窗外事，一心只读圣贤书”的时代已经逝去，当今时代需要的是敢于大胆表达自己，国家之事、事事关心的人。

结合暑假实习和寒假打工的经历，参考网络上的大量文献，得出了以下的结论：

人们在人际交流沟通过程中，只有5%的沟通方式是正确的，95%是错误的。这些错误的类型可以分为四种：指责型、讨好型、理智型和打岔型。而正确的方式是真实一致型：站在对方的立场去考虑问题，坚持表达自己的观点，而又不伤害到别人。同时专家指出：职场上切忌个性与共性发生强烈冲突。一个很有个性的人，来到与他个性完全不符的环境中，当个性与共性发生很强的冲突时，他就可能被孤立。比如说，一个性格开朗、个性张扬的女孩，在一个相对闭塞、思想守旧的环境下工作，而这个女孩又不懂得很好的处理人际关系，那么她有可能被孤立。

第三章　创业篇——坚持梦想，不抛弃不放弃

在我心中一直有一个自主创业，做一个成功的企业家的梦想。这次寒假服务员的经历让我对创业又有了更加深刻的认识和体会。

闲暇与餐厅大厨交流的时候，听说了×××董事长与总经理当年白手起家的创业故事，被其坚持不懈的创业精神所感动。二十几年前，×××的董事和总经理仅仅是两个开米粉店的小摊店老板，他们来自××，带着自己的梦想，开了一家小小的××米粉店，当时××米粉的名声还没有打响，他们生意堪称冷淡，对于一个小小的餐饮店，和两个初出茅庐的年轻人，这是相当的打击，然而他们没有放弃，一直摸索着更好的经营方式，不断前进。直到有一天晚上，他们的餐饮小店不慎着火了，幸运的是他们两个都安全地逃了出来，但是他们一手经营的小店已经毁于一旦！这对他们来说实在是天大的噩梦，可是死里逃生的他们依然坚持，并从失败中总结经验教训，不断地提高厨艺和经营技术，学习中前进！俗话说，大难不死，必有后福。经过几年的时间，他们的事业终于有所成就，而今，×××美食餐饮已经在全国连锁几十家公司，成为一家大型企业。

×××的成功无疑表明了坚持梦想对于创业者而言，是必备的素质！然而创业绝非易事，要想成为一名成功的创业者，更要具备其他素质，经过自己的思考以及参考网络论坛的讨论，得出以下创业者必备的素质：

1. 欲望。欲，实际就是一种生活目标，一种人生理想。创业者的欲望与普通人欲望的不同之处在于，他们的欲望往往超出他们的现实，往往需要打破他们现在的立足点，打破眼前的樊笼，才能够实现。所以，创业者的欲望往往伴随着行动力和牺牲精神。我们说的创业者的欲望是不安分的，是高于现实的。一个人的梦想有多大，他的事业就会有多大。所谓梦想，不过是欲望的别名，你可以想象欲望对一个人的推动作用有多大。

2. 明势。明势的意思分两层，作为一个创业者，一要明势，二要明事。先说明势。势，就是趋向。做过期货的人都知道，要想赚钱关键是要做对方向，这个方向就是势。比方说，大势向空，你偏做多；或者大势利多，你偏做空，你不赔钱谁赔钱！反过来说，你就是不想赚钱都难。创业是一个在夹缝里求生存的活动，尤其处于社会转轨时期，各项制度、法律环境都不十分健全，创业者只有先顺应社会，才能避免在人事关节上出问题。创业者一定要明势，不但要明政事、商事，还要明世事、人事，这应该是一个创业者的基本素质。

3. 敏感。创业者的敏感，是对外界变化的敏感，尤其是对商业机会的快速反应。如果你有心做一个商人，你就应该像训练猎犬一样训练自己的商业感觉。良好的商业感觉，是创业者成功的最好社会实践保证。

4. 人脉。创业不是引无源之水，栽无本之木。每一个人创业，都必然有其凭依的条件，也就是其拥有的资源。一个创业者的素质如何，看一看其建立和拓展资源的能力就可以知道。

5. 谋略。创业是一个斗体力的活动，更是一个斗心力的活动。创业者的智谋，将在很大程度上决定其创业成败。尤其是在目前产品日益同质化，市场有限，竞争激烈的情况下，创业者不但要能够守正，更要有能力出奇。

此次寒假实践经历让我对自己的学习生活进行了反省，让我受益匪浅！我更加明确了自己的奋斗目标和决心，这次工作经历还让我学会以积极乐观的态度去面对生活，不管生活有什么曲折，保持积极的态度永远是首要的。象牙塔的生活已经走过了一大半，我也即将完全的步入社会，毫无疑问，我必须努力奋斗，不断学习充电，加强自身素质，成就一番事业！

×××

二〇一二年三月十日

第三章

调 查 报 告

本章教学目标

知识目标：

熟悉调查报告的概念和分类，掌握调查报告的结构和写法，了解调查报告的写作要求，理解几种常用的调查方法和资料搜集方法。

能力目标：

通过调查报告的写作任务训练，把理论知识转化为写作该文种的技能，掌握写作要领，并能熟练自如地进行写作。

写作任务

任务一：

请写一则关于大学生参加志愿者工作的调查报告。

任务二：

在你生活的地方肯定会有许多餐饮店，你想知道它们是怎么运营的吗？请就校园附近餐饮店调查，并拟写一份调查报告。

写作任务分析

这两个写作任务主要是为了训练学生进行调查报告的写作。学生要正确掌握如何确定报告主旨，分析调查材料，提炼报告观点，就至关重要。

必备知识 & 工具箱

为了完成这个写作任务，我们必须掌握调查报告的一些基本知识。在这个案例中，我们应该掌握的基本知识有：调查报告的概念、调查报告的分类、调查报告的结构和写法以及调查报告写作的要求。

工具一：调查报告的概念与种类

调查报告是经过对调查对象的深入调查，通过对所获取的事实材料的科学分析，从而得出切合实际的结论或提出问题解决对策所形成的书面报告。

调查报告所涉及的内容非常广泛，表现形式也多种多样。按调查报告所反映的内容，调查报告可分为：介绍经验的调查报告、揭露问题的调查报告、反映新事物的调查报告和反映情况的调查报告。

介绍经验的调查报告：这种调查报告进行专题的调查，反映有代表性、科学性、政策性的典型经验，以起到引导、示范和推广的作用。

揭露问题的调查报告：这种调查报告主要是对某一问题进行调查，揭示问题的种种现象，探究产生问题的深层原因，探讨解决问题的思路和对策，从而起到参考和借鉴的作用。

反映新事物的调查报告：这种调查报告主要针对新近产生或新近有了长足发展的事物进行调查，及时反映它们的产生背景、发展过程、特点等，指出它们的发展规律和前景。

反映社会情况的调查报告：这种调查报告反映的是社会的政治、经济、文化、教育和生活等方面的基本情况，其内容比较全面、广泛。市场调查报告实际上就是反映社会情况的调查报告，而且在企业和经济组织中运用频率更高。

工具二：调查报告的文体格式要求

一般来说，调查报告的基本结构包括标题、正文、署名和日期三个部分。

➢ 标题

调查报告的标题从形式上看，可分为单行标题和双行标题。单行标题又可分为公文式标题（如《关于农村信用社业绩的调查报告》）和文章式标题（如《兴“母亲水窖”工程　摆脱缺水窘境》）两种。双行标题的正题一般为文章式标题，副题一般为公文式标题，如《他们也有爱的权利——关于北京市老年人婚姻问题的调查报告》。从内容上看，可用调查对象和主要问题做标题，如《当代大学生思想状况调查》；可以一定的判断或评价做标题，如《择友不当是青少年犯罪的重要原因》；可用提问的形式做标题，如《这些人为什么改变不了贫困的命运》。

➢ 正文

调查报告的正文分为前言、主体和结尾三个层次。

前言这一部分的写法，形式灵活多样，可以扼要说明如下内容：有关调查本身的情况，如调查的目的、意义、时间、地点、对象以及方法等；有关调查对象的基本情况、历史背景和有关概念的界定；有关调查成果或结论的概述。在具体的写作过程中，可根据所撰写的调查报告的类型、目的、内容以及手头所掌握的资料和预计的篇幅等情况做适当的选择，灵活运用，不必面面俱到。

主体主要是对事实的叙述和议论。一般把调查的事实情况分为几个小部分来写。在结构上可采取纵式结构，把事情发生、发展过程或事情的递进、因果等逻辑关系揭示出来。如《农村家庭结构变动趋向的社区分析——湖南省桃园县同仁村调查》的主体部分是：“一、家庭结构的现实与理想；二、家庭和结构变动的原因；三、家庭结构的演变趋向；四、同仁村调查的几点启示。”也可采用横式结构，根据材料的性质、特点，分为若干部分。如《转型社会中的农村变迁——对大寨、刘庄、华西等 13 个村庄的实证研究》的主体部分为："一、经济结构的变迁：非农产业的发展与产业结构多元化；二、收入结构的变迁：收入来源和分配形式多样化；三、生活质量的变迁：农民生活质量的提高和生存环境的改善；四、家庭的变迁：家庭的功能和类型有较大变化；五、观念的变迁；六、人际关系的变迁。"纵横两种结构也可以交错。

结尾有多种写法，或点明结论、深化主题；或指出问题、提出对策；或指明努力方向，对前景进行展望；或补充交代正文中没有涉及而又值得重视的情况和问题；有时可以不用结束语。

➢ **署名**

署名是写调查单位的名称或调查者的姓名，可以写在标题下面，也可以写在正文末尾下一行右侧。日期是指成文年月日，写明日期以示时效，一般放在署名下面，也可以不写。

工具三：调查报告写作的特殊要求

1. 深入做好调查，充分占有资料。要写好调查报告，深入调查是基础，而充分收集资料是调查的中心任务。调查报告是以事实说话的，因此在深入调查，掌握大量生动、可靠的材料的基础上，才有可能提炼出深刻的主题，正确反映事物的本质。

2. 认真做好分析，精心提炼观点。调查报告不是现象的记录，材料的堆砌，而是在对材料进行整理、统计、分析的基础上，概括共性，找出规律，提炼出最能说明问题的观点。

3. 表述以叙为主，做到叙议结合。叙的是调查到的事实情况，议的是分析事实材料所得出的认识。观点紧扣材料，做到材料与观点的有机统一。

4. 围绕报告主旨，合理谋篇布局。主题是调查报告的灵魂，材料是调查报告的血肉，结构或布局是调查报告的骨架。一篇高质量的调查报告，既要有深刻的主题，又要有丰富的材料和完美、恰当的结构，三者缺一不可。

参考例文

农民工生活质量调查城市农民工劳动就业和社会保障状况

——城市农民工生活质量状况调查报告之一

为了解我国城市农民工生活质量状况，为党和政府制定有关政策提供参考依据，今年八月，国家统计局在全国范围内开展了一次城市农民工生活质量状况的专项调查。调查结果表明：当前，城市农民工工作和生活条件普遍较差。他们劳动强度大，生活开销大；文化程度低，社会保障低；工作环境差，生活条件差；文化娱乐少，技能培训少。尽管如此，但多数农民工仍认可目前生存的现状，对未来生活充满希望。

城市农民工生活质量状况调查报告共分四篇，第一篇为《城市农民工劳动就业和社会保障状况》，第二篇为《城市农民工生活与教育状况》，第三篇为《农民工对城市生活的评价和希望》，第四篇为《农民工外出务工经商存在的问题及建议》。

一、调查基本情况

（一）调查范围、方式和内容

本次调查范围为：全国各级城市（含直辖市、副省级市、地级市和县级市）中固定岗位就业的农民工和灵活就业的农民工。

调查对象是：年龄在16－65周岁的跨地区外出进城务工经商人员，包括被企业（单位）招用的在固定岗位就业的农民工和在社区街道上自主创业、自谋职业的灵活就业的农民工。

调查采用面访方式，对在固定岗位上就业的农民工直接深入企业进行调查，对灵活就业的农民工采取街道社区拦截调查和入户调查方式。

调查的主要内容是：城市农民工生活质量状况，包括劳动就业、获取报酬、就业保障、住房、子女教育以及劳动技能培训等情况。

（二）调查样本的抽取

1. 在固定岗位上就业的农民工样本的抽取

以省（自治区、直辖市）为总体，分两阶段抽取城市农民工进行调查。即先在制造业等12个主要行业中抽取一定数量的企业（单位），然后从中选取一定数量农民工进行调查。在抽取农民工时按照该企业（单位）农民工从事的主要职业，适当考虑了农民工性别、年龄、文化程度的分布。

在抽取各省级农民工样本总量时，考虑到东部地区是农民工的主要输入地，因此江苏、浙江、广东省抽取的样本不少于1 200个，其他东部省份抽取的样本不少于900个，中部省份不少于650个，西部省份不少于400个。

2. 灵活就业的个体农民工样本的抽取

以城市（包括直辖市、副省级市、地级市和县级市）为总体从街道社区中选取灵活就业的农民工，适当考虑农民工性别、年龄、文化程度的分布。

四个直辖市各抽取200名农民工，15个副省级市各抽取30名农民工，各地级市和县级市分别抽取10名和5名农民工进行调查。

（三）调查的样本情况

本次共调查各类农民工29 425人。

1. 样本分布情况

按工作岗位分，固定岗位就业农民工23 880人，流动就业农民工为5 545人，分别占81.16%和18.84%。

按从事工作的行业分，在制造业、建筑业、居民服务和其他服务业中工作的农民工分别占19.53%、15.12%和14.84%；在住宿和餐饮业、批发和零售业、交通运输、仓储和邮政业中工作的农民工分别占13.88%、9.75%、8.22%和1.26%；其他农民工在租赁和商务服务业，房地产业，水利、环境和公共设施管理业，采矿业，科学研究、技术服务和地质勘查业，金融业中工作。

按从事的职业分，主要为各类服务员、生产工人、技术工人、建筑工人和专业技术人员等，分别占17.49%、15.46%、13.22%、9.08%和7.17%。

按东中西部划分，东部地区调查农民工13 435人，中部地区调查农民工8 980人，西部地区调查农民工 7 010 人，分别占被调查的农民工数的 45.66%、30.52% 和 23.82%。

2. 农民工基本情况

在调查的 29 425 名农民工中，男性农民工 19 027 人，女性农民工 10 398 人，分别占 64.66% 和 35.34%。

从婚姻状况看，已婚的有 18 191 人，未婚的有 10 743 人，分别占被调查农民工数的 61.82% 和 36.51%。

从年龄上看，16－25 岁的农民工有 8 954 人，25－35 岁的农民工有 10 553 人，35－45 岁的农民工有 7 516 人，45 岁以上的农民工有 2 402 人，分别占被调查的农民工数的 30.43%、35.86%、25.54% 和 8.17%。

从文化程度上看，不识字或识字很少的农民工有 756 人，小学文化程度的农民工有 3 750 人，初中文化程度的农民工有 15 312 人，高中文化程度的农民工有 7 848 人，大专及以上文化程度的农民工有 1 759 人，分别占被调查的农民工数的 2.57%、12.74%、52.04%、26.67% 和 5.98%。

二、城市农民工劳动就业情况

（一）农民工的求职主要靠亲朋好友

许多农民工在外出务工经商前并没有联系好工作，进城后，一般经城里的亲戚、朋友或已在城里定居的老乡介绍找到工作。据调查，由定居本地的亲属、朋友介绍的占 28.20%，由同样在外务工经商的同乡、亲友介绍的占 25.99%，自荐到用工单位工作的占 10.51%。另外，还有部分农民工是通过自主就业，招工广告，包工头、老板招募，劳务市场，招聘会，报纸、电视、广播等媒体找到工作，分别占 7.94%、7.38%、5.15%、3.85%、2.46% 和 2.05%。

（二）农民工职业涉及城市生活的诸多方面

调查结果表明，农民工从事的职业有各类服务员、生产工人、技术工人、建筑工人、专业技术人员、一般职员、办事员、管理人员、居民服务人员、商务服务人员、个体业主、小摊小贩、家政服务人员以及市政环卫工人等。

从性别上看，男性农民工从事的职业主要有技术工人、生产工人、建筑工人和专业技术人员，分别占被调查农民工总数的 17.65%、16.66%、12.99% 和 8.94%；女性农民工从事的职业，依次为各类服务员、生产工人、一般职员及办事员，分别占被调查农民工总数的 35.14%、13.27% 和 10.45%。

（三）农民工工作时间过长

本次调查结果显示，在城里务工经商的农民工平均每周工作 6.29 天，平均每天工作 8.93 小时。

从每天工作时间看，平均每天工作时间不足八小时的占 6.85%，每天正常工作 8 小时的占 53.26%。每天工作 9－10 小时的占 26.28%，每天工作 11－12 小时的占 10.70%。有 2.91% 的农民工平均每天工作时间在 12 小时以上。

从每周工作时间上看，46.90% 的农民工每周工作七天，36.71% 的农民工每周工作时间为六天，15.58% 的农民工每周工作时间为五天，只有 0.81% 的农民工每周工作时间在四天以下。

从调查中了解到，造成农民工劳动时间过长的原因主要是：私营、个体业主追求高产量、高效益，而工人也为了多挣钱，主动延长工作时间。

三、城市农民工社会保障情况

（一）农民工所在单位提供的工作待遇普遍不高

据调查，29 425 名农民工所在的单位提供工作待遇情况是：签订合同或协议的占 54.01%，能兑现工资的占 85.14%，提供加班补贴的占 49.87%，有双休日的占 11.87%，能提供工伤补偿的占 42.84%，可以带薪休假的占 20.47%，可提供岗位培训的占 47.23%，有住房补贴的占 7.58%，提供住房公积金的占 4.76%，妇女可以带薪休产假的占被调查的女农民工的比重为 20.22%。

（二）半数以上的农民工签订了劳动合同

在调查的 29 425 名农民工中，签订了劳动合同的有 15 891 人，超过半数。其中，签订固定期限合同的占 68.27%，签订无固定期限合同的占 10.53%，签订临时合同的占 21.20%。

在签订有固定期限合同的 10 849 名农民工中，平均签订合同期限仅为一年。其中，75.68% 的农民工签订了 9－12 个月的合同，7.91% 的农民工签订了 1－2 年的合同，只有 10% 左右的农民工签订的合同时间超过两年。

据调查，签订过合同的农民工对合同的认知程度相对较高，很清楚所签合同详细内容的农民工占了 22.94%，比较清楚合同内容的占了 41.94%，一般了解合同内容的占了 23.02%，不大清楚和完全不清楚合同内容的只占 9.05% 和 3.05%。

（三）农民工购买保险比重较低

据调查，农民工没有购买保险的情况居多，没有购买养老保险、医疗保险、失业保险和工伤保险的农民工分别占被调查农民工总数的 73.37%、73.77%、84.65% 和 67.46%。以上四险由单位购买的比例分别为 11.89%、12.61%、8.41% 和 23.09%，由农民工个人自己购买的比例分别为 6.56%、7.23%、2.55% 和 4.62%，由农民工个人和单位共同购买的比例分别为 8.18%、6.39%、4.39% 和 4.83%。

（四）多数单位能够为农民工提供基本安全防护措施和防暑降温措施

本次调查结果显示，在特殊岗位上就业的农民工中，10.93% 的农民工有非常严密的劳动安全防护措施，23.74% 的农民工有较为严密的劳动安全防护措施，51.47% 的农民工有一些劳动安全防护措施，13.86% 的农民工没有劳动安全防护措施。

调查结果还表明，在高温下作业，由单位给农民工采取防暑降温措施的占 60.97%，由农民工自己花钱采取防暑降温措施的占 19.77%，还有 19.26% 的农民工未采取任何防暑降温措施。

注：职业中各类服务员包括餐馆、饭店、发廊美容及保洁等服务员，技术工人包括木工、石工、泥水工、电工、修理工、缝纫工、厨师及驾驶员等，居民服务人员包括送货员、送奶工、送报员、送水员、洗衣、洗染、搬运工、人力车夫及废旧物资收购人员等，商务服务人员包括打字、排版、影印、美工人员、快递员、话务员及保安员等，家政服务人员包括保育员、保姆、小时工及护工等，小摊小贩包括卖菜、卖报、卖烟、推

销员及售货员等。

城市农民工生活与教育状况

——城市农民工生活质量状况调查报告之二（略）

农民工对城市生活的评价和希望

——城市农民工生活质量状况调查报告之三（略）

农民工外出务工经商存在的问题及建议

——城市农民工生活质量状况调查报告之四（略）

国家统计局服务业调查中心

二〇〇六年九月

写作实训

完成前述写作任务。要求：

1. 认真分析材料，精心提炼观点，做到主题突出，观点鲜明；
2. 符合调查报告的写作规范和写作要求；
3. 逻辑清晰，文字通顺。

检查与评估

1. 学生结合前述写作规范，自我检查或相互检查；
2. 教师选择学生例文进行点评。

写作实训拓展

1. 修改、完善前述写作任务；
2. 总结自己完成写作任务的得失。

知识链接

链接一：社会调查方法

普查：又称全面调查，即指为了掌握被研究对象的总体状况，对全体被研究对象逐个进行调查的一种调查方式。普查，就调查总体范围而言，有层次之分，它可以是全国性的、全省性的、全市性的，或者全行业、全部门性的，一般范围较广，规模较大。

典型调查：是指在对调查对象进行初步分析的基础上，根据调查目的和要求，有意识地选取若干具有代表性的对象做典型，进行全面、系统、周密细致的调查，以认识调查对象的总体情况。

个案调查：也叫个别调查，它是对特定的个别研究对象进行详尽的、深入细致的调查研究的一种调查方法。

抽样调查：就是从全体被研究对象中，按照一定的方法抽取一部分对象作为样本进行调查，并以样本资料推论总体状况的一种调查方式。

链接二：资料搜集方法

资料搜集方法主要包括文献法、观察法、访谈法和问卷法。

文献法是根据一定的调查目的来搜集和分析文献，以此获得所需资料的方法。

观察法又称实地观察法，是调查者根据一定的调查目的，凭借自身的感觉器官和其他辅助工具，从社会生活现场直接收集资料的调查方法。

访谈法是访谈者通过与被调查者之间的沟通与互动获得调查资料的调查方法。座谈会就是集体访谈法。

问卷法是调查者运用统一设计好的问卷，向被调查者了解情况的一种资料搜集方法。

链接三：社会调查的一般程序

1. 准备阶段

准备阶段的主要任务是：选择调查课题，进行初步探索，提出研究假设；确定社会指标，设计调查方案；组织调查队伍。

2. 调查阶段

主要任务是：根据调查方案中确定的调查方法以及调查设计具体要求，进入调查现场搜集各方面的材料。

3. 研究阶段

即整理分析资料。这一阶段的主要任务是：审核、整理资料，进行统计分析和开展理论研究。

4. 总结阶段

主要任务是：撰写调查报告，总结调查工作，评估调查结果，交流研究成果。

链接四：调查问卷的制作

一、问卷的基本结构

（一）封面信

封面信，即一封致被调查者的短信。它的作用在于向调查者介绍和说明调查的目的、调查的主办单位或调查者的身份、调查的大概内容、调查对象的选取方法和对结果保密的措施等。在信的结尾处要真诚地感谢被调查者的合作，并署上主办单位的名称及调查日期。

封面信的语言要简明、中肯，篇幅宜小不宜大。

（二）指导语

指导语，是用来指导被调查者填答问卷的一组解释和说明，其作用是对填表的方法、要求、注意事项等做一个总的说明。

有些问卷的填答方法比较简单，指导语比较少，常常只是在封面信中用一两句话说明即可。有些比较复杂的指导语则集中在封面信之后，并标有“填答说明”等类字样。

（三）问题和答案

问题和答案，是每份问卷核心组成部分。它包括了所有的调查问题和回答的方式，因而，其设计也就显得特别重要。

（四）编码和其他资料

在大型的统计调查中，调查者通常采用以封闭式问题为主的问卷。为了将被调查者的答案转换成数字，以便输入计算机进行处理和定量分析，往往要对回答结果进行编码。

除了编码之外，有的问卷还需要在封面印上问卷编号、调查员编号、审核员编号、调查日期、被调查者住地以及被调查者合作情况等有关内容。

二、问题形式的设计

（一）开放式问题的设计

所谓开放式问题，就是不为回答者提供具体答案，而由回答者自由填答的问题。

例如：您对当前新农村建设有什么看法？

答：____

（二）封闭式问题的设计

封闭式问题，就是在提出问题的同时，还给出若干个答案，要求被调查者选择一个作为回答。封闭式问题设计主要有如下几种方式：

1. 填空式

即在问题后划一短横线，让回答者直接填写。一般适用于容易回答又易填写的问题。

例如：您的籍贯：________

2. 二项选择式

问题的答案只有是和不是（或其他肯定或否定形式）两种，回答者根据自己的情况选择其一。

例如：您的性别（请在适合的□内打√）：

① 男□　　② 女□

您是否炒股（请在适合的□内打√）：

① 是□　　② 否□

3. 多项单选式

即给出的答案至少在两个以上，回答者根据自己的情况选择其一作为回答。

例如：您能接受的工资起点是：（请在适合的□内打√）

① 500 元以下　　□

② 500 －1 000 元　　□

③ 1 000 －1 500 元　　□

④ 1 500 －2 000 元　　□

⑤ 2 000 元以上　　□

4. 多项限选式

即给出的答案至少在两个以上，而且回答者可以在所列举的多个答案中，根据自己的情况从中选择若干个。

例如：在求职过程中，你优先考虑的因素是：（请在符合您的意见的选项□内打√）

① 地域　　□

② 薪酬与福利 □
③ 个人发展机会 □
④ 与所学专业的吻合度 □
⑤ 家庭期望 □
⑥ 单位性质 □
⑦ 其他 □

5. 多项排序式

这种方式是给出多个答案，要求回答者按照先后顺序或不同等级填答。

例如：您认为您所居住的城市目前存在哪些问题（请按严重程度给下列问题排序，最严重的为1，其次为2，再次为3……）

交通拥挤□ 空气污染□ 治安太差□
管理落后□ 居住条件太差□ 服务设施缺乏□

6. 矩阵式

这是一种将同一类型的若干个问题集中在一起，构成一个系列问题的表达方式。

例如：您对自己公司下列问题的看法如何？（请在适合的□里打√）

	非常满意	满意	无所谓	不满意	非常不满意
① 工资收入	□	□	□	□	□
② 福利待遇	□	□	□	□	□
③ 工作环境	□	□	□	□	□
④ 职工培训	□	□	□	□	□

7. 后续式

这是对选择某一种答案的回答者再次提供备选答案的填答方式。

例如：您是否在本届社区居民委员会选举中投了票？（请在适合的□里打√）

① 是 □
② 否 □（请跳过问题10—16，直接从第17题接着回答）

（三）混合式问题的设计

混合式问题，又称半封闭式、半开放式问题。这是在封闭式问题和答案的后面，由被调查者在预留的空白处自由表达与该问题相关的未尽内容。

例如：您对本单位行政部门的服务是否满意？（请在适合的□里打√）

① 是 □
② 否 □

为什么？

参考范文

范文一：

关于2012年大学生创业现状的调查报告

一、调查时间：2012年2月

二、调查地点：全国

三、调查内容：关于2012年大学生创业现状的调查

四、调查方式：在线调查

最近一项青年创业现状调查显示，青年在创业过程中，需要全方位的支持，而不仅限于资金，与此同时——越来越多的大学生毕业后选择创业，这些青年的创业知识是来自大学吗？青年创业的最关键因素，是创业资金的充足与否吗？四川成都高新区日前面向芳草街道等五个辖区街道、高新区青年（大学生）创业园等两个创业园区、四川大学等八所省内高校、中山大学等三所省外高校，发放了总共1 000份“青年创业现状与成都高新区创业环境”调查问卷。根据收回的912份有效问卷，成都高新区近日撰写出了《青年（大学生）眼中的创业、园区建设与政府服务》调查报告（以下简称“调查报告”）。

调查报告显示，我国高校缺乏系统的创业教育；青年在创业过程中，需要全方位的支持，而不仅限于资金；同时，有69.7%的受访者表示会积极面对创业失败。14.2%的人创业想法源于学校，小江是成都一所大学的应届硕士毕业生，看着媒体对创业成功者铺天盖地的报道，他开始期盼那种“名利双收”的生活。今年六月，小江将自己的一个国学培训机构的创业想法，写成了一份创业企划书，并参加了成都金牛区青年（大学生）创业园的评审会。“你跟其他国学培训班相比，优势在哪？成本和利润有没有做过预估？消费受众群体是哪些？怎样开发你的客户资源？”创业园评审专家的一连串发问，让小江很头疼。从来没有做过市场调查的他，不知道这块培训蛋糕到底有多大，也不知道自己的竞争对手有哪些，甚至不知道租一间教室的具体价格。支支吾吾地回答问题后，小江得到的答复是“项目论证不成熟，不能进入创业园”。从满怀信心，准备大干一场，到创业计划“胎死腹中”，小江很苦闷，“学校没有系统的创业课程让我们学习，创业信息和创业要准备什么，都来自‘听别人说’”。调查中，对于“创业想法受何种因素影响最大”这一问题，62.6%的人认为源于社会影响，16.5%的人认为源于家庭，仅有14.2%的人认为源于学校。留学新加坡之后来到成都高新区创业的×××，对14.2%的数字感到很惊奇。“如果学校的创业教育做得好，这个概率不会这么低。”×××告诉记者，在新加坡，大学基本都开设了成体系的创业课程，比如《公司理财》、《市场营销》、《客户资源管理》等，学生可以根据兴趣自由选择，修读合格后，会得到相应的学分。大学生对于自己创业干什么，需要哪些必备条件，创业之后怎么保证企业运转等知识，大都来自创业课程。“我在新加坡上大学时，曾经修读过《创业市场运作》课程，感觉启发很大，那是我第一次知道怎么让公司在市场中生存。”×××说，由于大学课程的配套做得比较好，新加坡大学生的创业氛围很早就形成了，而中国大学生创业是最近几年才成为热门的话题，大学课程还跟不上。调查中，80.2%的受访者认为，需要对创业能力进行系统培训，也印证了×××的分析。而对于创业培训的内容，受访者最希望得到的依次是企业管理（22.3%）、市场营销（21.1%）、沟通技巧（18.2%）、财务知识（14.5%）和个性化辅导（11.7%）。调查的主要执行者、××高新区团工委书记×××说：“其实中国高校已经逐渐重视创业教育了，但普遍的方式还是这一场创业讲座、那一场创业论坛，成体系的创业教育课程很少。”他分析

说，高校开设专业、系统的创业课程，能激励大学生思创业、谋创业、敢创业、善创业，同时也能让大家深刻了解创业的艰难与风险，是提高大学生创业者综合素质的重要手段。

范文二：

关于校外服装店的调研报告

俗话说得好：爱美之心人皆有之。这句话就充分地说明了服装在每个人心目中所占的分量。不错，从古至今，服装一直是人们生活中不可或缺的重要一部分。

一、大部分的服装商认为：随着服装工业的日益发展，缝制新工艺、新技术和小工具亦随之不断创新与发展，以此跟进服装工业发展的进程。时装的流行，越来越要求服装工艺的精益求精，对缝制设备亦要求不断有新品种推出，缝制设备的模仿或改良是行业内存在的一种现象。他们还提出了在激烈的市场经营中，对服装市场营销的一些看法。

1. 速度是经营的根本。不少中小企业产品不错，在商场中销售得也不错，可就因为商场的结账周期太长，在商场中销售得越好反而越难经营，后来才不得不采取进入批发市场的方式来解决问题。

2. 销货折扣与付款相结合。以往，企业总是将销货折扣与销量挂钩，即：价格越高，成交量越大，给对方（单位或个人）的折扣越多。实际上，如果忽略了付款期，价越高，量越大，对方占用本企业的资金就越多，本企业遭受的利息损失也越大，价量因素反而会成为抵减折扣的因素。因此，必须考虑付款期。

3. 营销是创造好的产品与服务。最好的营销是创造好的产品与服务，而不是创造好的传播量。只着眼于广告推广而不重视产品的企业无异于饮鸩止渴。创新是对产品使用价值的根本改变，没有产品创新，只是变着花样做广告，消费者自然不会认可。企业的所有创新归根结底都必须落实到产品上，落实到消费者认可的产品的使用价值上。这种使用价值的基础就是产品真正对消费者生活现状产生改变，没有这种根本改变，就不会有产品价格的根本改变。

4. 价格战是双刃剑。了解中国服装市场现状的人都知道，如今崇尚价格战的服装企业恰恰本末倒置，不追求产品创新，只追求所谓的价格创新与营销创新。没有把主要精力放在对消费者需求的研究与把握上，是中国服装行业最大的悲哀。价格战不是突破瓶颈的利器，而是阻碍自己发展的巨石。一心想着以价格搅局的企业，从价格战中也捞不到什么好处。价格战实际上是一把双刃剑，看起来是在击倒别人，实际也是在打败自己。而创新则是最难的竞争，不仅要超越别人，还要超越自己。

5. 忠诚度为营销保驾护航。顾客、渠道以及销售人员的忠诚度将会影响公司产品销售业绩，引起市场占有率的波动，这是一种客观存在的事实。当企业有了一种能够吸引顾客和销售人员的文化或氛围之后，产品市场占有率将会稳步提高。这说明，忠诚度建设正在发挥它不可估量的魅力，而顾客的忠诚度取决于公司所提供的产品和服务的优劣。没有忠诚度保驾护航的公司犹如一盘散沙，经受不住一点波折，随时会被虎视眈眈的竞争对手纳入囊中。

二、大部分消费者的看法就不一样了。这里又要分两个大点了，这就是男人眼中的服装跟女人眼中的服装。先来说说男人对服装的一些要求和建议。大部分的男性消费者买服装的时候只看面料，他们不怎么重视款式，并且在买服装的时候不怎么喜欢讨价还价。而对服装的要求也不怎么严格，他们只喜欢让自己更显男人味的服装，而不怎么注重是不是自己穿得很帅。他们还说，一般的情况下，都不是他们自己买服装穿，特别是成家的男士就更加没有什么机会自己去逛商场买服装了。他们的衣服多半是妻子已经买好了的。所以一般的男性都不怎么喜欢逛街。服装在他们的眼中并不是很重要的，他们只是把服装当成是生命中的一个小小的装饰点。所以当我问到他们对服装的看法和认识时，他们大多都只是笑笑或是摇摇头，简单的几句话就过去了。而当我调查到女性朋友时她们的反映就恰恰相反了，她们提出了好多自己对服装领域的看法和建议。首先她们觉得服装对她们来说是极其重要的，她们的人生中永远都离不开服装。当她们空虚、寂寞、无聊的时候，她们往往会用服装来麻痹自己。她们喜欢追求时髦和新潮，特别是现阶段流行的随意的拼凑服装。她们中有的还举了这样一个例子：在杭州一家服装店里发现了这样一件服饰，有一款长裙看上去就像是三块不同风格布料的简单组合，然而效果却出人意料：素色布料搭配上花色鲜艳的布料，平整和褶皱布料的不合理结合强烈冲击人的视觉神经。但就是因为它的大胆设计，在这里定做这种衣服的人很多，大概要花二三百元。但大部分的女性对现在市场中的服装还是有些不满的。她们说现在的衣服质量太差，假货太多什么的。还有人说曾在报纸上看到这样一则新闻：著名的“女人街”接二连三出现“男士止步”服装店，到至今为止已开到18家，惹来不少女性的关注，却让男性消费者“碰壁”。“其实所谓的‘男士止步’在去年年初就有了，只不过这里的商户觉得这种方式不错，于是互相仿效，使得挂这种牌子的店面越来越多，截止到昨天有18家店都不让男士进去了。”据女人街市场策划部唐经理介绍，女人街700多家店面都是以女性顾客为消费目标，明显的女性特色甚至也吸引了不少女性明星光临，不少商家这么做也是为了保护她们的隐私。这则新闻对于这些女性来说可能是件值得开心的事，但男性就很有意见了。在服装领域中可以说女性是最主要的消费者，所以女性对服装的认识也是无法来衡量的。她们在服装上面的要求也很高，因为她们有很强烈的虚荣心，她们总是很希望在别人面前展示出最魅力的自己和最吸引人的自己。当然，不同的人有不同的看法和见解，一切的东西我们都是可以理解的。我也不能说所有女性的观点都是对的。不错，我们的服装领域还需要进一步地更新和发展。

作为当今的大学生，我也是一个消费者，并且是一个女性。我想说的就是现在我们这群大学生买衣服，多半都只是看款式和追求潮流，对于质量，我们并不是很刻意的去在意它，因为我们的好奇心永远不可能被满足，我们只是想让自己变得更漂亮，更迷人！我每次买衣服的时候，我大多看颜色和款式，另外一个就是价钱，因为我们没有钱啊。除此之外，我们还喜欢服务态度好的店主，有时候就算他们的服装不怎么好，我们也心甘情愿的去买，人啊，有时候就是这样……女孩子无聊的时候就知道去逛商场买衣服，但一般的专卖店我们很少去，多半去一些衣服款式好的店子，特别是打折的那些店子我们去的更多。我们还喜欢在买衣服的时候讨价还价，就算只是几块钱，衣服买回去后我们心里也是美滋滋的。为获取更多服装市场的信息，进行了一次问卷调研活动。调查人群为大一、大二在校生，范围涉及多个系，抽样置信度为98%。其中男生89份，女生103份。此次调研采取抽样调查和实地调查的方法。实地调查采取由被调查者自行填写，调查者监督的方式。

抽样调查基本情况分析：

1. 现代大学生在服装类型的选择上，更追求服装的舒适度，并非只注重潮流。其中有63.04%的男生和65.59%的女生都偏好运动休闲型，而追求流行时尚型服装的男、女生分别只占16.3%和21.51%。

2. 以款式为购买服装的首选因素的男、女生各占33.59%和43.12%。质量因素以29.58%位列其次，而品牌因素则以7.5%居于最后。因此厂商应在款式的设计上注重新奇，以迎合现代大学生衣着的不同品位与风格。

3. 价格是购买服装的又一重要影响因素。有超过半数的购买者只愿接受50－100元/的服装价位。可见，攀比之风在校园里逐步蔓延。

调查显示，人们普遍认为，当今服装批发市场普遍存在的问题是产品档次不全、产品质量不高、卫生条件差等。这些问题都是服装市场急需解决的问题。这也表明，采购者的要求在不断提高，他们希望在一个产品档次全、产品质量高、金融设施健全、环境舒适的服装批发市场采购服装。

通过这次调查，我深切地了解到服装在人们心目中的重要性，也了解到了服装以后的前景。我真切地希望服装领域能够发展的越来越好！能够让每一个消费者买到称心如意的服装！

第四编

日用文书

日用文书顾名思义就是指人们在日常的工作、学习、生活中，处理公私事务时各种常用的、惯用格式的文体。按照性质和功能，日用文书主要有书信类文书、条据类文书、告启类文书、发言类文书、记录类文书以及纪念类文书等。它是为满足从事日常工作和交往的需要服务的，旨在为人们处理生活和工作问题提供应用工具，因而日用文书无论文体种类、文体内容、写作格式、写作要求等，皆须与时俱进，及时更新，以适应经济形势和写作实际的需要。基于此，本章本着实用、新型、规范的原则，精选了当前社会工作和活动中最常用的几种应用文体，如书信、条据、启事、声明及发言稿等，以新的诠释和训练模式，介绍了各种文体的写法。

第一章

书信类文书

第一节　一般书信

本节教学目标

知识目标：

学习一般书信的结构和写作方法，了解个人家庭类书信与商务工作类书信的区别，明确其在秘书工作中的重要作用。

能力目标：

通过一般书信的写作任务训练，把理论知识转化为写作该文种的基本技能，掌握写作要领，并能熟练自如地进行写作。

写作任务

根据以下材料，按要求完成两封书信。

任务一：

走入大学校园的你，远离父母独立生活。在大学中，你会学到新的知识，会接触到更多的人，会有新的尝试，会得到更多的历练，也会体味成功的喜悦和失败的烦恼。这些都是人生旅途中美好的经历。请将你的大学生活和想法通过书信的方式和高中老师、家人、同学或其他亲近的人分享。

任务二：

当你走上工作岗位后，因工作或业务的关系你会和其他公司的人员进行书信往来。有时是发电子邮件，有时通过邮局投递。现在假设你是浙江××贸易有限公司的刘××，原定于11月2日下午2:30与另一公司的汪经理在开元酒店会面。但刚接到公司总部电话，因公司高层近期会有重要的人事变动，你必须要到北京总部去开会，预计三天后才能回到杭州。与汪经理的会面初步定在11月5日。请你以刘××的身份给汪经理写一封信。

写作任务分析

这个写作任务主要是为了训练学生分清个人家庭类书信与商务工作类书信的差别，

分辨出两者在写作情境、内容、语言等方面的不同。而学生能够真正掌握一般书信的写作格式及方法，是完成写作任务首要的一步。

根据以上材料，我们可以做出以下情景分析：

第一篇书信的写作情景：让离开父母在外求学的大学生敞开心扉，将心事落于笔端，在字里行间倾诉自身的内心情怀。这里不需要任何束缚，只需要真情实感的流露和得体语言的流畅表达。由此可见，这是一封属于个人家庭类的一般书信。

第二篇书信的写作情景：在工作中，经常会出现这样的情况：当我们与他人的约定因突发状况而不得不调整时，我们最好利用书信的形式及时与对方进行沟通。在书信中要表达歉意，说明原因。语言文字简练，态度庄重诚恳。这是一封商务工作类的一般书信。

必备知识 & 工具箱

为了完成以上写作任务，必须掌握一些一般书信的基本知识。学生应对这些知识有清晰的认识，对一般书信和专用书信、对个人家庭类书信与商务书信的异同作进一步的深入讨论。在以上写作情境中，学生除了必须了解个人家庭类书信与商务书信的概念外，还应该区别它们各自的内容和形式上的差异。

工具一：书信的概念及分类

书信是人们之间用于联络信息、交流思想、表达感情、维持与促进人际关系、解决办理一定事务的一种实用文体。它是我们日常生活、学习、工作中不可或缺、最常见常用的文体之一。

书信的用途众多，涉及面广，它可以分为一般书信和专用书信两大类。

一般书信常指私人间往来的书信，在个人与个人之间，个人与家庭之间使用的一种书信。而一般书信按寄递对象可以分为家书、情书、致友人书以及致师长书等。法国启蒙运动思想家伏尔泰曾道出书信的真谛——“书信是生命的安慰”。在这里，我们把因公务事宜往来而拟写的商务信件也归入一般信件的范畴。

专用书信是指为某项工作或事务而专门使用的社交书信，内容比较单一，语言风格比较庄重。专用书信的种类较多，如介绍信、证明信、请柬、邀请函、聘书、感谢信、慰问信、倡议书和申请书等。

工具二：一般书信的结构

一般传统书信是由信封和信瓤两部分组成。而现代社会由于信息沟通趋于便捷化，电子邮件、电报、传真等书信形式也随之日益普遍，书信也不再局限于传统书信的结构方式，但万变不离其宗，所谓的“信瓤”仍是书信写作的重中之重。

信瓤通常由称呼、启辞、正文、祝词、署名与日期等几部分组成。

1. 称呼，也叫称谓，是写信人对受信人的尊称。为体现写信人和收信人之间的隶属、亲疏、尊卑或长幼关系，对特定的对方，称呼前边可加上“尊敬的”、“敬爱的”、“亲爱的”这样一些形容词，如“亲爱的王老师”、“尊敬的董事长先生”等。对某些特殊的内容或与境外华文地区的人员往来还可加上“提称”，如“尊敬的王海成先生台鉴”等。

称呼应顶格写，单独成行，以示对收信人的尊重。称呼后边加冒号。

2. 启辞，即问候语或是书信的开场白等。写在称呼的下一行，空两格。启辞有多种表示方法。

（1）问候式，如“您好”、“别来无恙”等；

（2）思怀式，如“久不通信，甚为怀想”等；

（3）赞颂式，如“开张大吉”、“乔迁志喜”等；

（4）承前式，如“来信已收到”、“上周曾发一传真件，今仍具函，为××事”等；

（5）公文式，公务书信的启辞还可用“兹为、兹因、兹悉、兹经、兹定于”、“顷闻、顷悉、顷获”、“欣闻、欣悉、欣逢、值此”以及“据了解、据报、据查实”等一系列公文用语，以提领全文。

3. 正文，即写信人对收信人要说的话，这是书信的主体。正文可接着启辞写，也可另起一行空两格写。

个人家庭类书信正文的书写自由灵活，以抒情达意为主，篇幅可长可短。但商务工作书信应该一文一事。正文要清楚、明了、简洁，并注意情感分寸，不应有亵昵轻狂之嫌，也不可显侮蔑轻慢之意。

正文写好后，若发现有所遗漏，可在文尾补写，在补写内容之前加上“另”、“又”、“再启”等字样。

在商务信件中，正文结束时，可写几句酬应性的话作为全文的过渡。如“我方相信，经过此次合作，双方的友谊将有进一步发展”，又如“再次表示衷心的感谢”或“代向公司其他同志问候”等等。也有用公务书信的常用结语过渡，如“特此函达、特此说明、特此函询、特此致歉”，或“肃此专呈、肃此奉达”，也有“敬请谅解、尚祈垂察、务请函复”以及“承蒙协办、承蒙惠示、不胜荣幸、不胜感激”等等。

4. 祝颂词，是在正文写完后，通常要向对方表示致敬或祝福的短语。由于写信人与受信人的关系各有不同，书信内容各有不同，祝颂词的写法便多种多样。一般说来，有“此致敬礼”、“顺颂近安”、“谨祝万事如意”、“诚祝生意兴隆”等等。

祝词的写法有三种：一种是将“此致”、“顺颂”等词紧接文尾句号后书写，然后另起一行顶格写“敬礼”、“近安”等词；一种是将“此致”、“顺颂”等词重新起行空两格书写，而“敬礼”、“近安”等词另起一行顶格写。第三种是将祝词写成一行独立成段。

5. 署名与日期。书信的署名可根据写信人与受信人的关系而定。商务信件的署名较为庄重，以署写信人全名为要，如“××公司经理赵金晨”、“××公司办公室秘书王丽”等。今天，许多书信都用计算机制成，但即使已打印了姓名，仍应再手书签署一遍，既表信用，亦示诚意。

日期必须准确。一般书信用阿拉伯数字，公务信件用汉字小写。

工具三：一般书信写作的注意事项

写信要注意称呼问题。称谓能显示双方的感情距离，要视感情的变化与深浅而定。

书信正文要求写得礼貌周全，感情真挚，语言简明，清楚明白；措辞和语气要依据书信的内容与收信人的关系而定。

信笺折叠应是文字面朝外，受件人称呼朝外。商务信笺折叠宜简单地横竖对折，以免影响工作信件的严肃性。

商务信件的写作用词要准确。不要用一些晦涩的或易于引起歧义的词语，以使对方引起误解，甚至被人利用而导致一方经济损失。

参考例文

例文一：

《傅雷家书》节选

聪，亲爱的孩子。收到九月二十二日晚发的第六封信，很高兴。我们并没为你前信感到什么烦恼或是不安。我在第八信中还对你预告，这种精神消沉的情形，以后还是会有的。我是过来人，决不至于大惊小怪。你也不必为此担心，更不必硬压在肚里不告诉我们。心中的苦闷不在家信中发泄，又哪里去发泄呢？孩子不向父母诉苦向谁诉呢？我们不来安慰你，又该谁来安慰你呢？人一辈子都在高潮一低潮中浮沉，唯有庸碌的人，生活才如死水一般；或者要有极高的修养，方能廓然无累，真正的解脱。只要高潮不过分使你紧张，低潮不过分使你颓废，就好了。太阳太强烈，会把五谷晒焦；雨水太猛，也会淹死庄稼。我们只求心理相当平衡，不至于受伤而已。你也不是栽了筋斗爬不起来的人。

我预料国外这几年，对你整个的人生也有很大的帮助。这次来信所说的痛苦，我都理会的；我很同情，我愿意尽量安慰你，鼓励你。克利斯朵夫不是经过多少回这种情形吗？他不是一切艺术家的缩影与结晶吗？慢慢的你会养成另外一种心情对付过去的事：就是能够想到而不再惊心动魄，能够从客观的立场分析前因后果，做将来的借鉴，以免重蹈覆辙。一个人唯有敢于正视现实，正视错误，用理智分析，彻底感悟；终不至于被回忆侵蚀。我相信你逐渐会学会这一套，越来越坚强的。我以前在信中和你提过感情的 ruin［创伤、覆灭］，就是要你把这些事当做心灵的灰烬看，看的时候当然不免感触万端，但不要刻骨铭心地伤害自己，而要像对着古战场一般的存着凭吊的心怀。

倘若你认为这些话是对的，对你有些启发作用，那么将来在遇到因回忆而痛苦的时候（那一定免不了会再来的），拿出这封信来重读几遍。

说到音乐的内容，非大家指导见不到高天厚地的话，我也有另外的感触，就是学生本人先要具备条件：心中没有的人，再经名师指点也是枉然的。

为了你，我前几天已经在《大英百科辞典》上找 Krakow［克拉可夫］那一节看了一遍，知道那是七世纪就有的城市，从十世纪起，城市的历史即很清楚。城中有三十余所教堂。希望你买一些明信片，并成一包，当印刷品（不必航空）寄来，让大家看看喜欢一下。

一九五四年十月二日

例文二：

《爱你就像爱生命》节选

银河，你好！

我昨天给你写了一封信，后来又发现有不便邮寄的地方，我就把它团了。你回来我们再谈吧。

我告诉你我的生日是怎么度过的吧。我那天孤单极啦，差一点喝了敌敌畏。我心里很不受用，寂寞得好像大马路上的一棵歪脖子树。后来我和一个同学去喝了一点酒，以纪念我们赴云南十周年。好多不幸的回忆全回到我胸间，差一点把我噎死。晚上失眠的厉害，差一点想到怀柔去找你。我猜咱们俩有点“脑场”相互作用，我这几天学习效果极坏，显得十足低能，甚至想到这一切有什么用！但愿你别和我一样。总之，我的情绪特别低落，特别需要你。

听说你要调成（那年我从国务院研究室调到中国社会科学院——李银河注），我特别高兴，这真是好消息。我想起一句至理名言：闭起嘴被人当成傻瓜胜于张开嘴消除一切疑虑。就算世界上的人都认为你是傻瓜，反正我是不会的，我爱你。

我想到你就要回来，就特别高兴。我等得要暴跳起来了啊！我可不是愁容骑士，我一点也不会相思，叹息，吟诗，唱小夜曲。我只会像一头笼子里的狼一样焦急地走来走去，好像害了牙痛。天哪，这可一点诗意也没有。

你就要回来了，这一点太让我高兴了。咱们应当在一起，否则就太伤天害理啦。我可再没心思写散文诗了。你可知道这几天我顶顶难过？你好像随着时间的推移越来越近，这就使我越来越想采取一些行动加快这个过程。我顶受不了傻等了。

你要是回来了就马上来找我好吗？快快的。我爱你，爱得要命极啦。

小波

5月20日

例文三：

一封商务信函

尊敬的××公司总经理：

作为×市最大的工艺品出口商，我公司非常希望能与贵公司建立贸易关系。

附上我公司最新产品目录及报价，若有符合您需求的产品，请随时与我们联系，我们将给予贵公司最大的优惠。

此致

敬礼！

浙江××公司销售部　××

2012年8月25日

写作实训

完成前述写作任务。要求：

1. 文种选择适当；
2. 符合相应文种写作规范和写作要求；
3. 材料取舍恰当，主题突出，逻辑清晰，文字通顺。

检查与评估

1. 学生结合前述写作规范，自我检查或相互检查；
2. 教师选择学生例文进行点评。

写作实训拓展

1. 修改、完善前述写作任务；
2. 总结自己完成写作任务的得失。

参考范文

范文一：

写给朋友的一封信

亲爱的朋友：

昨天你打电话过来，告诉我说："大学生活是令人失望的，时间多得让人觉得无聊。"我想对你说，多读几本书吧！多读书，你会发现；书是一种救赎，一种灵魂的救赎。

书使你有回应的需求，他是你用心播种，用感谢收获的土地。他是你饥饿时的饮食，也是你寒冷时的火炉。也许你会告诉我书早就不流行了。这句话让人心寒，也让我们的朋友——书难过。我知道你不愿随波逐流的，不是吗？

你没读过《红楼梦》永远也无法体味那一群如花似玉的女子的欣喜与哀愁。你不读《茶花女》你不会相信香榭大道居住着像玛格丽特这样的女人的忠贞爱情。你读了《巴黎圣母院》你就会知道美丽的灵魂比美丽的外表更让人感动。去读《简·爱》，你会为那不屈的、逃亡在爱情边缘只为维护自尊的女孩儿感到骄傲。

我曾经对你说："我对写作的人有一种近乎崇拜的感恩。"我崇拜他们，他们在沉默中以文字唤醒我们内心潜藏的欲念和泪水。我感激他们把自己心疼的孩子完美的呈现。等待着别人的品评，那需要多大的勇气。

你知道吗？有时候，我发现人与书的情谊，好起来，也是有初恋一般的喜悦与忧伤的。

我希望你多读书，不是要你打发时间去学校门口租几本连作者也不知是谁的书。我的朋友，一定记住了，读书就一定要读好书。一本好书可影响人的一生。外面那些不伦不类的书读了不如不读。好书是作者的至情流动成笔下四溢的华彩；是他们将真我交织成理念奔腾的旋律；是他们将挚意挥洒成行云流水的文字；是他们用厚实的肩膀承担起生命的重量。

我的朋友很晚了，我也不说了。如果你愿意，就与书结下不解之缘吧！希望你与书的友谊就像你我一样：“天不老，情难绝，心似双丝网，终有千千结。”

你忠实的朋友敬上
十月十二日晚

范文二：

一封商务书信

尊敬的汪经理：

您好！我非常抱歉地通知您，我们原定于11月2日下午2:30在××酒店的会面需要改期。

昨天接公司总部的电话，公司高层近期会有重要的人事变动，因此我今天必须要到北京总部去开会。预计三天后才能回到杭州。

关于我们预定的会面，我一回到杭州会尽快与您联系。初步定在11月5日。希望届时能与您会面。

此致

敬礼

浙江××贸易有限公司　刘××
2012年10月30日

第二节　专用书信

本节教学目标

知识目标：

了解专用书信的种类，学习专用书信的写作方法，明确其在社会实践活动中的重要作用。

能力目标：

通过专用书信的写作任务训练，把理论知识转化为写作该类文种的基本技能，掌握写作要领，并能熟练自如地进行写作。

写作任务

根据以下材料，按要求完成两封专用书信。

任务一：

在大学里，寒暑假或快毕业的时候，我们都需要通过实习的环节提高我们的社会实践能力，使我们能更好地学以致用，缩短理论和实践的距离。假设现在人文艺术系把你和另外一位同学推荐到一家贸易公司去实习，实习岗位是文秘。请你以人文艺术系的名义给这家贸易公司写一封专用书信。

任务二：

假设你在人文艺术系办公室实习。今天人文艺术系办公室收到一封来自某商贸公司的来信，信中提到文秘专业刚毕业的一名学生在该公司工作。该公司希望系办公室出具一份能证明这名学生在校学习的经历和表现的文书。请你以人文艺术系的名义向该商贸公司写一封书信，证明这名学生在校的学习经历和表现。

写作任务分析

这个写作任务主要是为了训练学生写作专用书信的能力，掌握专用书信与一般书信在格式、语言表达上的联系与区别。

根据以上材料，我们可以做出以下情景分析：

第一篇书信的写作情景：人文艺术系联系好实习单位让学生去实习。实习单位相关人员与学生素未谋面。学生去该单位的时候要带上能介绍和证明他们身份并说明联系事宜的相关文书。由此可见，这是拟写介绍信的写作任务。写作时要写清楚联系事宜、前往人数。

第二篇书信的写作情景：某商贸公司需要学校证明刚入职员工的在校表现和经历。很显然，这个写作任务是要让我们写一封证明信，证明某人的经历。写的时候要写清楚学生的经历和表现，遵循证明信的写作格式。

必备知识 & 工具箱

为了完成以上写作任务，必须掌握关于介绍信和证明信的基本知识，包括它们的含义、种类、写法和注意事项等。

工具一：介绍信的写法

➢ 介绍信的概念和特点

介绍信是机关、团体、企事业单位派人到其他单位联系工作、洽谈事宜、参观学习或出席会议等而写的专用书信，具有介绍和证明的双重作用。使用介绍信，可以使对方了解来人的身份和目的，以便得到对方的信任和支持。

➢ 介绍信的种类

介绍信有两种写作格式。

1. 便函式介绍信。用一般的公用信笺临时书写，一般不带存根，无法查询和管理。

2. 联单式介绍信。这种介绍信是带有存根并事先印制，格式相对固定，用时只要按空格填写即可，写作过程十分简便。联单式介绍信共有两联，其中一联是存根，另一联是介绍信的本文。两联正中有间缝，同时编有号码。

➢ 介绍信的结构

介绍信一般由标题、称谓、正文和落款四个部分组成。

1. 标题

首行正中间直接书写或印制“介绍信”，表明专用书信的性质。或者将出具介绍信的单位名称也写上，如“××单位介绍信”。

2. 称谓

在标题之下左起顶格书写受文单位或受文人的名称，后加全角冒号。受文者名称如果是单位，一定要写全称或规范的简称。有时介绍信是出具给单位领导人，应当在其姓名后加写职务名称，如“×××主任”，或者不写姓名只写职务，如“××××大学校长”。

3. 正文

介绍信正文要写明介绍信的主要内容。一般以“兹介绍……”、“现介绍……”或“今介绍……”开头，接着介绍前去办事者的姓名、同行者人数（人数要用中文大写），必要时写清办事者的身份、职务等，再写清接洽的事宜等，结束语常用“请予以接洽”、“望接洽为盼”、“请接洽并协助办理为盼”等表示希望的语句。

正文写完另起一行，空两格写“此致”，下一行顶格写“敬礼”，表示对对方的感谢。

有存根的介绍信，存根联和正式联要内容完全一致。存根底稿要妥善保存，以备今后查考。

4. 落款

写明出具介绍信的单位名称（全称或规范简称）、出具时间，加盖公章。联单式介绍信除了在落款处盖公章外，还应当在存根和正式联之间加盖“骑缝章”。不盖公章的介绍信是无效介绍信，受文单位可不予承认。

为表示严肃、慎重，介绍信在落款的左下方可以用圆括号注明有效期限，如“自即日起×天内有效”、“×月×日前有效”或“有效期×天”等。

➢ 介绍信的写作要求

1. 一份介绍信只能填写一个受文单位。在称谓处写“各有关部门”或“……等单位”等都是不规范的。

2. 要真实填写持有介绍信人的姓名、身份，不得虚假编造，冒名顶替。

3. 介绍信要简明扼要。希望对方接洽办理的事项要写清楚，与此无关的不要写。

4. 正文结语要礼貌得体，应用“请接洽”、“请予支持”等祈请性语言，不宜用“务必办妥”等命令式语言。

5. 书写或印制工整、清楚，不得任意涂改。如有涂改，可加盖公章，否则此介绍信将被视为无效。如果文中有数字出现，应用汉字大写。

工具二：证明信的写法

➢ 证明信的概念

证明信，简称证明，是组织、单位或个人实事求是地证明有关人员的身份、经历、学历或某件事情的真相而写的专用书信。

➢ 证明信的特点

1. 真实性。这是证明信最重要、最本质的体现。出具虚假证明就失去原有的意义和作用，会害人害己，贻误大事。

2. 凭证性。证明信贵在证明，它以真实性为基础。是持有者用以证明自己身份、经历或某事真实性的一种凭证。没有证明就言之无据。

➢ 证明信的结构

证明信一般都由标题、称谓、正文、结束语和落款等构成。

1. 标题

首行居中写“证明信”、“证明”或“有关×××问题的证明”。

2. 称谓

顶格书写需要证明信的单位名称或受文个人，后加冒号。一般不需要敬语。

3. 正文

写清楚证明的事项。如证明某人的工作经历：就应写明姓名、时间、在本单位工作时担任的职务、工作能力、业绩等。如证明某件事情的真实与否，须写清参加者的姓名、身份、在事件中的地位、作用和事件本身的前因后果。

4. 结束语

另起一行，空两格。一般写“特此证明”或“情况属实，特此证明”等字。

5. 落款

写明证明单位名称、日期，并加盖公章。个人的证明材料应写明证明人姓名、身份，并签字盖章。

➢ 证明信的写作要求

1. 内容务必实事求是，不推测事实，不隐瞒事实，严禁弄虚作假。

2. 用语必须准确、简洁，不得有半点夸饰，避免含糊其词，产生歧义。

3. 不用铅笔、红色笔书写。如有涂改，应在涂改处加盖公章。

参考例文

例文一（便函式介绍信）：

介 绍 信

浙江××有限公司：

兹介绍我校张晓辉等贰位同志前往贵公司商洽有关学生毕业实习事宜，望接洽为盼！

此致

敬礼

××省职业学院（公章）

2012年11月25日

（有效期叁天）

例文二（联单式介绍信）：

<table>
<tr>
<td>

介绍信（存根）
××字第××号

培训科科长詹××等前往××大学教务处联系我厂技术人员到××大学进修英语事宜。
2012 年 4 月 2 日

</td>
<td>

介 绍 信
××字第××号

××大学教务处：
兹介绍我厂培训科科长詹××等贰位同志前往你处联系我厂技术人员到贵校进修英语事宜，请接洽并予协助。
此致
敬礼
杭州市××电子有限公司（公章）
2012 年 4 月 2 日
（有效期三天）

</td>
</tr>
</table>

例文三：

证 明 信

××大学人事处：

贵处××××年×月×日来信收悉。根据信中要求，现将你校××同志的爱人×××同志的情况介绍如下：

×××同志，现年××岁，中共党员，是我校中文系教师。该同志对教学工作认真负责。近年来多次被评为市级模范教师。

特此证明

××学院人事处（公章）
××××年×月×日

例文四：

证 明（信）

××审计事务所：

贵单位×××同志现年 40 岁，中共党员，曾任我校会计系副主任职务，工作认真负责，业务能力强，多次被评为市级劳动模范，学校先进工作者。

特此证明

××财经大学（公章）
2012 年 2 月 29 日

写作实训

完成前述写作任务。要求：

1. 文种选择适当；
2. 符合相应文种写作规范和写作要求；
3. 材料取舍恰当，主题突出，逻辑清晰，文字通顺。

检查与评估

1. 学生结合前述写作规范，自我检查或相互检查；
2. 教师选择学生例文进行点评。

写作实训拓展

1. 修改、完善前述写作任务；
2. 总结自己完成写作任务的得失。

参考范文

范文一：

介　绍　信

浙江××贸易有限公司：

兹介绍我院人文艺术系文秘专业×××同学等贰人，前往贵公司毕业实习两个月，请予接洽。

此致

敬礼

××职业学院人文艺术系（公章）
2012年3月5日

（有效期三天）

范文二：

证　　明

××市商贸公司：

你公司××同志，2009年9月至2012年6月曾在我院人文艺术系文秘专业学习。在校期间，学习刻苦，成绩优良；担任班干部期间，工作认真负责，组织能力较强；积极参加院系组织活动，多次获得荣誉称号。在校三年连续被评为“三好学生”。

特此证明

××省职业学院人文艺术系（公章）
2012年8月30日

第三节　请柬和邀请函

本节教学目标

知识目标：

学习社交礼仪书信的写作方法，了解社交礼仪书信与一般书信、专用书信的区别，明确其在社会实践活动中的重要作用。

能力目标：

通过请柬和邀请函的写作任务训练，把理论知识转化为写作礼仪社交书信的基本技能，掌握写作要领，并能熟练自如地进行写作。

写作任务

根据以下材料，按要求完成两封社交礼仪书信。

任务一：

在大学里，我们会根据自己的兴趣加入各种社团。假如你现在是秘书协会的一员。秘书协会承办了人文艺术系举办的题为“我心目中的好老师”的演讲比赛。协会会长让你负责评委老师的邀请工作。你首先要确定邀请的老师名单，然后为了表示对被邀请老师的尊重，要拟写书面邀请的文书，最后把这些书面邀请的文书送到老师手中，与各位老师确认担任评委事宜。现在，请你把书面邀请的文书拟写出来。

任务二：

每年的11月各高校都会举行现场招聘会。在招聘会筹备期间，招生就业部门的老师都会向各个目标单位发出邀请，邀请他们来参加本校的招聘会。现在假设你在本校的招生就业部门实习，因为你是文秘专业的学生，招生就业部门的老师让你帮他写一个邀请文书的初稿。

写作任务分析

这个写作任务主要是为了训练学生掌握社交礼仪书信的写作要领。学生要正确掌握请柬和邀请函的写法，学会辨别两者的异同点，就至关重要。

根据以上材料，我们可以做出以下情景分析：

第一项写作情景：秘书协会承办演讲比赛，需要书面邀请评委老师。这里需要拟写的是邀请他人参加某项活动的礼仪性书信即请柬。在写请柬时，要把活动名称、时间、地点写清楚，注意语气的庄重性。

第二项写作情景：召开学校现场招聘会，需要邀请目标单位前来。招聘会不是纯粹礼仪性的活动，具有实质性的内容——招聘工作，因为这里要写的社交礼仪书信应该是邀请函。在写邀请函时，一定要把招聘会的时间、地点及其他相关事项写完整、写清楚。

必备知识 & 工具箱

为了完成这个写作任务，我们必须掌握社交礼仪类书信的一些基本知识。在这个案例中，我们应该掌握的基本知识有：请柬的概念、种类和写法，请柬和邀请函的区别，邀请函的概念、写法和写作注意事项等。

工具一：请柬的写法

➢请柬的概念

请柬，也称请帖，是单位或个人邀请某人参加典礼、会议或某种活动使用的文书。

尽管有时邀请可以通过书面以外的方式进行，但为了表示对被邀请人的尊重，也为了表明邀请单位或个人对活动的重视程度，一般会使用请柬。因此，请柬在公共事务和私人事务中都是最为庄重、礼貌而又简便的邀请方式。

➢请柬的种类

请柬一般有两种样式：一种是单面的，其结构由标题、称呼、正文、具名和日期构成；一种是双面的，即折叠式，一般由封面和内页两部分组成；封面写“请柬”二字，内页由称呼、正文、具名和日期构成。其内页排版或书写的样式有横式和竖式两种。

为了显示主人的热情与诚意，请柬在款式和装帧设计上应美观、大方、精致，使被邀请者感到喜悦和亲切。多数使用统一印制、美观大方的现成式样，也可根据活动专门定制。

请柬的送达要适时，面呈或邮寄均可。

➢请柬和邀请函（信）的异同

请柬和邀请函的相同处：

1. 确指性：发送对象是特定的单位或个人。

2. 礼仪性：都具有表示尊重、联络情感的意味，具有礼仪性。

请柬和邀请函的不同处：

1. 邀请函是邀请对方前来参加某项实质性的活动，而请柬适用于纯粹礼仪性的、例行性的活动。

所谓实质性活动，不同于例行的礼仪活动，而是指有具体的内容、事项，如学术讨论会、成果鉴定会、展销订货会等。这些活动一般时间较长、项目较多，程序较为复杂，因此需要通过邀请函来详细说明。纯粹礼仪性、例行性的活动，点明活动或会议的名称、内容等即可，因此用请柬。

2. 邀请函内容更具体，更详细。

3. 请柬比邀请函更具庄重性。

4. 邀请函对象较宽泛，请柬一般给平级或上级。

➢请柬的格式

请柬由标题、称呼、正文、结尾和签署五部分组成。

1. 标题

请柬的封面要写明“请柬”或“请帖”字样。单页的请柬，在第一行的中间写

“请柬”二字。

2. 称呼

顶格写被邀请者单位名称或邀请个人的姓名和职务。

3. 正文

写明邀请参加的活动内容，如座谈会、展览会、婚礼以及生日宴会等。交代举行活动的时间、地点及其他应知事项。正文末尾要写上“敬请参加”、“敬请届时光临”、“敬请光临指导”等敬辞。

4. 结尾

请柬的结尾要有“具礼”，在正文后或下一行空两格写“此致”，另起一行顶格写“敬礼”，或写其他礼貌用语。

5. 签署

在正文的右下方，写明邀请单位的名称或邀请者的姓名，下一行再写上发出请柬的时间。

➢ 请柬写作的注意事项

1. 文字要美观，用词要谦恭，要充分表现出邀请者的热情与诚意。

2. 语言要精练、准确，凡涉及的时间、地点、人名等一些关键性词语，一定要核准、查实。

3. 语言要得体、庄重。

4. 在纸质、款式和装帧设计上，要注意艺术性，做到美观、大方。

工具二　邀请函（信）的写法

➢ 邀请函的概念

邀请函是由机构、团体、公司、学校等单位或个人举办某些活动时，邀请目标单位成员前来参加庆典、会议及各种活动的信件。

在应用写作中邀请函是非常重要的，而商务活动邀请函是邀请函的一个重要分支，写好它至关重要。商务礼仪活动邀请函是商务礼仪活动主办方为了郑重邀请其合作伙伴（投资人、材料供应方、营销渠道商、运输服务合作者、政府部门负责人以及新闻媒体朋友等）参加其举行的活动而制发的书面函件。它体现了活动主办方的礼仪愿望、友好盛情，反映了商务活动中的人际社交关系。

一般来说，商务礼仪活动邀请函的文本内容包括两部分：邀请函的主体内容和邀请函回执。

➢ 邀请函的格式

邀请函的一般结构，由标题、称谓、正文和落款组成。

1. 标题

一般只写文种“邀请函”即可。也可由礼仪活动名称和文种名组成，如“××公司年终客户答谢会邀请函”。

2. 称谓

要顶格写受邀单位名称或个人姓名，后加冒号。要写明对方姓名、职务、职称和学衔。也可以用“同志”、“经理”、“教授”、“先生”或“女士”称呼。通常还要加上“尊敬的”之类定语。

3. 正文

邀请函的正文要写明举办礼仪活动的缘由、目的、事项及要求，写明礼仪活动的日程安排、时间、地点，邀请对象以及邀请对象所做的工作等，并对被邀请方发出得体、诚挚的邀请。有较为详细出席说明的，通常要另纸说明，避免邀请函写得过长。

正文结尾一般要写常用的邀请惯用语。如“敬请光临”、“敬请参加”、“请届时出席”之类的敬语。有些邀请函可以用“此致敬礼”、“顺致节日问候”、“顺祝恭安”等敬语。

4. 落款

落款署上邀请单位名称或发函者个人名称，署上发函日期。

➢ 邀请函的写作要求

1. 邀请函的形式要美观大方，不要用书信纸或单位的信函纸草草了事，而应用红纸或特制的请柬填写。

2. 被邀请者的姓名应写全，不应写绰号或别名。在两个姓名之间应该写上“暨”或“和”，不用顿号或逗号。网上或报刊上公开发布的邀请信，由于对象不确定，可省略称呼，或用统称。

3. 邀请事项务必周详，使邀请对象可以有备而来，也会使活动举办的个人或单位减少一些意想不到的麻烦。

4. 应写明举办活动的地点和具体日期（注明周几）。

参考例文

例文一：

请　柬

李××总经理：

兹定于2012年10月1日（星期一）上午9:00在杭州×××酒店（上塘路329号）举行我公司成立10周年庆典。诚邀您届时莅临指导。

此致

敬礼

杭州××广告有限公司（公章）

二〇一二年九月二十五日

例文二：

网聚财富主角阿里巴巴年终客户答谢会邀请函

尊敬的××先生/女士：

过往的一年，我们用心搭建平台，您是我们关注和支持的财富主角。

新年即将来临，我们倾情实现网商大家庭的快乐相聚。为了感谢您一年来对阿里巴巴的大力支持，我们特于2006年1月10日14:00在青岛丽晶大酒店一楼丽晶殿举办2005年度阿里巴巴客户答谢会，届时将有精彩的节目和丰厚的奖品等待着您，期待您的光临！

让我们同叙友谊，共话未来，迎接来年更多的财富，更多的快乐！

阿里巴巴（中国）网络技术有限公司

2006年元月

一、答谢会主题：网聚财富主角

二、答谢会安排：

1. 时间：14:00—16:30

2. 内容：

（1）阿里巴巴集团董事局主席兼首席执行官××先生演讲

（2）阿里巴巴山东大区经理演讲

（3）网商论坛

（4）穿插歌舞演出、趣味游戏、抽奖活动

三、参会回执（略）

（材料来源：《应用写作》2008年第2期《例谈商务礼仪活动邀请函的写作》一文，作者李玉珊）

写作实训

完成前述写作任务。要求：

1. 文种选择适当；
2. 符合相应文种写作规范和写作要求；
3. 材料取舍恰当，主题突出，逻辑清晰，文字通顺。

检查与评估

1. 学生结合前述写作规范，自我检查或相互检查；
2. 教师选择学生例文进行点评。

写作实训拓展

1. 修改、完善前述写作任务；
2. 总结自己完成写作任务的得失。

参考范文

范文一：

请　　柬

尊敬的×××老师：

兹定于2012年11月28日（周三）下午1:30在8401教室举行人文艺术系“我心目中的好老师”演讲比赛，届时敬请光临！

此致

敬礼

秘书协会

2012年11月21日

范文二：

××大学校园招聘会邀请函

尊敬的用人单位：

为做好毕业生就业服务工作，促进毕业生充分就业，满足广大用人单位对各类专业人才的需求，同时增进学校与用人单位的沟通交流，××大学定于2012年11月10日（星期六）在学校举办“2013届毕业生校园招聘会”，诚邀贵单位参会。

此致

敬礼

××大学招生就业办公室

二〇一二年十月十八日

邕江大学校园招聘会具体事项：

一、招聘会时间：2012年11月10日（星期六）上午9:30－16:30

二、招聘会地点：××大学体育馆广场

三、参会形式：用人单位免费进校招聘

四、其他事项：

（一）请贵单位于2012年11月1日前将营业执照复印件、组织机构代码证、参会人员身份证复印件及《用人单位招聘××大学2013届毕业生计划表》，一份电子材料通过电子邮件发到我校招生就业办公室邮箱（wxx5000@126.com），一份纸质材料（须加盖单位公章）寄送到我校招生就业办公室（邮寄地址：广西××市××路8号××大学招生就业办公室）。

（二）招聘会由参会单位和毕业生直接见面洽谈，请贵单位自带宣传材料，我们将配合贵单位张贴或悬挂所带的宣传、展示材料。同时，贵单位可以将宣传材料发到我校招生就业办电子信箱（wxx5000@126.com），我们将通过学校就业网站、就业宣传栏等平台，在招聘会召开之前向毕业生进行宣传。

（三）参会人员交通费、住宿费等费用由本单位自理，我校按每单位二人免费提供招聘会当天午餐、饮用水。

学校地址：广西××市××路8号（五象大道东段）

邮编：530200

联系人：魏老师、韦老师

联系电话：0771－5900888、5900803（兼传真）

网址：http：//www. yjdx. net

附件：参会回执及用人单位招聘××大学2013届毕业生计划表 . doc

第二章

条据类文书

第一节　说明性条据

本节教学目标

知识目标：

学习说明性条据的写作方法，了解并明确说明性条据在社会实践活动中的重要作用。

能力目标：

通过训练写作说明性条据，把理论知识转化为写作该文种的基本技能，掌握写作要领，并能熟练自如地进行写作。

写作任务

根据以下材料，完成写作任务。

任务一：

假设今天清晨起来，你肚子突然疼得厉害，去浙江省××医院就诊后，医生诊断你是急性肠炎，给你开具了诊断书，并建议你输液治疗。你下午的课没法去上了。请你给任课老师××写一则请假条。

任务二：

假设学院团委安排你去做2012杭州文化与创意产业博览会的志愿者，你不能正常上课，要向班主任老师请假一天。请你给班主任老师写一则请假条。

写作任务分析

这个写作任务主要是为了训练学生掌握请假条的写作要领。学生要正确掌握请假条的结构，区分事假条和病假条的不同之处。

根据以上材料，我们可以做出以下情景分析：

第一项写作任务：因病经医生诊断需输液治疗，无法照常上课，需要向任课老师请假，显然是要写病假条。

第二项写作任务：学院团委安排你去做文博会的志愿者而不能照常上课，要向老师请假，应写的是事假条。

必备知识 & 工具箱

为了完成这个写作任务，必须掌握关于说明性条据尤其是请假条的基本知识，包括请假条等概念、分类和结构等。

工具一：条据的概念及分类

➢ 条据的概念

条据，是单位或个人之间，为证明或说明某种事由而出示的凭据。是日常工作和生活中最常用、最简单的一种实用文体。

➢ 条据的分类

条据按用途和目的的不同可划分为说明性条据和凭证性条据两大类。

1. 说明性条据

说明性条据，也称函件式条据，通常指用来传递信息、道明原委的条据。其作用主要是向他人解释、说明某一事情，或向他人发出请求。因此说明性条据具有更强的礼仪规范，要求在措词用语甚至使用上都要表现得谦恭、礼貌。它主要有请假条、留言条、托事条、便函等四类。

2. 凭据性条据

凭据性条据，指的是为证明某一事实或契约而出具的条据。凭据性条据一般要求出据者在某一事实或契约发生前写作完毕，并交由接收者作为一种信誉的保证和凭据加以保存。凭据性条据通常由标题、正文和落款三部分组成，其种类大致有借条、欠条、收条、领条和发条等几类。

工具二：请假条的写法

➢ 请假条的概念

指因病、因事而不能参加正常的工作或特定的活动，以书面方式向主管领导申请暂时缺席或退出活动，希望获得批准的条据。如果某部门（小集体）因故不能出席某项活动，需要集体请假，可由该部门或小集体的负责人向主管机关或领导人提出集体缺席的书面请求。

➢ 请假条的种类

因为请假原因不同，请假条可分为事假条、病假条两种。

➢ 请假条的结构

请假条由标题、称谓、正文和落款四部分组成。

1. 标题

请假条的标题就是“请假条”。

2. 称谓

称谓的写法多为姓氏（或姓名）加称谓（如厂长、主任、书记、老师等）。

3. 正文

正文开门见山地说明自己因为什么原因不能参加本该参加的学习、工作或活动，请假具体时间是多长（半天、一节课、两天等）。正文结束时应礼貌地写上“望予以批准”、“特此请假，请批准”之类的话语。请假条的敬颂语一般使用“此致敬礼”。

病假条应附有医院或医生出具的《疾病证明书》、《病假建议单》等。

4. 落款

署名和时间，写在正文右下方。署名可视称谓而定，如可写成“请假人：×××”、“学生：×××”、“职工：×××”等。时间写清年月日。

参考例文

例文一：

请 假 条

黎老师：

我因头痛发热，今天上午经医生诊断为病毒性流感，不能坚持到校上课，特请假两天（5月9日至5月10日），请予批准。

此致

敬礼

附：医生证明

请假人：×××

2012年5月9日

例文二：

请 假 条

李经理：

我因父亲突患重病，要回老家探望，特向您请假三天，日期自3月1日至3月3日，望予以批准。

此致

敬礼

员工：×××

2012年2月29日

写作实训

完成前述写作任务。要求：

1. 文种选择适当；

2. 符合相应文种写作规范和写作要求；
3. 材料取舍恰当，主题突出，逻辑清晰，文字通顺。

检查与评估

1. 学生结合前述写作规范，自我检查或相互检查；
2. 教师选择学生例文进行点评。

写作实训拓展

1. 修改、完善前述写作任务；
2. 总结自己完成写作任务的得失。

参考范文

范文一：

请 假 条

杨老师：

我因早上肚子疼得厉害，经医生诊断为急性肠炎，需要输液治疗，下午不能坚持到校上课，特向您请假三节课，望予以批准。

此致

敬礼

附：医生诊断证明

学生：××
2012 年 5 月 9 日

范文二：

请 假 条

方老师：

我因被学院团委安排去做 2012 杭州文化与创意产业博览会的志愿者，明天不能正常上课，特向您请假一天（2012 年 10 月 11 日），请予批准。

此致

敬礼

请假人：×××
2012 年 10 月 10 日

第二节　凭证性条据

本节教学目标

知识目标：

学习凭证性条据的写作方法，了解并明确凭证性条据在社会实践活动中的重要作用。

能力目标：

通过训练写作凭证性条据，把理论知识转化为写作该类文种的基本技能，掌握写作要领，并能熟练自如地进行写作。

写作任务

根据以下材料，完成写作任务。

任务一：

××省金融职业学院组织元旦文艺汇演，因缺少12套藏族舞蹈服装、两把小提琴和两把二胡，特向××省艺术职业技术学院求助。××省艺术职业技术学院同意将上述道具借用五天。五天后，省艺术学校前去××省艺术职业技术学院归还所借道具。请代××省金融职业学院和××省艺术职业技术学院分别拟写一则关于借用和归还道具的凭证性条据。

任务二：

刘××同学因学费不够，向同学宋××借了人民币2 000元，现在已还1 500元，还欠500元。两人约定一个月内还清。请代刘××拟写一则关于尚欠同学宋××人民币500元的凭证性条据。

任务三：

章××代表系部所有班级去学校后勤处综合管理科领取本学期卫生工具：10只塑料桶、20把棕扫把、10个铁簸箕、10个垃圾桶、10把拖把、10个鸡毛掸子和20块抹布。请代章××拟写一则关于领取卫生用具的凭证性条据。

写作任务分析

这个写作任务主要是为了训练学生掌握几种凭证性条据的写作要领。学生要正确掌握这几种凭证性条据的写法，学会辨别比较的方法，就至关重要。

根据以上材料，我们可以做出以下情景分析：

第一项写作情景：××省金融职业学院向××省艺术职业技术学院借用表演道具，为有所凭证，××省金融职业学院应为此写下借条；五天后，××省金融职业学院前去归还所借物品，××省艺术职业技术学院应对所归还物品进行登记，并签写收条。

第二项写作情景：刘××向同学借款2 000元，按期未能全部归还，因此，刘××应为欠款向宋××写下欠条字据一张，以作凭证。

第三项写作情景：章××代表系部向学校后勤处综合管理科领取本学期卫生工具，应写一张领条，以作凭证。

必备知识 & 工具箱

为了完成这个写作任务，必须掌握关于凭证性条据，包括借条、欠条、收条及领条等的基本知识。学生应对这些知识有清晰的认识，对几种凭证性条据各自的内容和形式做进一步讨论。

工具一：凭证性条据的概念及种类

凭据性条据，指的是为证明某一事实或契约而出具的条据。凭据性条据一般要求出据者在某一事实或契约发生前写作完毕，并交由接收者作为一种信誉的保证和凭据加以保存。凭据性条据的种类大致有借条、欠条、收条和领条等几类。

工具二：借条、欠条、领条、收条的写法

➢借条、欠条、领条、收条的概念

借条是向集体（或他人）借用财物时由借用者书写的出具给财物拥有者或保管者的证明、凭据。

欠条是因暂时无法给付集体（或他人）应付给的财物而由暂欠者书写的出具给该财物应当拥有者的证明、凭据。

领条是领取集体财物时由领取者书写的出具给财物发给者的证明、凭据。

收条是收到集体（或个人）送交或归还的财物时由收取者书写的出具给送交者或归还者的证明、凭据。

上述四种条据的作用显然都是证明作用、凭据作用。它们都是围绕着财物的转移关系而产生的文案，其中借条、欠条包含着债权和债务的关系。

➢借条、欠条、领条、收条的结构

借条、欠条、领条、收条的写作结构是一致的，由标题、正文、落款三部分组成。

1. 标题

标题的写法都是直接写明条据名称。收条、借条、欠条也可写成收据、借据、欠据。

2. 正文

正文的开始有一种习惯写法：“今领到……”、“今收到……”、“今借到……”、“今欠……”。

四种条据中的最重要要素是与财物的转移、拥有关系密切相关的（集体或个人的）姓名、财物品种和数额、时间等。货币应当注明币种（如人民币、港元、美元等），数额应当用汉字大写（即壹、贰、叁、肆、伍、陆、柒、捌、玖、拾、佰、仟以及万）来表示，并且一个完整数额应该写在同一行，前后不要有空格。数额如果正好在一行的开头，前面应当添写“计”、“共”或“共计”字样，数额结束写个“整”字。

收条的正文中有时需写清收取财物缘由，有的是对方按规定该交的，有的是对方归还以前所欠财物，写清楚对双方都有好处。

领条、收条、欠条的正文中有时需要写清楚财物的来由名称，比如钱款中包括常见的工资、奖金、津贴、讲课费、材料费、报名费、食宿费、会务费、劳务费、咨询费、税款以及补助费等等。

借条、欠条的正文中一般应当写清楚归还财物的期限。可以具体到年月日，也可以笼统地称“一周内归还”等。

条据正文内容结束之后，一般用习惯用语“此据”收束全文，也可省略。

3. 落款

落款部分主要是经手人签名、时间。借条、欠条有时还有担保人签名。以单位名义出具条据的，应当写清单位全称或规范简称、经办（手）人姓名，加盖公章。领条、收条有时是代他人领、收财物而写的，除了正文中应说明代谁领、收，署名应为代领人、代收人。

参考例文

例文一：

借　　条

今借到×××（身份证号码：451202×××××）现金人民币伍拾肆万陆仟圆整（546 000元），年利8%，2013年4月12日前本息一并归还。

此据

借款人：×××（签字　按印）
（身份证号码：46520219××）
2011年11月12日

例文二：

欠　　条

暂欠学校后勤处宿管费壹仟伍佰元整，定于2012年10月20日之前送还。

此据

文秘12（1）班　××
2012年9月10日

例文三：

收　　条

今收到浙江××电子有限公司订做××牌礼品丝巾的定金伍仟圆整。

此据

杭州×××丝绸厂（公章）
经手人：×××
2012年10月9日

例文四：

领　　条

今领到学院教务处教材《会议管理实务》共肆拾贰本，用于省第四届高职文秘专业教材建设研讨会交流。

经手人：×××
2012年7月8日

写作实训

完成前述写作任务。要求：

1. 文种选择适当；
2. 符合相应文种写作规范和写作要求；
3. 语言表述清楚、逻辑清晰，文字通顺。

检查与评估

1. 学生结合前述写作规范，自我检查或相互检查；
2. 教师选择学生例文进行点评。

写作实训拓展

1. 修改、完善前述写作任务；
2. 总结自己完成写作任务的得失。

参考范文

范文一：

借　　条

今借到××省艺术职业技术学院藏族舞蹈服装壹拾贰套，小提琴贰把，二胡贰把。2012年5月4日前归还。

此据

××省金融职业学院（公章）
经手人：×××（签名或盖章）
2012年4月29日

收 条

今收到××省金融职业学院归还的藏族舞蹈服装壹拾贰套，小提琴贰把，二胡贰把。

此据

××省艺术职业技术学院
经手人：×××（签名或盖章）
2012年5月4日

范文二：

欠 条

原借×××同学人民币贰仟圆整，已还壹仟伍佰圆整，尚欠伍佰圆整，一个月内还清。

此据

×××
2012年3月16日

范文三：

领 条

今领到学校后勤处综合管理科发给的本学期卫生工具：塑料桶拾个，棕扫把贰拾把，铁簸箕拾个，垃圾桶拾个，拖把拾把，鸡毛掸子拾个，抹布贰拾块。

××系××班 ×××
2012年3月1日

第三章

告启类文书

第一节　启　　事

本节教学目标

知识目标：

学习启事的理论知识，了解并明确启事在社会实践活动中的重要作用。

能力目标：

通过启事文种的写作任务训练，把理论知识转化为写作该文种的技能，掌握写作要领，并能熟练自如地进行写作。

写作任务

根据以下材料，撰写两篇启事。

任务一：

2012 年 5 月 8 日，文秘 112 班学生李 × 上午上完体育课，将一个黑色双肩背包遗失在篮球场，内有诺基亚手机一部、《现代秘书实务》教材一本。失主万分焦急，请你帮李 × 写一则寻找书包的启事。

任务二：

为体现校园缤纷生活，展示学子笔韵，学校党委宣传部和校报记者团联合发起题为“品生活，悟人生”的征文活动。请代他们写一则启事，体裁要求、字数限制、截稿时间、评奖方式等内容自定。

写作任务分析

这个写作任务主要是为了让学生掌握启事的写法，要求学生正确分析几种不同的启事，学会比较的方法，就至关重要。

根据以上材料，我们可以做出以下情景分析：

第一篇写作情景：李 × 上体育课时丢失黑色书包一个，急需找回自己丢失的物品，显然，她需要撰写的是一篇寻物启事。

第二篇写作情景：学校党委宣传部和校报记者团发起题为“品生活，悟人生”的征文活动。为将各项征文要求公布于众，显然应撰写一篇征文启事。

必备知识 & 工具箱

为了完成这个写作任务，必须掌握一些启事方面的基本知识。学生应对这些知识有清晰的认识，对几种启事的异同作深入的讨论。在这个案例中，除了必须了解启事的概念外，还应该区别几种不同启事在内容上的差异。

工具一：启事的概念及分类

➢启事的概念

启事是围绕某个事项在一定范围内公开说明情况、提请注意、寻求帮助而使用的事务工作文案。

“启”，是陈述的意思；“事”指事情。启事是机关、团体和企事业单位或个人用公开发布的方式，向公众说明情况、提请注意、寻求帮助而使用的文书。启事一般张贴在公共场所或刊登在报刊上，也有的在广播、电视中播出。

➢启事的分类

启事可以分为三类：

1. 找寻启事：主要有寻人启事、寻物启事。

2. 征招启事：主要有征文启事、招聘启事、招领启事、招标启事以及招生启事等。

3. 声明启事：这类启事具有声明性质。主要有遗失启事、迁址启事、更正启事、更名启事、除名启事以及开业或停业启事等。

工具二：启事与布告、通告的区别

与布告相比，布告的法规性很强，具有较为严格的约束力；而启事则不具有这种法规性和约束力。

与通告相比，发出通告的是单位而不是个人，它重在“告”，就是要告诉公众某种事情，希望大家明白，以便按照实行；而启事则无论单位或个人均可使用，它重在启，也就是表白自己，不对别人发生任何支配作用。

工具三：启事的结构

启事的种类不同，写法也有所不同，但大体上要由标题、正文、落款三部分组成。

1. 标题

启事的标题写于第一行正中，有五种写法。第一种是只写“启事”；第二种是写清启事内容和文种，如招聘启事、寻物启事、征文启事等；第三种是省略文种“启事”，直接写“寻人”、“诚聘”等；第四种是标明启事的性质，如“紧急启事”、“重要启事”；第五种是写明启事单位名称、内容和文种，如“××大学招生启事”等。

2. 正文

启事的正文要另起一行空两格写，内容一般包括发布启事的目的、意义、原因、要求、条件和特征等。不同种类的启事，侧重点有所不同。

以下简单介绍招聘启事、征文启事及寻物启事三种启事正文的基本写法。

（1）招聘启事

① 招聘方的情况，包括招聘方的业务、工作范围及地理位置等。

② 对招聘对象的具体要求，包括招募人员的工作性质、业务类型以及招募人员的年龄、性别、文化程度、工作经历和专业特长等。

③ 招募人员受聘后的工作待遇。

④ 其他情况，应聘人员须交验的证件和应办理的手续以及报名应聘方式、时间、地点、联系人和电话号码等。

招聘启事各项内容可分条列出，语言要简练得体，庄重严肃又礼貌热情。

（2）征文启事

① 征文的目的和主题；

② 征文的范围和具体要求；

③ 征文的起止时间；

④ 征文评选的办法、设立的奖项及奖金标准；

⑤ 欢迎应征的礼貌语。

（3）寻物启事

① 写明丢失物品的名称、外观、规格、数量和品牌等，同时要写明丢失的原因、时间和地点范围。

② 交代清楚将丢失物送还失主的具体方式，或注明失主的联系地址和方式。

③ 寻物启事是求人协助寻找的，故文中应有表达谢意之词，此外还可写明给予拾到者的酬金之类的话。

3. 落款

在正文右下方写明发布启事者的单位或姓名，署名下面写上发启事的成文时间。

参考例文

例文一：

寻 物 启 事

本人不慎于6月25日乘566路公共汽车时，将内装身份证、驾驶证和单位业务发票数张的一黑色公文包遗失。有拾到者请与××××厂办公室联系，必有重谢。电话：136×××××××。

启事人：×××

2012年6月26日

例文二：

浙江××商业银行金华分行诚聘英才

浙江××商业银行是一家致力于小企业金融服务的商业银行，成立于1993年，经过19年的锐意进取，××银行从起步时的七个人、两间租房、100万元注册资本，发展成为一家拥有五千多名员工的股份制商业银行。目前，××银行已拥有56家分支机构，服务范围涵盖台州、丽水、宁波、金华、杭州、上海、衢州和苏州等八大区域。

浙江××商业银行金华分行于2009年12月31日盛大开业，2011年12月成立首家下辖支行——××支行，2012年7月成立××支行。分行目前拥有员工370多名，业务范围覆盖整个××地区，各项业务发展迅速。为适应发展需要，做好人才储备，现面向××地区公开招聘，我们诚邀有志于金融创业的优秀人才加盟，共品创业激情，共筑职业平台，共享成功荣耀，实现您与××的共同发展！

一、基本报名条件

认同××文化，身体健康、品貌端正、正直诚信、敬业务实，学习与执行力强，团队协作意识良好，能承受较大工作压力与挑战，可熟练使用MS－OFFICE办公软件。

二、招聘岗位、人数及相关要求（以下岗位一经录用均为我行正式员工）

（一）客户经理（20名）

客户经理是一份充满激情而接近梦想的工作。优秀的银行客户经理，通过个人努力，不但能得到可观的薪酬激励和更多的晋升机会，更能收获强烈的个人成就感和丰富的人脉资源。

××的客户经理来源广泛，有普通院校本、专科毕业生，有985院校的优秀毕业生，有汽车、房地产销售顾问，有星巴克的服务生，有化妆品推销员，有工业产品的客户经理……总之，你可以没有银行工作经验，××拥有良好的培训体系并鼓励持续学习；你可以没有丰富的家庭资源，××欣赏勤奋开拓的员工并为之创造平台；你可以没有本科学历，××看重员工的综合能力并因才适用。

但你一定要有认同小企业金融事业，有成长为小企业金融服务专家的野心；拥有开拓进取的精神，追求个人成就；喜欢主动结交各行各业的朋友，具备良好服务意识；不惧怕失败和拒绝，能为达成目标坚持不懈。

报名条件：

1. 专科及以上学历，专业不限，财经、市场营销类专业优先；
2. 出色的沟通能力、学习能力，对市场营销有较深入且独到的认识；
3. 认同××文化、价值观和经营理念；
4. 乐于不断接受挑战，具备良好的市场开拓能力；
5. 义乌、兰溪、武义、永康或东阳籍贯。

（二）国际业务管理岗（1名）（略）

（三）支行行政管理岗（1名）（略）

（四）财务管理岗（1名）（略）

（五）综合文秘（1名）

主要工作职责：

1. 承担行长的日常行政事务工作，协助行长沟通协调工作；
2. 建立分行公章、印章管理制度和流程，并落实实施；
3. 负责分行各类材料撰写工作；

4. 负责分行档案管理工作；

5. 负责分行来电、来信、接待等日常工作。

报名条件：

1. 全日制本科及以上学历，金融或中文类相关专业；

2. 熟练掌握计算机的各类基本操作及文秘等岗位相关知识和技能；

3. 具有较强的写作能力、综合分析能力和沟通协调能力，有银行工作经验者优先。

（六）柜员（5名）（略）

（七）保卫干事（2名）（略）

三、应聘须知

（一）报名方式（可选择其中一种方式报名）

1. 邮件报名：应聘人员直接发送个人简历至邮箱 jhhr@ zjtlcb. com，邮件主题按“应聘岗位 + 姓名”格式统一编辑。

2. 现场报名：应聘人员随带个人简历、身份证复印件、毕业证书复印件、二寸免冠照片一张至浙江××商业银行××分行八楼人力资源部或××支行三楼8323室或是××支行三楼综合科报名。

（二）应聘流程

报名→初审→笔试→面试→体检→背景调查→择优录取

经简历筛选符合条件者，我行将另行通知面试时间。未被录用人员的材料本行代为保密，恕不退还。

联系电话：0579 - 89800299　银行网址：www. zjtlcb. com

××分行地址：××市婺城区宾虹路1258号

××支行地址：××稠州北路1401号银联国际（商贸城55号门对面）

××支行地址：××武阳东路69号

2012年08月08日

例文三：

启用印章启事

因业务发展需要，我公司浙江分公司自2012年6月1日起正式启用椭圆形新公章、新发票专用章及新合同专用章，原圆形公章、发票专用章、合同专用章同时作废，特此声明。

中外合资××建筑装饰工程公司

2012年5月15日

写作实训

完成前述写作任务。要求：

1. 文种选择适当；

2. 符合相应文种写作规范和写作要求；

3. 语言表述清楚、逻辑清晰，文字通顺。

检查与评估

1. 学生结合前述写作规范，自我检查或相互检查；
2. 教师选择学生例文进行点评。

写作实训拓展

1. 修改、完善前述写作任务；
2. 总结自己完成写作任务的得失。

参考范文

范文一：

寻物启事

本人不慎于2012年5月8日上午上体育课（10:30—12:00）时，将一个黑色双肩背包遗失在篮球场，内有诺基亚手机一部、《现代秘书实务》教材一本。请拾到者与本人联系，万分感激。联系电话：189××××××××。

启事人：××
2012年5月8日

范文二：

征文启事

“金井梧桐秋叶黄，珠帘不卷夜来霜”，这个落叶纷飞，秋水长天的季节又给科大披上了新装。然而，每个季节在给大地增添几分色彩的同时也在丰富着我们多姿多彩的校园生活。在校园的每个角落，总会有不经意的瞬间掠过我们的双眸，打动着我们的心。因此，为体现校园的缤纷生活，展示学子笔韵，党委宣传部、校报大学生记者团特举办以“品生活，悟人生”为主题的征文活动。

一、征文主题

品生活，悟人生

二、征文内容

1. 或许你刚刚告别十二载寒窗苦读，步入梦想中的象牙塔；或许你已经历了一年两年的大学生活，变得成熟稳重；或许你即将离开，去谱写人生的新篇章，这些日子里什么曾撩拨你心中的缕缕情丝让你幻想；什么曾打开你记忆的匣子让你回味？请执笔沉思“感悟中生活”。

2. 走在路上的人，总是一往无前，无怨无悔。当尘土掩没了脚步，当寒风吹尽了眼泪，当烈日晒干了希望。行者依然披荆斩棘，荡涤尘埃。看风枪雪戟，雨剑霜刀，任他长路漫漫，独我跃马扬鞭。因为路途有尽，而行者无疆。

3. 风从草原走过，流沙的岁月被酿成了一曲赞歌，那一张蒙古的脸还在唱着马头琴的悠扬，美丽的蒙古姑娘手捧金樽，倒出奶酒的醇香。鸿雁飞了又回，总带着牧人的忧伤。他们把去不了的地方叫远方，回不去的远方叫家乡——那是一片草原，梦里的天堂。

4. 曾有人这样解释“静”字：青年要争气即为静。而今的青年人生活在安逸的环境中，却越来越表现出浮躁与不安。作为新一代的青年人，面对越来越多的指责与不满，我们该如何去理解这个“静”字，我们又该怎样去理解青年人身上所担当的那份道义呢？

三、征文要求

1. 征文体裁包括：小说、诗歌、散文等。

2. 文章主题鲜明、积极健康，文笔流畅，富有真情实感。

3. 征文必须为原创作品，不得抄袭，套改，请自行保存原稿，来稿不退。字数1 200字左右。

四、投稿方式及起止日期

1. 作品请交到主教北门稿箱、图书馆一楼稿箱，图书馆207记者团工作室。

2. 作品也可以电子形式发送到 nkdjizhetuan@ 126. com。

3. 作品请注明单位（学院或部门）、姓名及联系方式，并在稿中显著位置标注“校报征文”字样。

4. 起止日期：2010年10月28日—2010年11月20日。

五、奖项设置

本着公平、公正、公开的原则，择优而选，评出：一等奖三名，二等奖七名，三等奖十名，优秀奖若干名。获奖者都将获得证书及奖品，获奖作品择优在校报刊登并奉稿酬。

党委宣传部
校报大学生记者团
2010年11月1日

第二节　声　　明

本节教学目标

知识目标：

学习声明的写作方法，了解和明确其在社会实践活动中的重要作用。

能力目标：

通过声明的写作任务训练，把理论知识转化为写作该文种的基本技能，掌握写作要领，并能熟练自如地进行写作。

写作任务

根据以下材料，按要求完成写作任务。

任务一：

近来在××市场上有人冒称是“××市中茶茶业有限公司”的代表推销“中茶”牌六堡茶，造成很坏影响。××市中茶茶业有限公司在××市有完善的经销渠道，从未授权或委托所谓“××市中茶茶业有限公司”代表在××推销茶叶，也没有设立××总代理或办事处。公司发表声明要求所谓的公司代表停止侵权活动，以维护消费者的利益和本公司的声誉。

任务二：

2012年11月8日，中国工商银行股份有限公司山阴支行工作人员不慎将编号为1020004420301188、1020004420301189、1020004420301190、020004420301191、1020004420301192、1020004420301193、1020004420301194的七张空白银行汇票遗失。经研究决定，需要登报声明，将遗失的银行汇票作废。

写作任务分析

这个写作任务主要是为了训练学生分清各类声明的差别。而学生能够真正掌握声明的写作方法，是完成写作任务首要的一步。

根据以上材料，我们可以做出以下情景分析：

第一篇声明的写作情景：面对他人的侵权行为，无论是受害者还是社会消费者，都应给予其严厉打击。作为被侵权的××市中茶茶业有限公司要通过法律的手段，向社会广大消费者公开声明，将正规的“中茶”牌六堡茶经销渠道告知公众，保证公司及消费者的合法利益。因此，该文属于维权声明。行文需严肃庄重，要善于抓住事件中的关键和要害表明态度，既要起到警示和警告的作用，又要起到保护自身合法权益的作用。

第二篇声明的写作情景：根据材料，中国工商银行股份有限公司山阴支行应登报声明已丢失的银行汇票作废，所以，该篇应属于遗失声明，内容和格式比较简单。

必备知识 & 工具箱

为了完成以上写作任务，必须掌握一些声明的基本知识，学生应对这些知识有清晰的认识。在以上写作情境中，学生除了必须了解声明的概念和特点外，还应该学会撰写不同用途的声明。

工具一：声明的概念和种类

➢ **声明的概念**

声明是机关、团体和企事业单位就某些重要事项或问题向公众作郑重说明，并以此表达自己立场、态度的一种告启类文书。

声明是个可大可小的文案。国家、政党、团体、部门以及个人均可发表声明，而国与国之间、政党与政党之间、国家与地区之间等也可以联合发表声明。除了集体或个人自己发表声明，还可以委托他人（如律师、经纪人）代为发表声明。

➢ 声明的种类

声明按用途可分为以下三类：

1. 当合法权益受到侵害时，单位或个人为维护自己的合法权益、引起公众关注并要求侵权方停止侵害行为而发表的声明，如企业法律顾问声明、外交部声明等。

2. 自己侵犯了他人的合法权益，通过新闻媒体向被侵犯者表达歉意而发表的声明，如致歉声明。

3. 在自己遗失了支票、证件等重要凭据或证明文件时而发表遗失声明，如支票遗失声明。

工具二：声明的结构和写作要求

➢ 声明的结构

声明一般由标题、正文和结尾三部分组成。

1. 标题

声明的标题一般有四种形式。一是只写文种“声明”两字，内容重大者可在文种前加“严正”、“郑重”等字；二是由事由和文种组成，如《遗失声明》等；三是由发布单位或个人名称、授权事由、文种三部分组成，如《×××有限责任公司授权法律顾问××律师声明》。

2. 正文

简要写明发表声明的原因，表明对有关事件的立场、态度。有些声明如遗失声明可以省去发文缘由，但所有声明都不得省略声明者的态度。

3. 结尾

包括声明单位或个人名称署名、声明时间和附项三项内容。正文中如有希望公众检举揭发侵权者的内容，那么还应在署名项目的右下方附注自己单位的地址、电话、传真号码以及邮政编码，以便联系。

➢ 声明写作要求

1. 在写维权声明时，要注意使用的语体，不能感情用事，少些抒情和议论。写遗失声明，则应语句简练明确，在结尾处还要写上“声明作废”等字样，以表明自己的态度。

2. 行文必须严肃、庄重。要抓住事件中的关键和要害表明态度，而且态度要鲜明、语气要肯定。

3. 声明的内容必须符合法律、法规和公认的事理准则的要求。

4. 表述必须准确清楚，注意把握分寸，尽量避免用多义词和歧义短语。

5. 语句必须简练、明确。

参考例文

例文一：

严正声明

×××（上海）食品有限公司是贝儿多爸爸泡芙工房品牌的中国独家代理，日本

×××公司在×××（上海）食品有限公司的品牌代理有效期内无视合约规定，擅自授权×××先生××市市南区××中路72号佳世客第1层T133－2区内违法使用上述商标开设“贝儿多爸爸泡芙工房”。×××（上海）食品有限公司已对上述侵权行为提出诉讼，起诉已于日前被山东××中级人民法院正式受理。

×××（上海）食品有限公司特此发布严正声明，要求日本×××公司和×××立即停止上述侵权行为、在公开媒体上赔礼道歉、并赔偿损失。同时，对其他擅自使用贝儿多爸爸泡芙工房品牌的公司或个人将保留追诉其法律责任的权利。

×××（上海）食品有限公司

2012年6月29日

例文二：

致歉声明

尊敬的社会各界朋友、各位客户：

太原国际啤酒节自筹办以来，得到了您的信任和关注，得到了您的参与和支持，由于多方面原因，啤酒节今年将不能如期举办，举办时间另行通知，我们向您表示深深地歉意，并恳请您继续关注和关心我们的啤酒节，特致歉声明如下：

1. 向前期参与我们“征集会歌、宣传口号、徽标、吉祥物”活动，并投稿的艺术家、老师致敬，并表示我们的歉意，相关作品我们将经过有关专家审定后按照原先的约定向您支付奖金，并在下届啤酒节期间使用，我们再向您表示歉意。

2. 向前期和我们进行沟通和表达参展意向的海内外大型啤酒企业表示深深地歉意，向辛勤工作的啤酒企业营销与宣传部门的工作人员表示歉意，由于啤酒节不能如期举办影响各啤酒企业的工作表示歉意，在以后的工作中，希望能得到您一如既往的支持，为中国的啤酒产业和文化传播做出贡献。

3. 向前期报名参加啤酒节的美食参展单位表示深深地歉意，向关注本届啤酒节的海内外单位表示歉意，部分已交定金的企业我们会安排专人和您联系，并恳请您继续关注和支持参与我们的其他啤酒节活动。

4. 向前期给予我们大力支持和协助的场地方领导和工作人员表示深深地歉意，感谢你们对我们的信任和支持，感谢你们百忙中的辛勤付出，恳请场馆方领导能给予我们更多的合作机会。

5. 向前期与我们合作的各协办公司表示深深地歉意，你们的支持是我们前进的动力，未来期待和您有更深入和持久的合作。

6. 向关心、关注啤酒节的社会各界朋友表示真诚的歉意，为您奉献一次精彩的啤酒节我们义不容辞，我们将认真准备，期待为您做得更好。

7. 我们的服务电话：白先生13303516917、张先生13173777188

上海××展览展示有限公司

山西××会展有限公司

2012年4月15日

例文三：

发票遗失声明

中英人寿保险有限公司广东分公司，遗失广东省广州市保险费发票225份，发票号码为：0000018241 0000018499 0000017447 0000018566（略）

以上声明作废

中英人寿保险有限公司广东分公司
2012年10月29日

写作实训

完成前述写作任务。要求：

1. 符合声明的写作规范；
2. 主题突出，逻辑清晰，语言得体，文字通顺。

检查与评估

1. 学生结合前述写作规范，自我检查或相互检查；
2. 教师选择学生例文进行点评。

写作实训拓展

1. 修改、完善前述写作任务；
2. 总结自己完成写作任务的得失。

参考范文

范文一：

严正声明

近日，在××市场上有人冒称“××市中茶茶业有限公司”的代表推销“中茶”牌六堡茶，造成很坏影响。××中茶茶业有限公司（下面简称本公司）在此严正声明：

本公司全称为“××中茶茶业有限公司”，是中粮集团旗下企业中国茶叶股份有限公司在广西××的全资子公司，在××有健全的经销系统，现将取得本公司2012年××市场授权经销商资格的茶商名单公布如下：

1. ××牛洛河茶业（一级经销商，电话13978631775，××市亭洪路10+1商业大道33栋23号）

2. ××梁氏茶业（一级经销商，电话13907848769，××市厢竹海鲜市场12号楼4号铺）

3. ××小乐茶庄（特约经销商，电话13977142898，××市亭洪路10+1商业大道38栋15-16号）

4. ××六堡居茶行（特约经销商，电话13768603677，××市亭洪路10+1商业大

道30栋23号）

5. ××一品堂茶行（特约经销商，电话15977748803，××市亭洪路10+1商业大道24栋16号）

6. ××华茗茶叶经营部（特约经销商，电话13977181773，××市华西路13－17号）

7. ××长裕川茶行（特约经销商，电话18977118782，××市金湖路南路35号）

8. ××市云泰茶庄（特约经销商，电话13087713030，××市亭洪路10+1商业大道24栋21号）

本公司从来没有授权或委托所谓“××市中茶茶业有限公司”代表在××推销茶叶，也没有设立××总代理或办事处，希望广大茶叶经营者和消费者注意不要上当受骗，需要购买中茶牌六堡茶的可到上述经销商处购买。本公司同时也正告所谓的“××市中茶茶业有限公司”代表立即停止侵权活动，本公司保留追究其侵权行为的法律权利。

特此声明！

××中茶茶业有限公司

二〇一二年六月十三日

范文二：

遗失声明

中国工商银行股份有限公司山阴支行遗失空白银行汇票柒张，汇票号码：10200044203011188、10200044203011189、10200044203011190、10200044203011191、10200044203011192、10200044203011193、10200044203011194，特声明作废。

中国工商银行股份有限公司山阴支行

二〇一二年十一月八日

第四章

发言类文书

第一节　讲话稿和演讲稿

本节教学目标

知识目标：

学习演讲稿和讲话稿的理论知识，了解并明确演讲稿和讲话稿在社会实践活动中的重要作用。

能力目标：

通过演讲稿和讲话稿的写作任务训练，把理论知识转化为写作这两种文种的技能，掌握写作要领，并能熟练自如地进行写作。

写作任务

根据以下材料，按要求完成写作任务。

任务一：

在大学里，同学们经常参加学生会或社团来锻炼自己的能力。现在假设你竞选上了人文艺术系学生会主席，你要在系部集会时在老师和同学们面前发言。请你先拟个发言的稿子。

任务二：

人文艺术系举办了一个题为“我为明天准备什么”的演讲比赛。你一直觉得自己胆子比较小，因此想参加这个比赛，趁机锻炼一下自己。

写作任务分析

这个写作任务主要是为了训练学生掌握发言稿和演讲稿的写作方法。学生要根据不同的情境需要，撰写出得体、扣题的发言稿和演讲稿，那么正确掌握它们的写作方法，便显得至关重要。

根据以上材料，我们可以做出以下情景分析：

第一个写作情境：竞选上了学生会主席要在系部集会时发言，所要拟写的是就职发言稿。就职发言稿要着重写自己就职后在工作上的设想。

第二个写作情境：这个写作情景是参加演讲比赛，要写一篇演讲稿。写演讲稿要注意观点明确，层次清晰，内容张弛起伏，情感充沛。

必备知识 & 工具箱

为了完成这个写作任务，必须掌握有关讲话稿和演讲稿的基本知识。学生应对这些知识有清晰地认识。在以上案例中，除了必须了解讲话稿和演讲稿的概念外，还应该区别演讲稿和讲话稿各自的写作特点。

工具一：发言稿、讲话稿和演讲稿的概念

➢发言稿是参加会议者为了在会议上表达自己的意见、看法或汇报思想、工作情况而事先准备好的文稿。

发言稿是一个统称，涵盖面较大。“讲话”和“发言”本是同义语，但由于约定俗成的原因，现在多数是把领导和主持人的发言称为“讲话”，其他个人或与会人员所说的，统称为“发言”。

➢讲话稿是各级领导在各种会议上发表带有宣传、指示、总结性质讲话的文稿。在本书中，我们考虑到秘书工作在文书处理方面主要是协助领导拟文，因此在这一章中我们将着重介绍领导在各种场合的讲话稿和致辞。除了一般的讲话稿外，领导在各种场合用到的讲话稿还包括开幕词、闭幕词、欢迎词、欢送词、祝酒词及答谢词等。

➢演讲稿也叫演说词，它是在较为隆重的集会或会议上就某个问题对听众说明事理，阐述自己的意见，表明自己的立场态度的讲话文稿。

演讲词的内容可以涉及政治、经济、科技、文化、宗教及学术等社会生活各个领域。演讲词的显著特点是主题鲜明，观点突出，感情充沛，理论性和逻辑性强，具有鼓动性、号召性，可谓“振振有词”，掷地有声。

工具二：发言稿和演讲稿的区别

1. 发言稿更加注重选材立意，在选材上多属主动型，切实根据听众的愿望和要求，弄清他们关心和迫切要解决的问题，有的放矢，力求引起最大共鸣。

2. 表达手段上有较多的议论、抒情，将生活中获得的各种体验，由真善美与假丑恶激发起的各种情感，真实地倾泻到演讲稿中，动之以情、晓之以理，具有较强的感召力。

3. 语言的运用上，除了注意口语表达的特点外，如多用短句，少用长句，语言节奏感强，还应适当运用幽默、双关、反语等修辞手法，以达到在与现场听众的交流中，牢牢吸引听众的注意力的目的。

工具三：讲话稿的结构

讲话稿一般由标题、称谓和正文三部分组成。

➢ **标题**

讲话稿的标题分为三种：

一是由事由和文种构成，如“在全省教育工作会议上的讲话”、“在招商会议上的讲话”等。

二是由讲话人、事由和文种构成，如“××省长在全省教育工作会议上的讲话”、“蔡武在第十届中国艺术节第二次部省联席会议上的讲话”等。

三是由一个正标题和副标题组成。正标题一般用来概括讲话的主旨或主要内容，副标题则与前两种的构成形式相同。如“进一步学习和发扬鲁迅精神——在鲁迅诞生110周年纪念大会上的讲话”等。

➢ **称谓**

根据与会人员的情况和会议性质来确定适当的称谓，如“同志们”、“各位代表”等，要求庄重、严肃、得体。

➢ **正文**

讲话稿的正文包括开头、主体和结尾三部分。

1. 开头部分。用极简洁的文字把要讲的内容概述一下，说明讲话的缘由或者所要讲的内容重点。

2. 主体部分。根据不同会议的内容和发表讲话的目的，可以重点阐述如何领会文件、指示、会议精神；可以通过分析形势和明确任务，提出搞好工作的几点意见；可以结合本单位情况，提出贯彻上级指示的意见；可以对前面其他领导人的讲话做补充讲话；也可以围绕会议的中心议题，结合自己分管的工作谈几点看法等等。

3. 结尾部分。结尾用以总结全篇，照应开头，发出号召，或者征询对讲话内容的意见或建议等等。

工具四：演讲稿的特点

1. 针对性

所谓针对性，首先是作者提出的问题是听众所关心的问题，评论和论辩要有雄辩的逻辑力量，要能为听众所接受并心悦诚服；其次是要懂得听众有不同的对象和不同的层次，写作时要根据不同场合和不同对象，为听众设计不同的演讲内容。

2. 可讲性

演讲的本质在于以“讲”为主、以“演”为辅。由于演讲要诉诸口头，拟稿时必须以易说能讲为前提。演讲稿的要求则是“上口入耳”。因此，演讲稿写成之后，凡是讲不顺口或听不清楚之处（如句子过长），均应修改与调整。

3. 鼓动性

演讲是一门艺术。好的演讲有一种激发听众情绪、赢得好感的鼓动性。要做到这一点，首先要依靠演讲稿思想内容见解精辟，有独到之处，发人深省，语言表达要形象、生动，富有感染力。

4. 整体性

演讲稿并不能独立地完成演讲任务，它只是演讲的一个文字依据，是整个演讲活动的一个组成部分。演讲主体、听众对象、特定的时空条件，共同构成了演讲活动的整体。撰写演讲稿时，不能将它从整体中剥离出来。

5. 口语性

口语性是演讲稿区别于其他书面表达文章和会议文书的重要方面。演讲稿必须讲究“上口”和“入耳”。所谓上口，就是讲起来通达流利；所谓入耳，就是听起来非常顺畅，没有什么语言障碍，不会发生曲解。

6. 临场性

演讲活动是演讲者与听众面对面的一种交流和沟通。听众会对演讲内容及时作出反应：或表示赞同，或表示反对，或饶有兴趣，或无动于衷。演讲者对听众的各种反映不能置之不顾，因此，要充分考虑到演讲时可能出现的种种问题以及应付各种情况的对策。总之，演讲稿要具有弹性，要体现出必要的控场技巧。

工具五：演讲稿的结构

演讲心理学家艾伦·H·门罗认为，“一篇讲话的基本要素是引起注意，符合需要，令人满意，使人向往，付诸行为。”这种安排方法是考虑到了演讲的内容、听众和演讲者三者的相互作用。我们写演讲稿也要考虑到这些因素。一般说来，一篇演讲稿的安排是由标题、称谓、正文这三部分组成。

➢ 标题

标题的拟写方法有：

1. 直接揭示主题，如孙中山“中国决不会灭亡”等；

2. 提出问题、发人深省，如蔡畅“一个女人能干些什么”、鲁迅“娜拉走后怎样”等；

3. 形象地概括主题，如美国林肯《裂开的房子》等；

4. 概括演讲的内容，如鲁迅《对左翼作家同盟的意见》等；

5. 交代场合和背景，如廖仲恺《史坚如烈士石像揭幕仪式演讲词》等。

➢ 称谓

演讲的对象不同、场合不同，称谓也就不同。常见的有“各位领导”、“各位来宾”、“女士们、先生们”、“同志们”、“朋友们”等，通常在称谓前加上“尊敬的”、“敬爱的”等词，以示尊重和友好。

在一些特殊场合也可使用个性化的称谓，如钱其琛在中国人民大学外交学院向2002级新生演讲时的称呼语是“年轻的同行们”。曲啸给沈阳某监狱犯人们作演讲时的称呼语是“触犯了国家法律的年轻的朋友们”。

➢ 正文

演讲稿的正文可分为开场白、主体和结尾三部分。

1. 开场白

开场白要先声夺人，引人入胜，把听众的注意力和兴奋点吸引过来。瑞士作家温克勒认为：“开场白有两项任务：一是建立说者与听者的同感；二是如字义所释，打开场面，引入正题”。

常见的开场白方式有：

（1）直入式。如："一说起勤奋，人们常常会想到那些成功的天才。的确，如果天才加上勤奋，恐怕没有到达不了的理想彼岸。但是，我想说的是，即使不是天才，只要勤奋，同样能获得成功。一句话：勤能补拙。"

（2）即兴式。如："陶先生说，他是以'田汉'的资格欢迎田汉，实不敢当！我是一个'假田汉'，陶先生是个真'田汉'，我这个假'田汉'能够受到陶先生这个真'田汉'以及在座的许多真'田汉'的欢迎，实在感到荣幸！"（田汉）

（3）提问式。如："在座的各位，都是理财的行家，做生意的能手。现在，请允许我向大家请教一个问题：美国十大金融财团的首富摩根，当年从欧洲到美洲时，穷得发慌，只得卖鸡蛋为生。他弄了三篓鸡蛋，可卖了三天，一个也没有卖出去。第四天，他让妻子去卖，结果，不到半天全卖完了，大家知道这是什么原因吗？"

（4）引言式。如："记得张志新烈士曾说过：'民族，不能是一个没有灵魂的民族；人，更不能是个没有灵魂的人。'那么，什么是我们民族的灵魂，什么是我们自己的灵魂呢？我想，回答这个问题就不那么简单了。"

（5）故事式。如："我听过这样一个故事：有一位日本小姑娘，身患绝症，濒临死亡，但她毫不悲伤，因为她相信这样一个传说：从前有一个小孩儿得了重病，但她每天坚持折纸鹤，就在折到一千只纸鹤的时候，她的病突然好起来了。于是这位小姑娘也坚持着折起纸鹤来，她折呀折，不仅折到了一千只，还多折了三百只，她坚信着有一天她的病会好起来的，她会像仙鹤一样飞翔，然而，这位小姑娘最后还是死了。这虽然是个令人悲伤的故事，但是这位小姑娘对生的渴望，却深深地打动了我。"

（6）幽默式。如："我今天不是来向诸君作报告的，我是来'胡说'的，因为我姓胡。"（胡适）

不管用怎样的方式开头，目的都是为了与听众之间建立起一种"共同关注"的关系，营造气氛，引起听众注意，调动全场情绪。

2. 主体

（1）分清层次

显示演讲稿结构层次的基本方法就是在演讲中树立明显的有声语言标志，以此适时诉诸听众的听觉，从而获得层次清晰条理分明的艺术效果。

平行并列式：这种层次的特点是对演讲中心所涉及的几个主要问题分别讲述，几个层次之间的关系是并列的，它们从不同角度来表达演讲的中心。

时间序列式：这种层次安排，是按事件发展的时间先后顺序安排材料，反映出运动过程的流动状态。

空间层次式：是按客观事物在空间上的自然联系来安排顺序，如左右上下，前后里外，按空间的联系进行讲述。

正反对比式：为了使听众从两种事物的不同或对立中明辨是非，常常采取正反对比式加深对事理的正确认识。

层层深入式：这种讲述方法，是围绕一个中心，步步深入，层层推进地讲述。先讲什么，后讲什么，顺序不能随意变动。这种讲述层次一般有两步递进、三步递进和四步递进。

情感发展式：这种讲述方法，是按演讲者感情的自然发展顺序来表述他的演讲内容。这种感情发展的层次，一般是与听众的感情相吻合的，易于被听众接受。

（2）节奏

节奏，是指演讲内容在结构安排上表现出的张弛起伏。演讲词的正文写作非常讲究语言的节奏美，或激越高昂，或舒缓深情，或一泻千里，或一波三折。既要对听众晓之以理，更要对听众动之以情。

演讲稿结构的节奏，主要是通过演讲内容的变换来实现的。演讲内容的变换，是在一个主题思想所统领的内容中，适当地插入幽默、诗文、轶事等内容，以便听众的注意力既保持高度集中而又不因为高度集中而产生兴奋性抑制。

演讲稿结构的节奏既要鲜明，又要适度。平铺直叙，呆板沉滞，固然会使听众紧张疲劳，而内容变换过于频繁，也会造成听众注意力涣散。所以，插入的内容应该为实现演讲意图服务，而节奏的频率也应该根据听众的心理特征来确定。

3. 结尾

美国作家约翰·沃尔夫说："演讲最好在听众兴趣到高潮时果断收束，未尽时戛然而止。"言简意赅、余音绕梁的结尾能够使听众精神振奋，并促使听众不断地思考和回味。

演讲稿的结尾没有固定的格式，有的余味无穷，启发暗示；有的提出问题，让人思考；有的故事结尾，留下悬念；有的提出口号，激发情绪。还有总结点题式、名言诗词式、比较式、赞语式以及幽默式等。但一般原则是要给听众留下深刻的印象。

参考例文

例文：

在新学年开学典礼上的发言

尊敬的领导、老师、同学们：

你们好！

今天我们在这里聚集一堂，共迎新学年的到来。作为一名教师，此时此刻我的心情无比激动。

又是一年花果硕，一年更比一年丰。春耕夏耘，寒来暑往，我们又送走了一批学业有成的青年，迎来了更多的莘莘学子。同学们，你们将在这里获取知识，增长才干；在这里平添动力，扬起风帆。你们要珍惜青春，把握机遇，用勤奋和智慧创造更加辉煌的人生。

今天的世界充满着激烈竞争，机遇和挑战并存。在信息时代的教育平台上，我们面临着更为严峻的考验。作为教师，我们没有惊天动地的壮举，驰骋千里的风光。但是，细雨无声润沃土，平凡岁月写人生。讲台三尺，演绎幽微世界，黑板一方，集成浩瀚乾坤。人生岁月有时尽，唯有教坛日月长。我们要以教书育人为根本，以服务教育事业为职责，以传道授业解惑为己任。言传身教，语化春风，频吐丹心，甘为红烛。我们要不断更新教育理念，紧紧围绕教学目标，逐步完成学科上的整合与提升。要不断更新知识，深入探求，努力培养学生的创新精神和创造能力。树立良好的师德形象，用人格的力量感染学生。以卓有成效的教学工作，为祖国现代化建设培养出更多的高素质人才。

我相信，在改革开放的新形势下，在学院党委的领导下，在我们全体师生的努力下，我们学院的发展前景会更加广阔，我们学院的未来会更加美好！

谢谢大家！

写作实训

完成前述写作任务。要求：

1. 文种选择适当；
2. 符合相应文种写作规范和写作要求；
3. 主题突出，逻辑清晰，文字通顺。

检查与评估

1. 学生结合前述写作规范，自我检查或相互检查；
2. 教师选择学生例文进行点评。

写作实训拓展

1. 修改、完善前述写作任务；
2. 总结自己完成写作任务的得失。

参考范文

范文一：

学生会主席就职发言稿

老师们，同学们：

大家早上好！

傲梅寒冬立，可比桃李芳。冬季的风没有冰冻我们的心，而是激扬着我们的青春。经过各位同学的竞争上岗、各位评委的民主测评以及校团委办公会的研究批准，××大学2009—2010届学生会顺利组建。作为学生会主席，在这里，我代表新一届学生会全体成员，将本届学生会的工作计划向大家作以说明。

也许，大二的同学们还记得大一生活的美轮美奂；也许，大一的同学们正在构思着自己丰富多彩的2010。现在，我想说，你们的梦想必将成为现实，你们的高中必将流光溢彩。因为，新一届学生会，和你们有着同样的期待。

在上一届的工作中，我们取得了一些成绩：第十届艺术节的圆满落幕，校园之声广播站的真情真意，校园拍客督察队的认真负责，还有摄影大赛的火爆，作文大赛的精彩，可能已让大家对我们的努力有了些了解。但这远远不是我们所满足的。所以，今年的学生会，将把工作重点放在以下几个方面：

一、着重打造第十一届校园艺术节。在本月末，第十一届校园艺术节便要拉开帷幕。学生会文艺部、宣传部以及组织部的同学们将全心全意为大家解决问题，配合校团委、政教科，对艺术节期间的各项工作进行筹备。力争将本届艺术节打造成为2009年度中原大地上最亮丽的一道风景。

二、继续开通“校园之声”广播站。“校园之声”如今已初具规模，但还远不是最好的。宣传、文艺部今年将在广播站已有的基础上增加学生优秀作品欣赏、校园新闻通报等内容，并增加广播时间，让“校园之声”响彻校园，让每位同学都能倾听天籁。

三、坚持卫生检查制度，每周三、周五由校政教科牵头，学生会卫生部将对每班卫生情况及寝室卫生状况进行检查，并在校内通报检查结果，以督促同学们养成良好的个人、班级卫生习惯，健康学习与生活。

四、学生会纪检、治保部将成立“校园秩序督察队”，不定时在校园内巡逻，对不正确、不文明、不规范的行为加以制止，帮助同学们养成良好的行为习惯，成才成人。

五、在我们的课余，体育部的同学也会根据学校安排，与体音美组的老师一起，组织一系列体育活动，丰富同学们的课余生活，强健同学们的体魄。

六、在一些重要节日，如学雷锋月、五四青年节、5.12地震二周年祭等日子，学生会还会组织如朗诵赛、歌咏会、辩论赛、社会实践等活动，以便同学们能够做到素质教育，劳逸结合。

同学们，学生会是一个家，每个选择加入的人，都是怀着“为同学们服务”的态度来到这里。我们努力，我们奉献，我们甘愿用自己的青春装点信高的娇艳。当然，我们的不足，我们的遗漏，我们用笑脸迎接你们的批评。会内会外，我们携手；校内校外，我们同心。当我们的努力与服务最终幻化为明日灿烂的朝霞，幻化为10年、11年甚至12年同学们手中那些光彩夺目的大学录取通知书时，我想，你们会给学生会一个赞许的“good”，不是吗？

寒风不刺骨，因为我们青春激扬；梅花暗香来，恰似我们奉献如醴。学生会就是“爱的付出”，愿我们的努力工作能换来大家的舒心学习，愿我们的辛勤付出能换来大家的拼搏进取，也愿两三年后的未名湖畔、荷塘月下，能看到大家的笑靥如花！

谢谢大家！

范文二：

我要为明天准备什么

尊敬的校领导、老师、亲爱的同学们：

大家好！我今天演讲的题目是——我要为明天准备什么。

首先，我想用我的高中老师讲过的一句话来开个头：人，出生的时候，为白色。死后，也应回归为白色。生活中，收获心安理得必要脚踏实地，做到心怀感恩定能平易待人。

我要为明天准备一颗鸡蛋，一张白纸，一片羽毛。

我要为明天准备一个鸡蛋，那白白的坚硬蛋壳，包裹柔软光滑的内在以及一颗金灿灿的蛋黄。因为我要记得一张张渴望吃到鸡蛋的枯燥脸庞，我要回忆起孩童时代的自己浪费粮食的行为，我要珍惜现在的生活条件与幸福时光，我也要懂得如何感恩……

那是我看到过的一份报道里边的黑白照片——贫困山区小学里的孩子们，为能吃到早餐中的一个营养鸡蛋而欣喜不已（鸡蛋是当地政府提供）！那些孩子们每天的食物只是些白饭与干菜，外带一碗汤；那些孩子们没有每月几百的零花钱和干净漂亮的衣服，甚至连教室也简陋；那些孩子们，黑黑，瘦瘦，小小的身躯后还有那当民工挣钱不易的父母亲们！正是这些孩子们，他们比城市里的孩子更懂得珍惜粮食，更孝顺父母。他们知道要把鸡蛋吃得干净一定要小心地剥去外壳，也知道家中的父母与爷爷奶奶都没有吃过鸡蛋，于是会偷偷把鸡蛋省下来带回去给家人吃。没有一个孩子说蛋黄难吃，相反的，我感觉到的是，他们对鸡蛋的喜爱！

我要为明天准备一张白纸。或许每个人都是一张白纸，可能单薄不厚重；也许你早已涂上了鲜艳的色彩，淡雅抑或浓重；但是，你若不幸将它撕去一角与一落呢？这是一种心态，面对困难，你若低头你便单薄，遇到无奈，你若畏惧你便动摇，失去所有时你若愤懑不满抑或悲观消极，你便可能从此毁了你自己。

《假如我有三天光明》的作者海伦凯勒，失明，失声，处于黑暗世界的她本烦躁，本气愤，她的心本是被蒙上了一层层浓雾，她本想要放弃自己！而这么一个女孩，遇到她的人生导师之后，开始接受生活，接触阳光，开始用双手感受自然，用心灵欣赏每一种声音，用想象填补美丽的童话！如果她没有平静心态，如果她仍自暴自弃，如果她憎恨生命，如果她让心吞噬自己……是的，她没有！她没有撕去她的白纸，我知道，她纯洁，温柔，可爱……

我要为明天准备一片羽毛，因为它代表飞翔！这是一片能夹在书中的羽毛，虽小但足以让我拥有梦想，和铭记那份向往。

老师曾说我上课时的眼神是没有亮度的，没有一种对知识的好奇与渴望。我说，我是灯泡，没有足够的电力是发不了光的！对了，现在想想还得有根电线哩！是啊，那时的我不怎么喜欢课本上的知识，因为我有自己的天地！梦想也从此萌发！徜徉与对梦想执著的感觉就像飞翔，很轻很轻的，我漂浮于蓝天白云间，十分享受也很自在，甚至觉得我一个人也可以是一个世界！我忘不了那样的向往，也期待着明天的到来，因为，我充实在梦想中飞翔。

珍惜昨天，改变今天，憧憬明天。

可以说，其实，我为明天，分别准备了过去的反思与现今的饱满状态！

我的演讲完毕，谢谢！

金融11（1）白美璐

第二节　开幕词和闭幕词

本节教学目标

知识目标：

学习开幕词和闭幕词的概念、写作目的、针对对象和写作方法，了解和明确其在社会实践活动中的重要作用。

能力目标：

通过开幕词和闭幕词的写作任务训练，把理论知识转化为写作该文种的基本技能，掌握写作要领，并能熟练自如地进行写作。

写作任务

根据以下材料，按要求完成写作任务。

一年一度的秋季运动会又要举行了。在运动会的开幕式和闭幕式上学院领导照例都要发表讲话。请你替学院领导拟写在2012秋季运动会的开幕式和闭幕式上的讲话稿。

写作任务分析

这个写作任务主要是为了训练学生分清开幕词和闭幕词的差别，而学生能够真正掌握开幕词和闭幕词的写作方法，是完成写作任务首要的一步。

根据以上材料，我们可以做出以下情景分析：校运会对于学校师生来说，可谓较为重要的会议。学院领导和校运会开幕式和闭幕式上的讲话就是开幕词和闭幕词，是对会议的布置和总结性发言。

必备知识 & 工具箱

工具一：开幕词和闭幕词的概念

开幕词是指党政机关、社会团体、企事业单位举行重要会议或重大活动开幕时，由专程请来到会的上级领导、主办方负责人或主要领导人发表的带有提示性、方向性、指导性的讲话。一般用于较大型、较隆重的会议。

闭幕词是会议或活动闭幕时，由主办方负责人、主要领导人或会议主席团主席所做的总结性讲话。与开幕词形成首尾呼应，标志会议的善始善终。

工具二：开幕词和闭幕词的宗旨

开幕词的宗旨是宣布会议正式开幕，阐述和介绍本次会议的意义、目的、任务以及召开的背景、会议主要议程、对会议的希望和要求等。

闭幕词的宗旨是回顾并宣布会议圆满完成预定议程和任务、阐述和评价会议成果、展望会议结束之后的形势和趋势、提出对会议议定事项的贯彻执行要求以及宣布会议闭幕。从开幕词到闭幕词，颇有点像从计划到总结的过程。

工具三：开幕词和闭幕词的结构

开幕词和闭幕词都是由标题、称呼、正文等部分组成的。

➢ 标题

开幕词和闭幕词的标题有以下形式：

1. 会议名称 + 文种名称。即“第二十九届北京奥运会开幕词”、“第二十九届北京奥运会闭幕词”等。

2. 由致词人、事由和文种构成。其形式是“×××同志在××××会上的开（闭）幕词”。

3. 采取正副标题式。主标题揭示会议的宗旨、中心内容，副标题与前两种标题的构成形式相同，如“我们的文学应该站在世界的前列——中国作家协会第四次会员代表大会开幕词”。

4. 只写文种“开幕词”或“闭幕词”。

开幕词和闭幕词都要把“时间”（即讲话的日期）写在标题下面，一般用圆括号注明完整的年月日。开幕词和闭幕词的标题和时间都是只写不念，发言者直接从称呼开始讲话。

➢ 称呼

开幕词和闭幕词的称呼是一致的。最通用的如“女士们、先生们”、“各位代表、各位来宾”、“同志们”等。可以根据参会人员的具体情况选择恰当的有针对性的称呼。例如，教师代表大会用“各位老师”，运动会用“运动员同志们”，青年会议用“青年朋友们”等。

➢ 正文

开幕词和闭幕词由开头、主体和结尾三部分组成。

工具四：开幕词、闭幕词的写作要求

1. 并非所有会议或活动都使用开幕词和闭幕词，只有隆重的、有历史意义的大中型会议或活动才使用。

2. 篇幅不宜过长，要简洁明了。

3. 语言要庄重热情，富有号召力和鼓动性。

参考例文

例文一：

第三届教职工代表大会暨工会会员代表大会开幕词

（2012 年 3 月 7 日）

尊敬的各位领导、各位来宾、各位代表、老师们、同志们：

在即将迎来龙年新春之际，太原理工大学第三届教职工代表大会暨工会会员代表大会，在省高校工委、省教科文卫体工会的亲切关怀下，经过认真紧张的筹备，今天隆重开幕了。在此，我代表学校向大会的召开表示热烈的祝贺！向多年来一直关心和支持我校工作并莅临大会的各位领导、来宾表示热烈的欢迎和衷心的感谢！向各位代表并通过你们向全校全体教职员工致以诚挚的问候和美好的祝愿！

这次大会，是在我校深入贯彻党的十七届六中全会精神、省第十次党代会精神和省第十一届人大六次会议精神，深入贯彻落实科学发展观，实施“十二五发展规划”的关键时期召开的重要会议，是我校教职工政治生活中的一件大事，对于我校今后的大发展具有十分重要的意义。这次大会的主要任务是：听取并审议学校工作报告、学校第二届工会委员会工作报告；选举产生学校第三届工会委员会和工会经费审查委员会；审议通过《太原理工大学章程》、《太原理工大学事业发展“十二五”规划》，审议《关于校内岗位津贴实施方案（试行）》。开好这次大会对于学校进一步深入贯彻“三个代表”重要思想和党的十七大精神，团结带领全校教职工，抢抓机遇，迎接挑战，坚持改革，开拓进取，推动学校和谐、快速、跨越发展具有十分重要的意义。

同志们，教代会是学校管理体制的重要组成部分，是全体教职工对学校工作进行民主管理、民主监督、行使民主权利的重要组织形式；工会是党委联系和组织广大教职工的桥梁和纽带，肩负着维护教职工权益的基本职责，在学校工作中发挥着民主参与、民主治校的重要作用。我校教代会、工会在上级工会组织的关心下，在校党委的正确领导和校行政的大力支持下，在全体代表和广大会员的共同努力下，紧紧围绕学校中心工作，在积极参与学校重大决策、协调解决教职工关心的热点难点问题、维护教职工合法权益、推进学校民主政治建设等方面做了大量的工作；在组织广大教职工开展丰富多彩的文体活动，促进校园文明建设，营造和谐校园氛围，维护学校稳定等方面做出了重要贡献。在此我代表校党委和行政对各位代表表示衷心的感谢！

上次教代会以来，学校坚持把发展作为第一要务，不断深化改革、真抓实干、开拓创新，以“干就干好，争就第一”的要求和理念，不断取得一个又一个令人瞩目的成绩：学校第一次党代会的胜利召开，规划了学校的宏伟蓝图；新校区一期首批建设项目正式开工，标志着即将拓展我们的办学空间；教学、科研取得的重大成果，进一步增强了我们的综合实力；学校教职工待遇的大幅度提高，进一步激发了广大教职工爱校兴校的热情；“全国先进基层党组织”、“全国文明单位”的获得，进一步凝聚了人心，推动了学校各方面工作的健康发展。这些荣誉的取得，很振奋人心，大家切身感受到学校的发展和变化。在这里，请允许我代表校党委、校行政，再次向为学校发展付出辛勤汗水和艰苦劳动的广大一线师生员工和干部群众致以诚挚的谢意！

同志们，我们学校要实现和谐、快速、跨越发展，就必须紧紧依靠广大教职工办学，必须充分调动广大教职工的积极性和创造性，必须进一步动员广大教职工统一思想，齐心协力，不断开创工作的新局面。因此，开好这次“双代会”，一是要积极营造和谐的人文环境。我们学校的一切工作都要围绕发展这个主题，创造更有利于广大教职工学习、生活和工作的人文环境，以激发广大群众的创造力，形成凝心聚力、团结拼搏的良好局面。二是要注重创造良好的学术氛围。我们一定要本着尊重知识，鼓励创新，实行公平竞争，完善激励制度，形成优秀人才脱颖而出和人尽其才的良好环境的精神来加强学校学术环境的建设。三是要充分发挥教职工的民主权利。坚持和完善以教代会为基本形式的民主管理和民主监督制度，全面落实教代会的职权，切实保障教职工的合法权益；让教职工充分了解学校发展目标和现实工作状况，大力调动教职工为学校改革和发展献计出力的积极性，保证学校各项事业健康快速发展。

各位代表，同志们，今天，我们齐聚一堂，共商学校发展大计，校党委希望，全体代表一定要从坚持党的群众路线，从推进民主政治建设的高度，从学校改革、发展和稳定的大局出发，充分认识开好本次大会的重要意义。我相信，经过全体代表的共同努力，我们一定能够完成大会预定的各项任务，把这次大会开成一个统一思想、坚定信心的大会，一个民主团结、开拓奋进的大会。让我们团结一致、奋发努力，为把我校建设成为一所对国家有贡献、对社会有担当、对学生有责任的高水平研究型大学而奋斗！

最后，祝各位领导、各位来宾、各位代表，祝全体与会同志在新的一年身体健康，工作顺利，阖家欢乐！祝大会取得圆满成功！

谢谢大家！

例文二（闭幕词）：

2012年职工代表大会闭幕词

各位代表、同志们：

在县总工会的亲切关怀和指导下，在系统党委的直接领导下，平定县卫生系统第三届职工代表大会经过大会主席团和全体代表的共同努力，圆满完成了预定的各项任务，现在就要闭幕了。

这次会议，代表以高度的主人翁责任感，代表全系统广大职工认真履行宪法和《工会法》赋予的职责，听取并一致通过了系统第二届工会委员会所做的工作报告。大家一致认为，工作报告客观地、实事求是地总结了近处来我系统工会工作的成绩和经验，明确地提出了当前和今后一段时期工会工作的主要任务和工作重点。大会按照《工会章程》的规定，坚持民主集中制原则，选举产生了平定县卫生系统第三届工会委员会，为系统工会事业的承前继后提供了重要的组织保证。大会期间，全体代表以高度的政治使命感，畅所欲言，献计献策，使这次大会形成了团结、求实、开拓、奋进的大会，形成了一个继往开来的大会。

同志们，4月6日，《中共中央国务院关于深化医药卫生体制改革的意见》正式发布，提出“有效减轻居民就医费用负担，切实缓解‘看病难、看病贵’”的近期目标以及“建立健全覆盖城乡居民的基本医疗卫生制度，为群众提供安全、有效、方便、价廉的医疗卫生服务”的长远目标。这就为系统各级工会组织和广大工会干部提出了更新更高的要求。在新的形势下，卫生事业面临着前所未有的挑战，我们必须实事求是地、冷静客观地去面对束缚和影响卫生事业发展的管理体制、人事制度、分配制度和激励机制等各个方面的困难和问题，解放思想，迎难而上，敢于打破习惯势力和传统思维的束缚，认真研究和解决前进道路中的新情况、新问题，创造性地开展工作。因此，大会以后，各位代表一定要积极行动起来，广泛深入地宣传这次大会精神，认真学习领会

《中共中央国务院关于深化医药卫生体制改革的意见》并投身于新医改的实践中，全面贯彻落实好《工会法》，充分发挥广大职工的积极性、主动性，鼓励和调动广大职工投身改革，爱岗敬业，为促进全县卫生事业发展做出新的更大的贡献。

在大会即将闭幕之际，请允许我以大会名义，向全体代表，向奋斗在卫生战线一线的广大卫生工作者，表示最衷心的敬意！

现在，我宣布：平定县卫生系统第三届职工代表大会圆满闭幕！

写作实训

完成前述写作任务。要求：

1. 符合开幕词和闭幕词的写作规范；
2. 主题突出，逻辑清晰，语言得体，文字通顺。

检查与评估

1. 学生结合前述写作规范，自我检查或相互检查；
2. 教师选择学生例文进行点评。

写作实训拓展

1. 修改、完善前述写作任务；
2. 总结自己完成写作任务的得失。

参考范文

范文一：

2012年秋季运动会开幕词

尊敬的各位领导、各位老师、同学们：

大家好！

在这充满收获的金秋时节，伴着职业教育快速发展和我院深化改革的强劲东风，我院2012年秋季运动会隆重开幕了！首先谨向精心筹备、参与本届运动会的教职工表示诚挚的谢意！向全体裁判员和运动员致以亲切的问候和良好的祝愿！

同学们，老师们，人的全面发展，应当是包括身体素质在内的各方面素质的和谐发展。体育教育是素质教育的重要方面。运动会为体育竞技提供了交流场所，也为体育文化提供了交流的平台。作为一种群众广泛参与的社会活动，体育运动不仅可以增强人们的体质，也有助于培养人们勇敢顽强的性格、超越自我的品质和迎接挑战的意志，同时有助于培养人们的竞争意识和团结协作精神，对丰富人们的文化生活，弘扬集体主义、爱国主义精神，增强国家和民族的向心力、凝聚力，都起到了不可缺少的重要作用。

今天的运动场，红旗飘飘，师生共聚，其乐融融，到处洋溢着一派喜庆祥和的节日气氛。这是一场全院师生员工的大盛会，大家走出教室，走出办公室，汇聚在蓝天绿地之间，分享这新鲜的空气和明媚的阳光，共同推进我们的教育和体育事业。参加此次盛会的有各系部的学生、各部门的同志，这充分反映出以参与意识、健康意识、竞技意识为重要内容的现代体育理念已深入师生的心中，也充分展示了我院师生意气风发、携手并进的良好精神状态。

希望各代表队、全体运动员、裁判员，严格遵守竞赛规则，认真履行和承担权利与义务，发扬奋发勇为、吃苦耐劳、顽强拼搏、团结互助的精神，赛出竞技水平，赛出道德风尚，赛出个性风采，赛出团结友谊。通过这次运动会，在我院更进一步掀起人人关注体育，人人重视健身的热潮。

同学们，老师们，我们重视学习，但更重视过程的体验。愿成绩与风采同在，友谊与欢乐并存。让我们牢固树立终身体育的观念，让“更高、更快、更强”的奥运精神奏响我们生命的强音！让我们借助这样一个体育盛会，共同祝愿我院更加繁荣昌盛、兴旺发达！

最后，预祝全体运动员取得优异的成绩！预祝本届运动会取得圆满成功！

谢谢大家！

范文二：

2012年秋季运动会闭幕词

老师们、同学们：

2012年秋季运动会圆满完成了各项预定项目，就要闭幕了，在此我代表运动会组委会向在本届运动会中获得团体奖的系部以及取得优异成绩的运动员和各部门的教职工表示热烈的祝贺，向为本届运动会付出辛勤劳动的裁判员老师、各部门工作人员表示衷心地感谢！

本次运动会广大师生踊跃参与，积极响应。当运动会落下帷幕，比赛的结果并不是最重要的，最重要的是参与、是勇气、是坚持以及在这个过程中我们所能体会到的同学的友爱、集体的温暖和团队的协作。

本届秋季运动会的成功举办，是全院师生共同努力的结果，充分展示了我院师生良好的道德风尚和文明建设的成果。在运动会筹备过程中，全院各系、各班级的老师和同学们把参加比赛和开幕式入场式训练，作为培养集体主义精神、团队精神的极好契机，精心组织、刻苦训练，为所在系争光，为所在班级争光；在比赛过程中同学们努力拼搏、争创佳绩，展现了我校师生追求卓越，行胜于言的良好校风。运动会组委会各有关部门密切配合，努力工作，保证了运动会的顺利进行，为学院举办大型体育活动又一次积累了新的经验。

老师们、同学们，举办此次秋季运动会是学院德育教育工作的重要组成部分，也是学院开展素质教育，建设文明和谐校园的必然要求。希望全院师生积极投身到体育健身活动中来，锻炼身体、增强体魄，以良好的体质、愉快的心情进行学习、工作，把“更高、更快、更强”的体育精神融入到我们的工作学习之中。积极向上，顽强拼搏，谱写我们美好幸福的人生，并以这种精神迎接我们太原技师学院更加辉煌的未来。

最后，我宣布，2012年秋季运动会闭幕。

第三节　欢迎词和欢送词

本节教学目标

知识目标：

学习欢迎词和欢送词的概念、写作目的、针对对象和写作方法，了解和明确其在社会实践活动中的重要作用。

能力目标：

通过欢迎词和欢送词的写作任务训练，把理论知识转化为写作该文种的基本技能，掌握写作要领，并能熟练自如地进行写作。

写作任务

根据以下材料，按要求完成写作任务。

任务一：

王某担任秘书工作多年。最近，她刚好跳槽到一家酒店担任秘书工作。正值酒店开业庆典，办公室主任找到她，让她替董事长写一份在酒店开业庆典上的致辞，并且告诉她有哪些政府领导、业界同仁及其他嘉宾将出席庆典活动。现请你代王某写一下这个讲话稿。

任务二：

你们集团公司和国外某公司有合作关系。一个星期前，该公司领导率团来你公司，经洽谈后，与你公司达成四个实质性合作协议。半个小时后，他们就要启程回国了。集团公司总经理要在他们启程前的短暂聚会上致辞。假如你是总经理的秘书，请你帮他拟写这份讲话稿。

写作任务分析

这个写作任务主要是为了训练学生分清欢迎词和欢送词的差别，而学生能够真正掌握欢迎词和欢送词的写作方法，是完成写作任务首要的一步。

根据以上材料，我们可以做出以下情景分析：

第一项任务的写作情景：酒店开业庆典，政府领导、业界同仁及其他嘉宾等将莅临现场，酒店董事长要在开业庆典上致辞，这个致辞主要是对各位嘉宾的到来表示欢迎，同时对他们曾经的帮助和支持表示肯定，因此，王芸要拟写的应该是一份欢迎词。

第二项任务的写作情景：国外合作伙伴一星期前来访，与本公司达成了合作协议，现在，合作伙伴一行半小时后要回国。很显然集团总经理的致辞属于欢送词。秘书在欢送词中，要表达对宾客的欢送之情，对其到来的意义进行肯定，并表示美好的祝愿。

必备知识 & 工具箱

为了完成以上写作任务，必须掌握一些欢迎词和欢送词的基本知识，学生应对这些知识有清晰的认识。在以上写作情境中，学生除了必须了解欢迎词和欢送词的概念、目的和针对对象外，还应该学会撰写不同用途的欢迎词和欢送词。

工具一：欢迎词和欢送词的概念、目的和针对的对象

➢ **欢迎词和欢送词的概念**

欢迎词是在一定场合中由单位代表或个人向某人或团队表示欢迎时所作的热情讲话。

欢送词是在一定场合中为送别某人或团队去其他地方或新的岗位时由单位代表或个人所作的热情讲话。

➢ **欢迎词和欢送词的目的**

欢迎词的目的是为了表达讲话者所代表的单位或个人对对方的迎接之情。

欢送词的目的是为了表达讲话者所代表的单位或个人对对方的送别之情。通过这种迎送仪式传递友谊、寄予期望、表示祝福。

➢ **欢迎词和欢送词针对的对象**

欢迎词针对的对象通常有三种，一是从远方来开会、访问的客人，二是新到本单位工作的人（如新上任的领导或刚分配来工作的大学生），三是从外地、其他岗位结束工作回到本单位的人（如援藏干部、下基层工作的人员）。

欢送词针对的对象通常也有三种：一是即将结束会议、访问而返回原地的客人，二是即将奔赴新的岗位、去新的地方工作的人（如毕业生、新入伍的战士），三是即将离岗的人（如离退休干部、退休职工）。

工具二：欢迎词和欢送词的写法

欢迎词和欢送词的写作结构基本一致，一般由标题、称呼、正文以及落款等部分组成。

➢ **标题**

标题可以分为以下几种：

一是直接用文种“欢迎词”、“欢送词”做标题。

二是“活动名称 + 文种”为题，如《在江苏省写作学会第八届年会上的欢迎词》等。

三是以“致词人 + 活动名称 + 文种”为题，如“×××在欢迎×××宴会上的欢迎词”、“×××在×××会上的欢送词”等。当然，讲话者的名称也可以写在标题下，同时还可以将发表讲话的日期加括号标注在标题之下。

➢ **称呼**

对迎送对象的称呼。出于礼仪需要，称呼要用全称，并在姓名前加“尊敬的”、“敬爱的”，在姓名后加职衔。写称呼特别是写对方职务时一定要注意，要符合对方的习惯，要分主次，要照顾周全，不要有遗漏。有些职务名称要事先了解清楚。如“尊敬的×××总统阁下”、“尊敬的×××先生及夫人”等。

➢ **正文**

欢迎词的正文包括三部分内容，首先用简洁的语言代表欢迎单位向欢迎对象表示热烈的欢迎；接着分析和评价对方到来的背景、意义、影响等，也可以交换在相关事务中的原则立场，亦可对会议或活动做预见性评价；最后再次表示欢迎与问候，并以良好祝愿作结，如祝对方在本地（本单位）期间身体健康、生活愉快。

欢送词的正文写作，首先说明举行何种欢送仪式、致词人身份，再代表欢送单位向欢送对象表达欢送之情。

接着回顾在过去的日子里彼此的接触、交往，对对方做出肯定的评价。对具有合作历史的来宾，或回顾双方在合作项目上的一致立场，取得的突破性进展，或赞扬对方付出的努力，表达希望或陈述本次合作交流对双方的意义。对初次来访宾客，阐述双方在访问期间合作意向的一致立场，肯定双方在共事合作期间友谊的增进。

最后提出希望，表达美好的祝愿，欢迎对方今后再来。如果是送别短期来访客人，可以在正文中加写从对方身上学到了许多宝贵的经验以及限于条件对对方照顾不周、恳请谅解之类的谦虚、客气之语。

➢ **落款**

署上致词人姓名和日期即可。

工具三：欢迎词、欢送词的写作要求

1. 致词要考虑对象的不同身份

欢迎词、欢送词往往面向不同身份的宾客，如上级负责人、合作单位、亲属朋友等，他们以不同目的造访，要针对对象致词，表达不同的内容与感受。

2. 致词要针对不同的场合

欢迎、欢送的场合多种多样，有用于纪念庆典的酒会、宴会，有用于党政、业务工作目的的代表大会，有用于商业往来的展销会、订货会，有用于私人聚会的家宴、仪式等。致词要针对不同的场合，如用于私人聚会的欢迎词轻松欢乐，而为远赴灾区志愿者壮行的欢送词则严肃悲壮。

3. 内容表达要准确

在内容表达上，要注意准确表达观点，要突出双方共同关心的话题，以淡化分歧点，有礼貌，有分寸，既尊重对方又不卑不亢；在语言表达上，要注意措辞准确，使致词用语符合会议或活动主旨、氛围、符合逻辑，简洁、精炼、口语化。

参考例文

例文一（欢迎词）：

在湘潭师范学院97级新生开学典礼上的讲话

湖南　杨鹏程

各位老师、各位同学：

你们好！

首先，我谨代表全院教职员工，请97级的新朋友们猜个谜语。谜底嘛，是一件大家非常熟悉、一辈子都离不开的东西。再穷的人家也至少“拥有一个它”，每天少不得几十次上百次地同它打交道。但是，人们往往对它漠然置之，熟视无睹。请问：这是什么？很遗憾，大家都没有猜中，只好由我自己亮出谜底，这就是我今天演说的题目——门！不是吗，再穷的人家至少也拥有一扇门。

世界上最有名的门是法国的凯旋门，中国最有名的门是天安门。我们今天不讲凯旋门，不讲天安门，只说一说咱们湘潭师范学院的校大门。这幢门，线条流畅，姿态优雅，造型别致新颖，号称湖南高校第一门。那么它的造型有何深刻的寓意？我院十个教学系的教授都有不同的看法。

中文系：汉语教授——这个造型代表“湘潭师范学院”第一个字“湘”的汉语拼音第一个字母“X”。它表示，当你踏进这座大门，你就成为湘潭师范学院的一员，成为一名光荣的大学生。在此，我代表全院1 015名教职员工对97级1 200名新同学表示最热烈的欢迎！文学教授——校门的上半部分是浪漫主义的诗歌，下半部分是现实主义的散文，因此它是革命的浪漫主义与现实主义结合的产物！

数学系：代数教授——字母“X”。在数学王国里x代表未知数，昭示着我们要不断探索，对社会、对科学、对人生各种各样的方程式去求解求根。几何教授——这是双曲线坐标图，横轴和竖轴代表科学与真理。双曲线可以逐渐接近轴线，但永远不能重合。它告诉我们，科学与真理没有终点，因此要不断地攀登，不懈地追求！

物理系：力学教授——这是一条抛物线。它的寓意是：学习如逆水行舟，不进则退。声学教授——声波震动示意图。它的寓意是：人生如波如潮，有起有落，胜不骄败不馁才算真英雄。

化学系：无机化学教授——这是最新合成的第109号化学元素的原子结构模型。有机化学教授——这是酒精灯与烧瓶的模型，正在做有机物的化合与分解反应实验。

外语系：英语教授——这是由两个英文字母“S”组成的图案，S是英文“科学”（赛因斯）的第一个字母，说明这是一座科学的大门。俄语教授——它是俄语单词“哈拉索”的第一个字母“X”，“哈拉索”是好的意思，它告诉你湘潭师院天好地好环境好，山好水好人更好！

政治系：哲学教授——它代表哲学上一分为二与合二而一两种理论命题的探讨。经济学教授——一高一低，代表工农业产品价格的剪刀差。

历史系：中国史教授——这是两件著名的出土青铜器模型的组合。上半截是四羊方尊，下半截是司母戊大方鼎。世界史教授——这是一座凯旋门，祝贺你们，高考战场的凯旋英雄！

地理系：自然地理教授——这是地球结构的剖面图，高的是喜马拉雅山，低的是马里亚纳海沟，中间是地壳，底下车水马龙人来人往是岩浆涌动的地心。经济地理教授——像稻穗，像鱼跃，说明湖南是鱼米之乡。

艺术系：美术教授——这是一件抽象派的艺术雕塑。音乐教授——这是五线谱中的一个标识符号。

生物系：植物学教授——细胞一分为二。动物学教授——像只老母鸡在下蛋，也像蛋壳里孵出的小鸡。它代表生物学上一个永恒争论的话题，世界上到底是鸡先生蛋，还是蛋先生鸡？

咱们的校大门寓意深邃，真可谓仁者见仁，智者见智。这是一座幸运之门，这是一座光荣之门，这是一座科学之门。你们从三湘四水踏进这座校门，你们是时代的骄子，社会的宠儿；2001 年你们步出校门奔向五湖四海，你们将是社会的栋梁，中国的希望！希望你们在门内的四年勤奋刻苦，门门功课优秀，为校大门添砖加瓦；跨出校门后献身科学，献身教育，争当中国的爱因斯坦、门捷列夫，为校大门增色添彩！

谢谢大家！

例文二（欢送词）：

未　　来

——2011 届毕业典礼致辞

（华中科技大学校长　李培根）

亲爱的 2011 届毕业生同学们：

你们好！在你们完成学业并走向未来的时刻，首先，向你们表示最热烈的祝贺！

前两天，我看到你们歌之、唱之、舞之、蹈之、哭之、喊之、泼之以及醉之。我知道，你们在以你们的方式迎接未来。

我知道你们高兴，激动。月初，总书记来到我们的校园，同学们在欢呼激动之后，又深情地畅想华中大的未来；华中科技大学的校友、你们的娜姐刚刚在法网夺冠，那是我们共同的喜悦。高兴雀跃之余，你们想到了学校红土网球场的未来。

最近我参加了你们“畅想未来”的活动。我知道你们中的陈超在中央电视台“主持”未来；刘乐在学校“导演”未来；有的同学准备到西部大企业的车间中“绘制”未来；有的将要到部队里去“保卫”国家的未来；还有的同学打算“创业”未来……。我突然有所感慨，华中大的教育开始变得生动起来、饱满起来！那生动和饱满将带给更多学子美好的未来，也将成就华中大的未来！

其实，过去的几年，你们一直在以不同的方式迎接未来。同学们在党旗的领航下、在大别山的小道上、在“医疗下乡小组”的义诊中、在“黔途爱心团队”的跋涉中，迎接未来；你们在人文、科学精神与实践、华中大校友的讲坛中迎接你们的未来；在联创团队、海豚娱乐（安徽卫视粉丝网）团、读书汇等社团活动中迎接未来；在瑜珈山麓、森林公园，东湖畔、青年园，在小径里、石凳上，亭阁中、荷塘边，梧桐下、垂柳旁，腊梅中、桂香里，你与你的他（她）一起梦想着未来。

我看到你们通过记录过去而迎接未来。我看了时间先生导演的电影《华科的秘密》，看到了刚刚公映的由学生自编自导自演的《断弦》。我看到一个同学去九宫山“单骑走天下”的记录：“什么是绝望，是一次次有了希望时却发现只是错觉；什么是挑战，是在看不到希望和前路时依然的坚持；什么是勇气，是孤独挺进中旁人给你的一句‘加油’！”“人生总在颠簸中前行，其意义就是在面对困难险阻时不断去征服。”从你们记录的过去，我看到了华中大学学子的未来。

我注意到你们迎接未来的感悟。你们中的一位同学说“走出大学，我们什么都不是了，不再是天之骄子，不再是象牙塔中的高材生，我们只是一颗螺丝钉，需要用螺丝钉的精神去在社会中发挥作用。”还有的说“走向不平凡的第一步就是承认自己彻彻底底的凡人一个。会有焦虑，会有愤怒，会有伤感，有难以掩饰的胆怯，甚至是无法平息的嫉妒、令人作呕的虚荣以及毫无顾忌的贪婪。”说得真好！我为你们骄傲，你们成熟了，但是我还是想多几句关于你们未来的叮咛。近年来，我有所感悟，教育一定要面向未来。梁启超在《少年中国说》一文中有一段很精彩的话：“惟思将来也，故生希望心。……唯希望也，故进取。……惟进取也，故日新。”“使举国之少年而果为少年也，则吾中国为未来之国，其进步未可量也。”希望你们毕业之后，依然少年，依然要面向未来。为了你们自己，为了未来之国。

不管你愿意不愿意，你的未来一定与国家的未来联系在一起。三十多年来，我们的国家一直在摸着石头过河，我们还没有完全淌过社会主义初级阶段的那条河。未来，前面是否还有石头可摸？党和政府号召创新社会管理，我们如何能有一个健全的公民社会？未来是否有你的一份责任？

同学们，请你们关注，科技的发展会给社会的未来、你们的未来带来何种变化。你们是否准备好了如何面对未来波澜壮阔的能源革命、不可思议的生命科学？还有似乎无止境的信息技术和人工智能？或许，不久的未来，你们就可能得到物联网、云计算而致的享受，你们就可能尝试器官再生、个性化医疗的成功。这些技术可绝不是浮云，相反地，能够很好地运用它们、驾驭它们，你们或许真如“神马”，能驰骋在天际，遨游于云端。

同学们，你们一定希望拥有一个美好、幸福的未来。未来的美好和幸福在哪里？

要想有一个美好灿然的未来，先使自己的内心美丽起来。最近中国青年报详细报道了我们的校友、你们的学长占美丽执著地投身于垃圾处理这一平凡的事业。看看那平凡事业中的不平凡事迹吧，你们一定会感动。她内心的美丽和强大使她非常自信：“花开的时候，我最美丽！”

未来的幸福在内心的安宁，在自身的和谐。你堂堂正正地做人，踏踏实实地做事，你就能守住内心的安宁。你靠自己的努力和拼搏，你不需要在别人面前说你爸是谁。未来你们可以在不断努力拼搏的过程中自然地实现自我，但切不要偏执的自我实现。

未来的幸福在感恩和报答。成功既需要贵人的提携与相助，又需要众多普普通通人的烘托与帮衬，那都值得你感恩。懂得感恩，你一辈子或许有贵人相助；知道感恩，你未来的生活将充满阳光。至于你伟大的母亲，你更要感恩，更要报答。母亲的伟大不在于她有多大能耐，不在于她有多么完美，更不在于她有多么高贵。你们一定知道被网友称为“暴走妈妈”、平凡的陈女士，咱们华中科技大学同济医院陈孝平教授和她一起创造了不平凡的奇迹。为了孩子，其实很多母亲都有可能做那样的事情。未来你赚了钱，常常寄点钱回去补贴父母，即使他们说有钱；未来你条件稍好的时候，把父母接过去享享清福，即使他们说不习惯；未来偶尔亲手做一点他们想吃的饭菜，即使他们说不用你做；更要常回去，量量他们的血压，看看是否有骨质疏松，即便他们说感觉还好。同学啊，感恩和报答可是你一辈子的为人之要。

同学们，看清未来不容易。未来是矛盾的，神奇的，难以言说的。

某些未来是很确定的。一方面意味着事物发展的规律终将不以人们的意志为转移，另一方面意味着，你时时在不知不觉中确定你的未来，未来就在眼前的努力与拼搏中。

然而更多的时候，未来是不确定的，有时候甚至是那么不可思议。我年轻时也憧憬过未来能穿上白大褂，我还当过一个多月的赤脚医生，为乡亲的健康效力而感到兴奋的时刻还刚刚开始时，就被下岗了。后来差不多有机会走到医学院的门口时，我又被拒绝了。在失去理想中的未来时，我不得不面对现实中的未来。日后或许你们会逐渐明白，你很精细地设计自己的生涯、规划自己的未来，你是那么迷恋未来的某一目标，但很可能你迷恋的对象—未来却不跟你玩。别难为你的未来。其实，你若真把自己的未来看得那么透彻，人生可能也不那么有意思了。华中大教给你大智慧，不教给你小聪明。

任何社会都存在好些令人不满意的事情。一方面需要人们有质疑批判精神，另一方面更需要建设精神。未来，倘若一切都令你看不惯，你只知道毫无顾忌地怀疑一切、批判一切，却不知道如何建设，那你很可能被边缘化。不要嘲笑人们对未来美好的憧憬，不要玩弄人们对未来希冀的真诚。人间的美好需要你们去建设，社会的互信需要你们去呵护。同学啊，华中大教给你质疑批判精神，不教给你犬儒主义。

未来是大度的。少数同学可能在茫然、疑惑、不解、甚至痛苦中沉思着未来。也许过去你过分消遣和娱乐过未来，你浪费了不少宝贵的光阴，今天方知往事不堪回首，你不知道未来路在何方。站起来，前行就有路。未来依然愿意迎接你，依然愿意把你拥入怀中。同学啊，华中大教给你雄起，不教给你趴下。

亲爱的同学们，关于未来的话太多。最后我还想叮咛一句，未来要说真话。你如果说真话，别人会倾听。你如果说假话，或许只有风会听。华中大教你对人说真话，不教你跟风说假话。

再见了，同学们！在未来，在远方！

写作实训

完成前述写作任务。要求：

1. 符合欢迎词和欢送词的写作规范；
2. 主题突出，逻辑清晰，语言得体，文字通顺。

检查与评估

1. 学生结合前述写作规范，自我检查或相互检查；
2. 教师选择学生例文进行点评。

写作实训拓展

1. 修改、完善前述写作任务；
2. 总结自己完成写作任务的得失。

参考范文

范文一：

在开业庆典上的欢迎词

尊敬的四川省旅游局领导，南充市旅游局领导，中共仪陇县委、县人大、县政府、县政协领导，各位来宾，各位业界同仁和朋友们：

大家上午好！

今天，仪陇领地国际酒店开业庆典仪式在这里隆重举行，作为外来投资商，我们无比荣幸地邀请到了各位领导和各位嘉宾参加庆典仪式，请允许我向在百忙之中光临庆典仪式的各位领导和嘉宾表示热烈的欢迎和衷心的感谢！向为酒店建设付出心血和汗水的全体施工人员和酒店服务人员表示亲切的问候！

领地国际酒店的建设，得到了南充市旅游局领导的亲切关怀，得到了仪陇县委、人大、政府、政协领导的关心和大力支持，得到了仪陇县级有关部门和各界人士的大力帮助，在此，我一并表示衷心的谢意。

千秋伟业千秋景，万里江山万里美。领地国际酒店于2010年5月动工建设以来，全体人员克服各种困难，经过一年半时间的奋力拼搏、保证了酒店顺利开业，建成后的领地国际酒店，总投资1.2亿元，设计新颖，风格别致，功能齐全，无论是主体建筑，还是装修装饰，都构思宏伟，气势恢宏，手笔大气。酒店主体共八层，建筑面积12 000余平方米，定位于四星级酒店，内有容纳600余人的多功能会议室，中西餐厅、茶坊、桑拿保健中心，各种格调的标准房、商务用房和豪华套房180余间，床位260余个。酒店前有休闲广场，后面设有200多个泊车位的现代化停车场。仪陇领地国际酒店的开业，对提升仪陇新县城的综合配套功能，发展仪陇旅游，增添了流光溢彩新的一页。

“有朋自远方来，不亦乐乎”。酒店开业之后，我们期待各位领导、四方来宾、各位朋友予以更多的支持、关心、重视和理解。同时也希望酒店管理层和全体员工要强化管理，规范运作、热情服务、爱岗敬业、尽心尽力把领地国际酒店做成有品位、有档次、有影响、有效益的一流四星级酒店。

尊敬的各位领导、各位来宾，仪陇领地国际酒店在建设筹备开业期间，得到了各级领导和社会各界的关爱和帮助，在此，我再一次向大家表示衷心的感谢！祝各位领导和各位嘉宾工作顺利，身体健康，万事如意！

谢谢大家！

仪陇领地国际酒店董事长　蒋文波
二〇一一年十二月二十八日

范文二：

欢　送　词

尊敬的×××先生：

再过半小时，您就要起程回国了。我代表×××集团公司，并受×××副部长之托，向您及您率领的代表团全体成员表示最热烈的欢送！

我十分高兴地看到，近一个星期以来，我们双方本着互惠互让的原则，经过多次会谈，达成了四个实质性协议，取得了令人满意的成果。在此，我们对您在洽谈中表现出的诚意和合作态度，深表感谢！我衷心地希望您和您的同事们今后一如既往，为进一步发展我们双方的经济贸易往来而不懈努力！

我们期待着您和您的同事们明年再来这里访问。

谨致最良好的祝愿！

×××集团公司总经理×××

二〇一一年七月九日

第五编

传 播 文 书

传播是指为扩大政府、单位、人物、商品或某一事件的影响，向公众进行有目的的宣传的各种方式和手段的总和。而传播文书就是这种有目的宣传的专用文体。解说词、导游词、广播稿、新闻评论、新闻及通讯等都属于传播文书。在这篇里，我们主要介绍消息和广告文案两种常用的传播文书。

第一章

消　　息

本章教学目标

知识目标：

学习消息理论知识，了解各种消息的区别，明确其在社会实践活动中的重要作用。

能力目标：

通过消息写作任务训练，把理论知识转化为写作该文种的技能，掌握写作要领，并能熟练自如地进行写作。

写作任务

任务一：

大学，是一个五花八门的世界，平时都会有很多的活动提供给新生们参加。参加这些活动不仅可以与其他一些优秀的同学结为好朋友，同时也提升了你的自信心，让你逐渐成长起来。现在校园里又有了许多各种各样的活动，请你以消息的形式来报道最近在校园里举办的活动。

任务二：

旅行的意义，不是逃避，不是放松心情，更不是炫耀，而是为了洗一洗身体和灵魂，给自己换一种新的眼光，甚至一种生活方式，给生命增加多一种可能性的叉枝。现在旅游一词已经普及在人们的生活中了，许多公司许多企业也实行了给员工放假去旅游的政策，这不仅可以增加员工对公司的归属感，而且还可以使员工保持好心情。现在假设某公司组织外出旅游，请你写一篇关于此次旅游的活动报道。

任务三：

随着社会的飞速发展和社会信息量的不断增长，会议已成为现代社会开展政务、经济、文化及其他活动的一种重要方式。被用来表示有组织、有领导的民主协商和决定某些事项的临时性集会，也就是我们通常所说的“开会”。现在，越来越多的公司都要开例行的会议。现在，请你写一篇客户参加你们公司会议的报道。

必备知识 & 工具箱

为了完成这个写作任务，必须掌握一些消息写作的基本知识。学生应对这些知识有清晰的认识。

工具一：消息的概念

对新近发生或发现的有新闻价值和社会意义的事实的迅速及时、简明扼要的报道，这样一种新闻文体，即是消息。因其在新闻诸文体中使用频率最高，使用数量最多，是新闻报道中最常用的文体，故人们常把消息称为新闻。狭义的新闻即指消息。

工具二：消息的文体特征

新闻体最基本的特征有三，即事实性、真实性和新鲜性。消息作为新闻体之一，自然也具备这三个特征。但除此三点之外，它还有自己的“个性”：

➢ **用事实说话**

用事实说话是消息的一个重要特征，也是消息写作的一种基本方法，又是客观报道的形式。事实是最有说服力和感染力的，只有事实内容是客观的，报道形式是客观的，新闻才具有可信性，才能充分发挥作用。

当然，消息也是要表达观点和倾向的，消息写作并非没有立场、观点的纯客观的“有闻必录”。重要的是作者主要是通过对事实的选择和叙述较间接地流露出自己的观点和倾向，寓观点于事实之中。主要不是讲道理，而是讲事实，显示事实本身的逻辑。因此，作者应少发或不发直接的议论。要发议论，只能是必要之处的“点睛”之笔。

初学写消息者常忽略这一特征。写作中总是急不可待地站出来直接地对所写人或事发表看法、评价，对其意义进行明明白白的揭示，造成议论多于事实，内容抽象、空洞，缺乏真实性，也难以让受众接受。

用事实说话的具体方法很多，如以小寓大、对比衬托、不偏不倚、再现场景、细节运用以及非感情色彩的中性语言等等。下面介绍几种较常见的方法：

1. 借口说话。即借他人之口，说自己想说的话。此法常用引述，故又称引述法。具体又有两种情况，一是假托，即作者假托他人之言，实际上均是记者之语。如西方记者常用“此间观察家”说什么什么，观察家其实就是记者自己。

2. 是实引，即实实在在引用别人的话。话虽是别人的，但却经过记者选择，别人话中的观点也是记者想表达的观点。

3. 全面、平衡。即要把构成该消息的主要事实和盘托出、好的坏的、美的丑的都报道。当社会各方面对某一事实（事件）有不同的意见，报道应让各种见解都有同等的表达机会。

➢ **以叙述为主要表达方式**

这一特点亦与“用事实说话”相关。消息通常不对人物事件做浓墨重彩、精雕细刻的描写；因为“记者的舌头是缩在后面的”，所以也不用或少用直接的议论和抒情。叙述是其主要的表达方式。

➢ **简明扼要**

消息一般篇幅均较短，几十字、百把字或几百字，故列宁曾称之为“电报文体”。特别是现在，人们生活节奏快、时间观念强，希望在最短的阅读时间里获取尽量多的信息。当然，短要建立在实的基础之上，长而空固然不行，短而空也不好，空洞无物的短，也是长。

很多人认为短新闻写不了大主题，短文因其短小而“困锁才情”。故而一味追求“长”，本来最好写两百字消息的题材，通过对其“信息”层次的“开发挖掘，”硬拉出一篇数千字洋洋洒洒而空空洞洞的通讯。有些作者则片面求短，一件具体生动的事，去其“血肉”，只剩几根“枯骨”。这两种倾向，都是应该注意的。

写短是一种艺术。消息写短的方法很多，如一事一报法，浓缩（概括）事实法，取其一角法，化整为零法（纵向分解和横向分解）、变更体裁法、先简后详搞连续报道等等。

此外，消息在新闻体诸体裁中，时效性是最强的，对“时间新”的要求最高，要求争分抢秒，迅速完稿，“立马可待”。

工具三：消息的类型

消息的类型多种多样，从不同的角度看，有不同的类型。

按新闻所报道事件的性质来分，有事件性新闻和非事件性新闻。事件性新闻是对新近发生的事件的报道，时间性强，如动态消息、特写性消息等。非事件性新闻与事件性新闻相对，报道的是一个阶段持续发展的事物。如综合消息、经验性消息、述评性消息等。

按报道内容分，有政治新闻、经济新闻、科技新闻、军事新闻、体育新闻、教育新闻、文艺新闻以及社会新闻等。

按媒体分，有文字消息（报纸）、广播消息、电视消息和网络消息等。

按篇幅分，有长消息（1 000 字左右）、短消息（500 字左右）、简讯（200 字以内）等。

按新闻与读者关系来分，有硬新闻和软新闻。

现在国内比较通行的是按写作特点来分类，把消息分为动态消息（包括会议消息）、综合消息、经验性消息（典型性报道）、述评性消息、人物消息、特写性消息以及新闻公报等。近几年，新闻写作中又出现了解释性消息、预测性消息等。

下面对常见的几种消息种类略作介绍：

1. 动态消息

动态消息是同经验性消息（典型报道）等相对而言的，类似西方新闻界的硬新闻。它报道新近发生的大大小小的事情，反映新情况、新成就、新问题、新气象等，也包括会议活动在内。它一般以一地一事、一人一事为对象，篇幅短小，文字简洁。有短到几十字，两三句话的，称简讯或简明新闻。概括起来，它有以下几个主要特点，即：以事物的最新变动为主要着眼点；以时新性与重要性为主要的价值取向；以突发性事件为主要报道内容；以客观叙事为基本特征；以开门见山、一事一报为主要写作原则；要给人以动感和现场感等。

2. 综合消息

它是综合反映带全局性的情况、动向、成就和问题的报道。它涉及的面较广，声势较大，能给人较为完整的印象。要求占有全面、充分、典型的材料，既有面的形势、成就、趋向，又有典型事例的说明、分析，讲求点面结合以及观点和材料的统一，善于将概貌的介绍与具体事例的叙述结合起来，做到既有深度，又有广度。概括起来它也有以下几个特点，即：它所涉及的新闻事实不像动态新闻那样直观易见，往往有一定的隐蔽性；它要通过综合新闻事实来表现新闻主题；注重点面结合、多角度地反映客观事物和人物的面貌；注重背景材料的运用；重视新闻根据、新闻来源的交代；注重分析，但又以客观的方式来表现，作者尽量不直接出面发议论。

3. 经验性消息

它是报道典型经验，用以推动全局、指导工作的一种消息体裁。它既有概括的观点，又有具体的作法，它偏重于交代情况、叙述做法、反映变化、总结经验。篇幅一般比其他体裁要长，但不宜贪大求全，应注意其针对性。这类消息贵在题材重大、典型，提供的经验具有普遍的意义。写作时要着眼于政策，避免陷入事物性与技术性之中。

4. 述评性消息

它是用叙议结合的方式来反映国内外重大事件的一种消息。它的特点是既叙述事实，又评论分析；事实材料要丰富、典型，评论、分析要讲究逻辑，言简意赅；叙述和议论要紧密结合，防止有述无评、只评不述、述评脱离，其“评”在此种消息中的地位和目的、文章对时间的要求、文章篇幅等方面均与新闻评论不同，应注意区别。

5. 特写性消息

它是报道重要新闻事件中人物活动片断和事件场景的消息体裁。它的特点是运用形象的语言，再现人物活动过程和场景，给人以如见其人、如临其境的感受。它重描写，要求抓住富有特征的细节。但其描写多用简笔勾勒的白描手法，不事雕琢，而重在传神。

6. 人物消息

人物消息是以人物为主的消息，迅速地反映新闻人物的某种行为或某个侧面。它要求抓住人物的本质特征、选取新鲜、典型的事实材料来表现人物的思想和精神面貌。它的特点是：篇幅短小，叙事单一，内容、主题集中；时效性强，其内容必须是“现在进行时”或“现在完成时”，要求快速采写、报道；要求以人帅事、以事显人。人物消息写作中要注意选准新闻人物，也不要贪大求全，不要将人物消息写成人物通讯。

7. 解释性消息

这是一种以解释新闻事件为主的新闻体裁，它不但报道事实，且侧重于阐明事实的意义、前因后果以及发展趋势等。这种消息多用于我国经济工作的政策、方针和社会生活中出现的影响较大的新问题。解释性消息中的解释并非指作者的直接、明白的阐释和分析，通常运用背景材料，引用有关方面的说法等多种方法，比较隐蔽地表达记者的观点或倾向。解释性消息侧重于回答新闻事件中的“为什么”。

8. 预测性消息

它是对可能发生的事实进行预测和展望的一种消息。它要求记者在采访和调查研究的基础之上，对某项工作或活动进行科学的分析和判断。这类消息常用于展望市场、经济工作发展前景等方面，也用于预测体育竞赛的成绩、结果等。

工具四：消息的写作方法

（一）采访是消息写作的基础

采访不仅是消息写作的基础、也是所有新闻体（尤指新闻报道体裁）写作的前提和基础。要写消息，要写出好的、有新闻价值的消息，首先要求记者深入细致地采访，占有丰富、典型而真实的材料。这就要求记者要有较强的新闻敏感，善于获取新闻线索，掌握基本的采访方式、方法，有熟练的采访技巧。要求记者全身心地投入到实践中去，眼观六路，耳听八方，“上天”有路，“入地”有门，巧问详听，勤记细想，在有限的时间内进行成功的采访，为消息写作做好准备、打下基础。

采访和写作的关系非常密切。看起来是先有采访、后有写作，前者是认识实际的过程，后者是反映实际的过程，而实际上，采访能力强自然有助于写作效率的提高，而写作能力强，则可做到在采访中心中有数、心里有底、针对性强，从而提高采访的效率。

（二）消息的结构

消息的结构通常指两个方面的意思。一是指消息的构成，即一篇消息稿内容上的结构成分，一般由标题、消息头、导语、主体、背景及结尾几部分组成；二是指消息的结构形式，即作者对已过滤的新闻材料进行总体性安排或布局的方式。

消息的结构形式主要有以下几种：

1. 倒金字塔式结构

倒金字塔式结构是一种头重脚轻，虎头蛇尾式的结构，它把最重要的材料放在篇首，最不重要的材料放在篇末，从导语至结尾按重要性程度递减的顺序来组织安排新闻材料。它的主要特点是：

（1）打破了记叙事件的常规，在材料的时间特征上，往往呈现以下公式：

首先是“总体性倒叙”。即将最后结果或后发生的却富有吸引力的材料，置于篇首。

其次是“局部性倒叙”（即“倒叙中的顺叙”）。即在局部性倒叙中又用顺叙说明过去一段时间内，“开始如何，后来又如何”。

最后是“总体性顺叙”。即“现在正在如何，进一步又如何”。

（2）它按重要性程度来安排材料，决定段落层次的顺序。常呈现为“重要”、“次重要”、“次要”、“更次要”、“补充”、“进一步交代性材料”的顺序。

（3）它的导语常是直叙型的部分要素导语，它包含了最重要的事实，又往往具有相对独立性，可独立成章，变成“简明新闻”或“一句话新闻”。

（4）对事件过程的叙述往往较简略，每段文字都很简要。

倒金字塔式结构便于受众迅速掌握全篇之精华，满足受众尽快获取最新消息之需求；便于记者迅速报道新闻，将最重要的新闻事实，最先发出去；便于编辑选稿、分稿、组版、删节，如在版面不够时，可从后往前删，无须重新调整段落。但它也易于造成程式化、单一化的毛病，而且，它比较适宜写时效性强、事件单一的突发性新闻，而用它来写非事件性新闻、富有人情味、故事性强的新闻，就不太适合。例如：

中新社北京九月五日电 中国中青年新闻工作者的最高奖“范长江新闻奖”从今

年开始进行评奖，以后每两年评选一次。

记者从中国记协和范长江新闻奖基金会今天举行的新闻发布会上了解到，凡在评选年度不超过55岁的中青年专业新闻工作者均可参加评选。评选范围包括正式批准登记的报纸、通讯社、广播电台、新闻时事类刊物和新闻电影等单位的新闻编辑、记者、播音员（包括节目主持人）以及从事新闻理论研究、新闻教育的专业人员。

首届“范长江新闻奖”最多评选采编人员10名，是否设提名奖待定。评选结果将在明年第一季度公布。

据悉，海外新闻工作者参加评选的办法另行拟定。

范长江新闻奖基金会主席、新华社社长穆青任评选委员会主任。评选委员会由新闻界专家和知名人士组成。

2. 时间顺序式结构

此结构形式又叫编年体结构。也有的称其为金字塔式结构，其实并不准确。时间顺序式结构通常不一定有单独的导语，往往按时间顺序来安排事实，先发生的放在前面，后发生的放在后面。这种结构叙事条理清晰，现场感强，且很适合写那些故事性强、以情节取胜的新闻，尤适合写现场目击记。其缺点是开头平淡，难以一下子吸引受众；消息的精华也可能淹没在长篇的叙述之中。例如：

冻死的孩子重新复活

美国某州一个孩子，今年只有两岁半。一月十九日，在家里人没有注意的情况下，他穿着一身睡衣，只身来到零下二十九度严寒的室外。家里人发觉后把他抱回屋里时，这个孩子的一部分血液已经‘冻结’，手脚也都僵硬了。当他被送往医院时，体温已下降到十五点五度。但是，在经过了包括使用心肺泵等先进设备抢救以后，这个孩子竟然奇迹般地复活了。像这样处于低温状态下的人能够死而复生，在世界上是没有先例的，就是参加抢救这个孩子的医生也对此感到惊叹不已。

现在，除了他的左手可能会留下由于冻伤后遗症引起的轻度肌肉障碍以外，其他恢复都很正常，估计三、四周内，即可恢复健康。

3. 对比式结构

此种结构重在通过对比，揭示差异，从而突出新闻主题。如《人民日报》1982年7月18日关于顺义啤酒厂和青岛啤酒厂的报道就用的这种结构。此则消息首先用的是对比性的标题。

两个厂为什么建设一快一慢？

权力下放争主动——顺义啤酒厂一年建成投产

婆婆太多难办事——青岛啤酒厂扩建扯皮两年

然后是对比性的导语，在对比性的导语下，又用了两个对比性的小标题：

“顺义厂：地方有主动权，领导重视，各方配合”。

“青岛厂：婆婆太多，公文旅行，相互掣肘”。

最后，又有一个对比性的结尾：

“两个厂情况如此悬殊，发人深省。”

4. 提要式结构

此结构通常把新闻中最重要的事实概括到导语中，然后将多项需并列出示的内容以提要形式，用数字程序一一分列出来。有时也可不用数字标示，而用“——”引出各个要点。

5. 问答式结构

此结构多用于记者招待会的报道。记者应善于组织问题，报道内容应忠于原意，行文时，也应注意内容的连贯和层次的明晰。

6. 积累兴趣式结构

此结构通常在开始设置悬念，使受众逐渐增加对事件的兴趣，最后形成高潮。因其材料的趣味性从导语至结尾递增，故名积累兴趣式。又因其要求设置悬念，故又有人称之为悬念式结构。它尤其强调将最精彩的、出人意料的材料置于消息结尾。如：

婚礼唁电　新娘寻死觅活

春节前夕，解放军某部三连战士×××，收到“父病故速归”加急电报，匆匆赶回山西省××老家。

跨进门，却见室内张灯结彩，墙上贴着大红“喜”字，小肖一下愣住了。母亲将他拉在一边说：为能使你参加大哥的婚礼，我瞒着家里人发了封假电报，你可要保密。母亲的一片“苦心”，使×××只好撒谎骗父亲和家里人说自己出差顺路回家。

2月8日哥哥结婚。婚礼程序完毕。亲朋好友正在推杯换盏，频频敬酒时，邮递员送来一封电报，×××父亲接过连忙展开，只见上写：“闻××父不幸病故，三连全体官兵致电表示沉痛哀悼。”其父气得浑身颤抖，遂质问儿子。在座的新娘弄清原委，“哇”的一声大哭冲出门去，头撞墙寻死，多亏众人相劝事态才未扩大。其母悔恨地说：“都怪我荒唐行事，闯下大祸”。

7. 散文式结构

就是吸收散文在结构和表达等方面的特点，材料和层次安排自由、灵活，语言表达不拘一格。如郭玲春写的《金山同志追悼会在京举行》一文即是如此。

（三）消息的标题

消息的标题有四个方面的作用。一是导受。即可吸引受众注意，引导受众获取自己喜爱和需要的信息，使读者在最短的时间里获取所需的信息。随着生活节奏的加快，“标题受众”越来越多。二是导向。标题往往要选择事实，揭示和评价事实，自然寓有记者（或媒体）的态度和观点。版面中，对标题的设置（如字号、字体、位置等）往往也寓有立场和态度。三是美化和序化。作为版面元素之一，消息标题可使版面美化，亦可使版面内容井然有序。

1. 消息标题的类型

消息的标题有主体类、从属类和整合类。

主体类标题。这是消息标题最基本的类型。包括主题、引题和副题。

（1）主题又称主标题、正题、母题，它是消息标题的核心部分，通常揭示新闻中最重要、最吸引受众的信息。从表达上看，主题可是实题，即叙述新闻事实；也可是虚题，即评价新闻事实，揭示其意义或隐含的观点。但在单独使用时，应是实题或有叙有议的虚实结合题。如：

A. 榜上无名　脚下有路

青工董云峰业余发明获两项专利

B. 严于律己　三次让房

第一个标题中，前为引题，是虚题，后为主题，是实题，虚实结合，受众能清楚地认识事实的意义。若只取前者为主题，受众则会不知所云。第二个标题亦是虚实结合的，可单独使用。

从句子结构看，主题可为单句，也可是复句，通常为一个独立的句子；从外在形式看，主题可占一行，也可是二行或三行，但以一行为主，一般不宜超过两行。

（2）引题。又称肩题、眉题。一般用来交代背景，说明原因、烘托气氛、揭示意义等。引题一般多作虚题。如：

彩灯映照笑脸　歌声洋溢大厅

中央领导同志和首都小朋友喜庆六一

（3）副题，又称子题，副标题。一般用来补充、注释和说明、印证主题。副题一般多作实题。如：

清扫穷角落　同走富裕路

无锡县 4 000 多困难户向贫困告别

主体类标题按组合不同，又可分单一型标题和复合型标题。单一型标题无引题和副题，只有主题。复合型标题有主、引题组合，主、副题组合和主、引、副组合（又叫完全式标题）。前两种组合前已述及。主、引、副题组合的例子。如：

第一位在奥运会上破举重世界纪录的中国选手

唐灵生堪称举坛金刚

力举 170 公斤“忘情”地挺立 10 秒钟，赢得满堂掌声

消息标题除主体类标题外，又有整合类标题，包括栏题和类题；还有从属类标题，包括提要题和分题，在此就不作详述了。

2. 消息标题的制作要求

消息标题的写作，要求做到准确、鲜明、凝练和生动。

（1）准确

准确是消息标题写作的最基本要求。一是准确概括、反映新闻事实；二是要准确评价事实；三是运用语言要准确。如：

A. 武汉出现一内脏裸露婴儿

　此乃产妇孕期与宠物狗接触所致

B. 努力提高中华民族的科学文化素质

　我校 2 000 余名新生入学

C. 不恋“天南海北”主动申请到“新西兰”

D. 盖俊和女儿结婚不收彩礼

以上标题A为事实概括不准确，因有关专家只是推测与孕妇接触宠物狗有关，而并未确证。标题B明显对事实意义的揭示太夸大了。标题C中，谁也想不到“天南海北”是指天津、南京、上海、北京，“新西兰”是指新疆、西藏、甘肃。标题D因一字之差而产生了歧义。

（2）鲜明

鲜明即指标题通过对新闻事实的选择、揭示和评价，表现出来的对事实的态度立场要明确，不能模棱两可，含含糊糊。也包括态度、立场的正确性。一般有三种情况，一是肯定的态度，如歌颂、赞扬、支持、同情等；二是否定的态度，如怒斥、揭露、嘲笑、讥讽等；三是既不肯定也不否定的态度。如：

A. 伊拉克总统说伊朗的进攻被击退
伊朗说收复三百多平方公里失地

B. 壮哉　教师于元贞勇斗窃贼身亡
悲哉　数百围观者竟无一人相助

C. 竟敢敲诈两会代表
一路边店遭严厉惩处

D. 一位普通工人竟然写出电影剧本

以上标题A是既不肯定也不否定的立场，是合适的；标题B对事实有肯定有否定，态度鲜明。标题C则态度含糊，不鲜明。

（3）凝练

就是要简洁明了地传达出消息的内涵。要用点睛之笔，剔浮词，去空话，以最少的文字传达最准确的信息。试比较下面两个标题：

A. 节省处事经费　节省时间精力
我国礼宾改革已有一定成效
国宴规定四菜一汤，仪仗队鸣礼炮使欢迎仪式更隆重

B. 我国续作礼宾改革
国宴实施四菜一汤

以上标题A中最基本、最有价值的信息应是“四菜一汤”，但却被啰唆的语言冲淡了。而标题B则突出主要信息，要言不烦。

（4）生动

消息标题要力求以优美的形式吸引读者，故应讲求生动性。方法很多，如运用修辞手法；引用诗词或名言警句、方言民谚等。请看下例：

A. 一窝“油老鼠”落网

B. 马歇尔歇马华莱士来华

C. 工程师三代破屋两间
副局长一家新房四套

市有关部门的调查结果竟是“分配基本合理”

D. 会翁之意不在会　在乎山水之间也

青岛会议知多少

请看会议一览表

以上标题 A、B、C 分别用了比喻、回文、对仗方法，D 则引用名言，故而生动耐读。但运用这些方法时要注意恰当、贴切。如“中国黑姑娘远嫁阿根廷”这一标题，看了正文才知是指中国煤炭销往阿根廷，实在牵强。“九辆汽车搞死亡之吻”这一标题，将一起严重交通事故说得如此轻佻，实不可取。

（四）消息的导语

消息的导语前，往往冠以“本报讯”、“本台消息”、“××社××地×月×日电”的字样，即为消息头。消息头主要有“讯”与“电”两类。“讯”指通过邮寄或书面递交的形式向媒体传递的报道，“电”指通过电报、电传、电话、电脑等传输的报道。消息头是版权所有的标志，也可标明消息的来源，也易于让受众和编辑一下子将消息与其他体裁区别开来。

消息头之后紧接导语。

导语是以简练而生动的文字介绍新闻事件中最重要的内容，揭示消息的主题，并能引起读者阅读兴趣的开头部分。故而，导语有三大使命：一是介绍最重要、最精彩的事实；二是揭示消息的主题；三是引起读者的阅读兴趣。

按不同的分类方法，导语可以有多种写法。

1. 六要素导语和部分要素导语

这是从导语中所含消息要素的多少来分的。六要素导语，就是消息六要素齐全的导语，也称全型导语。从导语的发展看，也是第一代导语。如：

萨莫亚·阿庇亚 3 月 30 日电：南太平洋沿岸有史以来最为猛烈、破坏性最大的风暴于 3 月 16 日、17 日袭击了萨莫亚群岛，结果，有六条战舰和其他十条船只要么被掀到港口附近的珊瑚礁上摔得粉身碎骨，要么被掀到阿庇亚小城的海滩上搁浅。与此同时，美国和德国的 142 名海军官兵，有的葬身珊瑚礁上，有的则被埋在远离家乡万里之外的无名墓地上，为自己找到了永远安息的场所。

六要素导语的长处是具体、完整。它可以独立成一条消息。但内容太多，主次不分，重点不突出，故有人讥之为“晒衣绳”式导语。

部分要素导语即指导语中只包含“六要素”中的部分要素，也称微型导语或第二代导语。该类导语通常突出“六要素”中某一要素，组合与之相连的一两个要素。单纯含某一个要素的导语较少。如“欧洲大战于昨天拂晓爆发”、“约翰·肯尼迪总统今天遭枪击身死”之类的导语，可说已极简洁，但在突出“何事”的同时，也包含了“何时”或“何人”等要素。

2. 从表达方式和表现手法上讲，导语又有叙述式导语、描写式导语、评论式导语、对比式导语、引语式导语以及提问式导语等。

叙述式导语（也称直叙式导语）。它以凝练的语言，扼要而直接地将消息中主要的事实叙述出来，是导语最基本、最常见的写法之一。如：

新华社香港9月17日电　昨天，香港特区行政长官董建华设茶会，与数百位长期默默耕耘，为香港回归和繁荣做出贡献的基层人士共度中秋佳节。

描写式导语。它以展示事物的形象和事件的场景为主要特征。写作时常抓取某一生动形象、鲜明的色彩或有特色的细节加以描绘。但描写时应简洁而传神、力避过分雕饰。如：

本报讯　多么威武神气的猫头鹰！一对大眼睛正在扫射着什么，翅膀微微耸起，看来它准备振翼飞扑过去，抓住那狡猾的大田鼠。这只用棕榈树桩因材施艺而雕琢成的猫头鹰，最近飞越太平洋，在美国旧金山的“中国上海民间艺术展览会”上栖息。

评论式导语。即对所报道的事实进行评论，揭示其意义。如：

中国在体育方面已不再是“东亚病夫”，相反，她正打算在新德里举行的亚运会上取代日本，成为亚洲首屈一指的体育强国。

对比式导语。就是把有差别的事物相比较，将现在的情景与过去的情景相比，将此地之状况与别处相比等。如：

合众国际社伦敦5月20日电　24岁的冈萨雷斯去年在马德里获得了法学博士学位，现在却在做零工，其中最好的工作是遛狗。

引语式导语。即引用新闻人物精彩而生动的语言来揭示消息主题。如：

“我现在不是资本家，你最好把我说成是一个商人”，荣毅仁说，“人们称我为资本家是因为我引进了资本主义的经济管理方式。”

提问式导语。即将有关问题通过一个尖锐而鲜明的问题提出来，以引起受众的关注。有时是设问，即要求自问自答。如：

狠心的年轻父母，你是否想知道被你遗弃的小生命的近况？

3. 直接性导语和延缓性导语

这是以时间的远近点来分的。

直接性导语多用于时间性很强的消息，它叙述已经发生或正在发生的事件。大多数消息导语均属此类。直接性导语又可细分为单一要素导语，即导语中只表现一个最重要的新闻事实；多要素导语，即导语中表现多个事实要素；归纳式导语，即将新闻事实加以归纳，使其精华集中于导语中。

延缓性导语多用于时间性不太强的消息，它不直接叙述新闻事实，而是通过解释、阐述、设置悬念、或场面描写、气氛渲染等引出新闻事实，吊读者的胃口。

两种导语之不同，请对比下例：

（1）华盛顿2月20日讯——丹尼尔·莫伊尼汉今天辞去了美国驻联合国代表的职务。

——《纽约时报》

（2）直到最后一刻，丹尼尔·莫伊尼汉还在说，他不知道是否应该辞去美国驻联合国大使的职务。他说，“我下了三十次决心”，“就像马克·吐温讲的‘戒烟容易得很，我已经戒了一千次’。”上周，莫伊尼汉最后下定了决心：辞职。

——《时代》杂志

从上例可见，直接性导语开门见山，一语中的；延缓性导语则一语不中的，意在引起受众的“读欲”。

（五）消息的主体与结尾

1. 主体

主体是消息的躯干，它紧接导语之后，是消息的重要组成部分。

主体的作用和功能有二：一是对导语进行解释、深化和具体化。对导语中涉及的内容，进一步提供有关细节和背景材料，使其更清楚、明确、具体。二是补充新的事实。导语中未提及而又能表现新闻主题的事实和其他要素，便由主体补充出来。

主体部分的写作要注意几点：

（1）紧扣消息主题取材。主体部分内容较多，故而要重视材料的取舍。应紧扣导语中所确立的主题来选用材料。若与主题无关或无多大关系，即便具体、生动、感人，也应割爱。

（2）叙事宜具体、内容应充实。有人因消息是简明扼要的，要求篇幅短小、语言简洁，所以消息写得太概括、太抽象，空空洞洞大而无当的导语之下，是几条干巴巴的“筋”。读完了还不知道这篇消息讲了什么东西。消息虽不似通讯细致、深入地报道事实，但应使受众对新闻人物和事件有较完整而真切的了解，应传达出较具体的新闻信息。

（3）叙述宜求生动，行文善兴波澜。消息主体内容在要求具体、充实的基础上，还应力求生动。很多人写消息，内容是有，但写得枯燥无味，或是一套死板而难以卒读的“新闻腔”。因而我们应“让新闻笑起来”，写作手法应灵活多样、富于变化。

消息主体写作应尽量避免平铺直叙，可运用生动形象的描述，灵活多变的手法，和自由灵活的层次、段落安排。请看下例：

据新华社巴黎8月31日电　英国王储查尔斯王子的前妻戴安娜本地时间8月31日凌晨在巴黎遭遇严重车祸，送往医院后不治身亡。

据悉，戴安娜与其男友埃及亿万富翁之子法耶兹于30日下午来到巴黎。当天午夜，他们在巴黎里茨饭店共进晚餐后，乘坐一辆奔驰600型汽车飞速驶向法耶兹在巴黎的一座私邸，一群摄影记者在途中紧追不舍。戴安娜的汽车加大马力急速行驶，试图摆脱摄影记者，不幸在一处公路隧道里与一根立柱碰撞，造成严重车祸。法耶兹和司机当场死亡。戴安娜及其保镖身受重伤。

车祸发生后，抢救人员立即将戴安娜等人送到医院。负责抢救戴安娜的医生不久宣布，戴安娜在车祸中手臂骨折，大腿受伤并发生严重脑震荡，在抢救过程中因胸腔大出血，于凌晨4时死亡。

法国总统希拉克和总理若斯潘对戴安娜不幸身亡表示震惊。据巴黎警方宣布，车祸发生后，尾随戴安娜的七名摄影记者被带到巴黎警察总署接受调查。

这则消息篇幅不长，但层次清楚，起承转合自然，叙述较生动，行文亦波澜起伏。

2. 结尾

结尾亦是消息的有机组成部分，并非可有可无。虽然并非任何消息都有单独的结尾部分，但好的结尾，无疑对表现事物的完整性和逻辑的严密性、对突出和深化主题，均有重要作用。常见的结尾方式有小结式、展望式、补充式、含蓄蕴藉式以及卒章见义式等。

（六）消息的背景材料

狭义的新闻背景，仅指写作过程中涉及的与新闻人物和事件发生、发展相关的历史、原因和环境、条件等方面的材料。广义的新闻背景，除此之外，还包括对导致新闻事件发生、发展的广阔的时代背景的了解，也包含向记者提供消息、介绍情况的人的背景。

背景材料运用得好，可以解释、烘托和深化主题；可以代替作者的议论而使报道显得客观；可以补充情况、介绍知识、增添情绪。

背景材料在消息中位置灵活，可独立成段，也可穿插于导语、主体或结尾之中。

背景材料主要有三类：

1. 对比性材料

主要通过对比衬托，以突出新闻事实的意义，阐明某一主题、表明某种观点。通过对比，突出矛盾和差异，显出特点和价值。通常有两种情况：其一是纵比，即今昔对比，前后对比。如写农民富裕了，收入增加了，可用如此背景加以突出："十年动乱时期，这里农民的平均收入只有二三十元。不少农民每天 2 分工只够买一张 8 分邮票。"其二是横比。如同样写农民收入问题，也可将东南沿海地区与西部地区进行对比。

2. 说明性材料

它往往是对与新闻事实相关的政治背景、地理背景、历史背景、思想状况或物质条件等情况作介绍和交代，用以说明事物产生的各种因素，揭示事物发生或变化的意义。

如《海鸥重返黄浦江》（新华社 1983 年 5 月 22 日）一文，运用了背景材料，回想十多年前由于黄浦江水质污染严重，海鸥因缺少食物而远走高飞的情况。

3. 注释性背景材料

它往往对产品（物品）的性能特点、科技成果、技术性问题、名词术语、文史知识以及风俗人情等进行注释、介绍，以帮助受众掌握消息内容、增长知识和见闻。

参考例文

例文一：解释性消息

iPhone5 拟于 14 日在中国上市　售价 5 288 元起

新华网北京 12 月 1 日专电（记者　郭宇靖）苹果公司 11 月 30 日晚宣布，iPhone5 将于 12 月 14 日在中国上市，售价 5 288 元起。此外，WLAN 版 iPadmini 及第四代 iPad 将于 12 月 7 日在中国上市。

此次 iPhone5 将推出黑配炭黑色和白配银白色两种颜色，16GB 机型价格为人民币

5 288 元，32GB 机型为人民币 6 088 元，64GB 机型为人民币 6 888 元。

在购买方面，iPhone5 将通过 AppleStore 在线商店和指定的苹果授权经销商以及通过申请预定的方式在 AppleStore 零售店销售。

苹果公司称，iPhone5 是史上最薄、最轻的 iPhone，经过全新设计，采用 4 英寸显示屏和 ios6 系统，具备超过 200 项全新功能，包括共享的照片流、全新的地图以及更多 Siri 功能和支持语言等。

例文二：述评性消息

安倍要狡猾　中国对虚的没兴趣

中评社香港 12 月 1 日电（评论员　王名舟）在内政外交与经济下滑困境日益加重的压迫下，日本首相野田佳彦 11 月 16 日突然宣布解散国会举行大选，令日本政坛又一次面临重新洗牌的机会。在野党的自民党总裁安倍晋三早已觑觎相位，力争再次当选；大阪市长桥下彻为首的“日本维新会”及前东京都知事石原慎太郎的太阳党筹组“第三极”跃跃欲试，企图突破常规；其他小党也寻求联合，加力参选；一时间，日渐右倾化的日本政坛纷现党旗与口号，喧嚷杂乱、目不暇接，普通选民产生无所适从之感。

各路人马中，在朝的民主党由于首相野田佳彦领导失误，竞争前途不被看好，而以安倍晋三领导的自民党获得较多民众青睐。据日本新闻网 11 月 26 日报道，一项最新的舆论调查结果，日本选民将选择的第一政党是安倍晋三领导的自民党。在“谁最适合担任日本首相?”这一问题的回答中，民调排名第一位是安倍晋三，支持率达 29%。该新闻网站认为，这意味着日本国民的最大期待是自民党在大选中获胜，由安倍晋三出任新首相。

安倍晋三何许人也？他是日本著名的右翼鹰派政客，出身于二战甲级战犯家庭，外祖父是岸信介。2006 至 2007 年间，安倍曾担任日本首相一年，现年 58 岁。该员受战犯家庭传统影响，从来思想保守僵化，始终坚持二战的侵略立场不认罪，今年 10 月 17 日曾高调参拜供奉二战甲级战犯牌位的靖国神社后，竟然说出后悔当初当首相时忘记了参拜靖国神社的话来。日本媒体揭露，该员与日本最大黑手党组织山口组有联系，照片为证，显示他可能涉嫌犯罪前科。在钓鱼岛问题上，安倍晋三持敌视中国的强硬立场。

这样一个顽固坚持侵略战争的日本右翼政客如再次当选日本首相，必然给已被美国“战略东移”搅乱的东亚局势雪上加霜，中日关系将在野田佳彦带来的危机上愈加恶化，日本国的前途与命运亦将笼罩在一片灰暗之中。

例文三：人物消息

华媒评莫言获奖：中国当代文化具超越国界感染力

中心网 10 月 12 日电　2012 年度诺贝尔文学奖已公布，中国作家莫言被授予诺贝尔文学奖，他成为首位获此奖的中国作家。海外华文媒体对此非常关注，发表多篇文章。舆论普遍认为，莫言获奖实至名归。有评论认为，这位在内地社会主流获得广泛接受的作家，得到诺奖评判垂青，显示中国当代文化具有超越国界的感染力。

新加坡《联合早报》文章称，中国作家莫言大热胜出，荣获今年的诺贝尔文学奖，为中国文学界实现了“零”的突破。该报另一篇文章称，莫言荣获诺贝尔文学奖让中国大陆文艺界人士振奋，认为这是对中国文学、中国文明和成就的肯定。莫言成功夺奖，部分舆论认为，莫言得奖在一定程度上，和中国的崛起有密切关系，反映了国际大趋势。

例文四：预测性消息

日本越右越没有希望

核心提示：只要未来日本的新政权重视经济，就难以忽视中国这个大市场。而要守住市场，就要从纠正自身错误入手改善中日关系。

中新网 11 月 28 日电　香港《文汇报》28 日刊出评论说，日本下月将举行大选。目前情况来看除了野田首相领导的“民主党”和安倍晋三领导的“自民党”外，极右的第三势力将成大选关键。只要未来日本的新政权重视经济，就难以忽视中国这个大市场。而要守住中国的大市场，就要从纠正自身错误入手改善中日关系。

笔者相信，只要未来日本的新政权重视经济，就难以忽视中国这个大市场。而要守住中国的大市场，就要从纠正自身错误入手改善中日关系。否则，像石原那些还迷恋军国主义“太阳旗”的历史沉渣得势，日本衰落得更快。（刘斯路　资深评论员）

例文五：特写消息

世界为刘翔“折戟沙场”叹息

核心提示：当白岩松冲下看台的那一刻，“伦敦碗”的新闻大战立即升级。据现场的记者透露，赛后混合区瞬间涌入上百名各国记者，因为所有人都想知道“刘翔怎么了?”

2004 年，21 岁的刘翔（图右）在雅典奥运会上风一般跑过。2008 年，北京奥运会，25 岁的刘翔（左上）因伤退赛。2012 年，伦敦奥运会，29 岁的刘翔（左下）摔倒在第一栏下。

这个世界，总是有那么多的巧合，让人扼腕叹息。比如刘翔的伤以及受伤的时机。

这个世界，也总有那么多的巧合，考验中国人的心态。比如该如何面对刘翔参加的三次奥运会以及由此引发的心理落差。

北京时间 2012 年 8 月 7 日下午，伦敦奥运会男子 110 米栏预赛中，最后一组出战的刘翔，摔倒在第一个栏杆处，无缘半决赛。

当他最后选择单腿跳到终点，并俯下身去亲吻栏杆时，得到了现场 8 万名观众雷鸣般的掌声。而就在大约不到一分钟前，“伦敦碗”的大屏幕上，还在播放 2004 年雅典奥运会刘翔夺冠时的画面。

写作实训

完成前述写作任务。要求：

1. 符合文种写作规范和写作要求；
2. 材料取舍恰当，主题突出，逻辑清晰，文字通顺。

检查与评估

1. 学生结合前述写作规范，自我检查或相互检查；
2. 教师选择学生例文进行点评。

写作实训拓展

1. 修改、完善前述写作任务；
2. 总结自己完成写作任务的得失。

参考范文

范文一：

成信院"跳蚤市场"活动圆满结束

5月11日中午12:30至晚上6:30，由商学院学生会外联部主办的"跳蚤市场"活动，在篮球场顺利进行。本次活动旨在培养大学生的人际交往能力，增强大学生的环保节俭意识，体现当代大学生自主理财的能力。中午12:30，由鲜红老师主持开场仪式，活动正式开始。外联部同学组织各卖家找好摊位，维持现场秩序。

自活动开始，就陆续有同学提着各式各样的物品前来摆摊，操场上就热闹起来，种类繁多、充满趣味的商品吸引了许多"顾客"的目光。有的大声吆喝降价打折，有的广告买一送一，大家纷纷驻足挑选、购买自己喜爱的商品。一位兴奋不已的同学说："一本原价二十多块的九成新的《国家地理》，只花了我五元，真是太划算了！"

为了唤起大家参加活动的积极性，活动除了安排抽奖环节，还增添了新颖的商品拍卖环节。拍卖环节分别是在下午一点半至两点半，五点半至六点半进行。拍卖的物品有时尚太阳帽、小镜子、小盆栽等等，引起了在场同学的关注。一番紧张有趣的拍卖后，这些实用又便宜的小商品终于找到了自己的主人，而本次"跳蚤市场"活动也即将接近尾声。

六点半左右，本次跳蚤活动结束。几家欢喜几家愁，但总的来说，同学们都取得了不错的成绩。更重要的是，同学们通过此次活动，不仅明白了赚钱的辛苦，节俭的重要，还锻炼了自己的人际交往能力，可谓是一举两得。

通过这次活动，同学们可以将自己闲置不用的物品集中起来进行交换。尤其是大四的学生们，他们把不再使用的物品流传给了学妹学弟们，实现了环保和收益的双赢。同时其他年级的同学们则卖出了自己平时不用的物品，将它们卖出而不是将它们闲置在一边，真是既节约又明智。总之这次活动既锻炼了同学们的人际交往能力，又提高了同学们的节俭环保意识，体现了丰富多彩的校园活动。

商学院分团委
二〇一二年五月十二日

范文二：

机电系思政信息站组织开展近期时政热点学习活动

2012年11月17日晚上六点半，机电系第十一期思政交流角在系党支部的指导下开展了近期思政热点的学习交流活动，学生党员及第九期院党课班学员参加了本次学习与交流活动。活动中，思政信息站站员韩洪军同学首先和大家一起学习了党的十七届四中全会精神，他向大家介绍了胡锦涛总书记在党的十七届四中全会上的讲话和会议审议通过的《关于加强和改进新形势下党的建设若干重大问题的决定》及十七届四中全会召开的背景和主题。党的十七届四中全会，是在共产党执政60年，国际形势发生深刻变化，我国处在进一步发展的重要战略机遇期召开的一次重要会议。在新的历史时期，作为大学生党员入党积极分子，一定要正确认识党在发展中出现的一些不良现象，保持清醒的头脑，坚定理想信念，勤奋学习，苦练技能，用实际行动为新时期推进党的建设新的伟大工程作出自己应有的贡献。接着，韩洪军声情并茂的讲述了“武汉长江大学三名大学生勇救落水儿童事件特别报道”。

10月24日，长江大学15名学生冒着生命危险，跳入长江，救起了两名不慎落水的少年。陈及时、何东旭、方招不幸遇难。为表彰他们的先进事迹，湖北荆州市授予三名溺亡的大学生和市民舍己为人见义勇为英雄群体称号。为深入学习、宣传和弘扬他们的先进事迹和崇高精神，系党支部提倡学生党员及入党积极分子要深刻领会大学生英雄集体的精神价值，充分认识开展向大学生英雄集体学习的重要意义。对于进一步加强和改进大学生思想政治教育工作，激励和引导广大青少年学生树立正确的世界观、人生观、价值观和荣辱观，努力成为德智体美全面发展的中国特色社会主义合格建设者和可靠接班人。在活动的最后部分是“追思钱学森”：钱学森一生的精神财富中，最首要、最核心、最闪光也最令世人铭记在心的，就是贯穿于钱学森一生的那份浓浓的爱国情怀。韩洪军结合PPT带领入党积极分子对享有“两弹一星”荣誉称号的钱老的逝世进行了悼念。

大家学习了其个人主要的成就、生平及为祖国做出的巨大贡献。同学们学习认为大学生应该把爱国主义与肩负的历史使命结合在一起，牢记钱老说过的“活着的目的就是为人民服务”。通过本次理论学习与交流，让学生党员及入党积极分子深刻体会到党的十七届四中全会精神，引导学生党员入党积极分子在各方面起到先锋模范作用，积极为社会、为学院、为组织做出自己的奉献，努力做到为祖国贡献的先锋分子。

范文三：

2012“金融学术”论坛顺利举行

5月10日，主题为“创新金融与实体经济”的2012金桥·民生银行财富论坛在余杭大厦举行。区领导祝振伟、王云联、孔祥华等参加活动。

论坛上，启动了全国首个“政银保”支持中小企业创新业务“美丽洲中小企业集合贷”。著名经济学家、浙江大学教授金雪军就“温州金融创新综合改革试验区与浙江地方金融体系建设展望”作了主题演讲。中国民生银行、国信证券股份有限公司、诺亚控股有限公司等业内专家，分别从银行业务、券商服务、“独立第三方”理财规划机构等角度，分析和阐述了各自的理论观点。财富对话环节，由浙江省工商业联合会原副会长、浙江大学特聘教授、浙江省金融研究院特聘高级研究员郑明治主持，与浙江大学法律系副主任、法学教授、博导、浙江省金融（证券）法学研究会会长李有星，人民银行余杭支行行长、国家外汇管理局余杭支局局长郑如忠，浙江金桥控股集团有限公司董事长兼总裁陆建庆，杭州忆江南茶业有限公司总经理张永华，就如何创新金融、推动实体经济发展这一主题进行对话。

区委常委、副区长祝振伟在开幕式上致辞。他说，近年来，余杭区经济社会持续、稳健发展，金融生态环境优越，分别入选中国金融生态县和浙江省首批金融创新示范区试点。截至目前，余杭区已经成功吸引了30家股份制商业银行入驻，成为全省进驻银行最多的金融集聚区之一。下一步，余杭区将大力推进各类金融机构，鼓励银行、证券、保险、期货、信托及金融租赁和资产管理机构等入户余杭，进一步推动余杭实体经济健康持续发展。

祝振伟说，相信通过本次论坛，必将会对如何创新金融，实现民间借贷阳光化，如何加强民间财富管理、民间资本如何服务实体经济，有一个更全面和更清晰的认识，为余杭金融业和实体经济的健康发展出谋划策。

此次论坛由余杭区人民政府主办，区金融工作领导小组办公室、区经济和信息化局、人民银行余杭支行、浙江金桥控股集团、民生银行余杭支行和城乡导报社联合承办，国信证券股份有限公司、余杭区担保业协会协办，并得到浙江省人民政府金融工作办公室、浙江省中小企业局、人民银行杭州中心支行等部门的支持和指导。

公司办公室

二〇一二年九月十日

第二章

广告文案

本章教学目标

知识目标：

学习广告文案相关理论知识，了解各类广告文案的区别，明确其在现代社会经济发展中的重要作用。

能力目标：

通过广告文案的写作任务训练，把理论知识转化为广告文案的创作技能，掌握广告文案的写作要领，并能熟练自如地进行写作。

写作任务

根据以下材料，写三篇广告文案。

任务一：

假设你是X社团的一员，现在你所在的社团需纳入新的成员，请拟一份广告文案，让更多的人来加入你们的社团。

任务二：

请写作一份你曾经实习过的单位的公司简介，要求新颖，有创意。

任务三：

你所在的大学城肯定会有许多的电影院，请为你感兴趣的一家电影院设计一份广告文案，使其更具吸引力。

写作要求：格式规范，要素齐全，对提供的材料有所取舍，正确使用经济评论语言。

写作任务分析

这个写作任务主要是为了训练学生在不同广告信息、媒体使用、表现要求等情况下，正确拟写出报纸、广播和电视广告文案。正确掌握广告文案写作方法就至关重要。

根据以上材料，我们可以做出以下情景分析：

第一篇广告文案写作情景：要求为社团做广告，属树立企业形象为主体的广播广告。

第二篇广告文案写作情景：要求为公司做广告，根据公司的性质，属宣传广告。

第三篇广告文案写作情景：要求为电影院做广告，属产品推销的广告。

必备知识 & 工具箱

为了完成这个写作任务，必须掌握一些广告文案的基本知识。学生应对这些知识有清晰的认识，除了必须了解公益广告、企业广告和产品广告，报纸广告、广播广告和电视广告的概念外，还应该区别它们各自的内容和形式的差异。

工具一：广告文案的概念与种类

➢ 广告文案概述

广告文案是广告语言作品中的表现形式。在广告创作中，广告人的撰写技巧是十分重要的。运用准确、简明、形象、动人的语言来表现广告，是需要广告创作人员经过一番艰苦的劳动才能实现的。

广告学者们对广告的解释不一。有人认为："广告稿乃是一张广告的本身，包括意义、字句、绘画及其排列等等。""广告文案是指广告作品的全部"。也有人认为："广告文案是指广告的文字"。这些不同的理解与解释，正说明广告文案有两种不同的概念：广义的概念与狭义的概念。广义的广告文案，亦称广告稿、或广告表现。它的内容包括广告作品的全部，如广告文案字、绘画、照片及其布局等等。比如报刊广告，广告文案不限于文字，也包括色彩、绘画、图片、装饰等；电视广告和广播广告的广告文案还包括音乐、声响等。狭义的广告文案，仅指广告作品中的语言部分。这里所讲的广告文案稿（或叫广告文案），是采用狭义的广告文案概念，即广告文案是指用以展示广告主题与创意的语言部分，不包括绘画、照片等。

➢ 广告文案的分类

广告文案具体可分成许多种类，根据广告目的、广告发布媒介和广告所传播的信息内容作为分类标准来看，我们可以把广告文案的类型分成以下几种：

1. 根据不同广告目的而形成的文案

广告目的可分为最终目的和直接目的。从终极目的来看，广告文案分类为商业广告文案和非商业广告文案。

商业广告文案就是以赢利为主要目的的广告的语言文字部分。我们目前一般情况下所谈到的广告文案，基本上指的是商业广告文案。非商业广告是为了说服公众关注某一社会问题、公益问题或政治问题等广告的语言文字部分。

2. 根据不同的广告发布媒体而形成的文案

广告作品是要根据不同的媒介特征来进行制作，完成之后，又需要有不同的媒体来发布的。因此，我们根据不同的广告发布媒体将广告文案进行了分类。

印刷媒体广告文案指通过印刷媒体传播的广告文案，主要指报纸和杂志，其他包括直邮、招贴、产品介绍手册、企业样本以及产品样本等文案。

电波媒体广告文案，指通过电波媒体传播的广告文案。在目前情况下，主要包括广播文案和电视文案。广播广告文案写作要以声音作为文案写作的研究对象，电视广告文案写作要以声画合一、语言和文字作为双重的研究对象。

户外广告文案，指的是那些户外广告媒体（包括广告牌、霓虹灯等广告媒体）传播的广告文案。

其他还包括网络广告文案，指在网络上发布的广告文案以及展览会、交易会上的展示广告文案和销售现场广告文案。

3. 根据不同的广告信息而形成的文案

根据广告所传播的信息的不同类型而进行分类的广告文案有：

企业广告文案，信息主体是企业，包括企业形象广告文案、企业认知广告、企业公关广告和企业事务广告。

产品广告文案，主要信息是产品，其目的是为了产品的销售。

服务广告文案的信息主体是服务，它的目的是为了销售服务。

公益事务广告文案的信息主体是公共事务。

工具二：广告文案的文体格式要求 + 典型例文

现代广告已成为一项复杂的系统工程，它是多种技术、多方面人员共同协作的产物。但是，无论运用多么复杂的高技术，广告中涉及文字技巧的那一部分——广告文稿的写作，在整个广告设计中永远占有举足轻重的地位，并直接影响到广告的宣传效果。不同媒介的广告文案具有不同的结构，但一般都具有一些共同的成分，即由标题、正文、标语以及随文四部分组成。

➢ **标题**

广告的标题直接体现出广告的科学性和艺术性，是广告的精髓所在。广告标题要简明、醒目、活泼，有独创性，有吸引力，相反标题不引人注目，或者说标题含糊其辞，那就没有让人接着看正文的诱导力量，标题的失败就是整个文稿的失败。因此，欲想一个广告成功非得标题成功，而一个广告标题的成功往往有事半功倍的效果。好的广告标题都具有打动人心的力量。

此外，广告标题还有利于增加广告结构的变化，用多种多样的手段加强广告的宣传效果，让其在人们心目中留下深刻的印象。为此，任何一位广告拟作者，对广告标题得十分重视，反复揣摩、推敲，提炼出扣人心弦的广告标题。

常见的广告标题有三种类型：

1. 间接标题

即一语破的，直接把最重要的事实和情况告诉人们的标题，我们常见的那种以商标、商品单位名称做的标题，如“海尔电器”、“雅戈尔衬衫”等都属这种类型。这类标题虽简单、平实，但多是厂家历尽艰辛创出的牌子，尤其名牌更是信誉的标志。因此，读者可根据品牌厂号进行选择。但如不是著名产品或企业，则诱惑力不强，因此，应将直接性标题赋予形象化和充满生活情趣的内容，用艺术的语言来增强感染力和吸引力。

2. 间接标题

这类标题一般不直接介绍产品，而是用间接的办法突出产品的特点和优点。这种标题给读者以真诚的暗示和提醒。

如台湾麦粉厂广告标题："买对的，不是买贵的。"这条标题并没有告诉读者这是什么牌号物品，读者只能从正文寻找答案，但标题有吸引力，而且给予读者以提示：贵的东西不一定就好，买东西应买对的，而不是买贵的，本厂麦粉就是你要买的理想物品。

另外，广告作者为使标题更具吸引力，往往在撰写时采用一些新的表现形式或修辞方法，以突出商品的个性。如牙刷广告标题："一毛不拔"，这本是贬义词，这里贬义褒用，表明产品质量好，不会掉毛；挂锁的广告："鱼牌挂锁，一夫当关"则巧用隐义，标题藏含了下半句"万夫莫开"，点明挂锁质量之高，用这种锁很有保障。

以上标题，都是没有直接点明厂名牌号及特点，但读者可结合正文去体会其深蕴的含义，然后根据需要进行选择。

3. 复合标题

这是一种把直接标题与间接标题结合起来使用的标题。它可以使两种类型的标题取长补短，产生宣传魅力。如"东方第一瓶，泸州老窖金爵士超豪华特曲"、"最可靠的朋友——金门牌铜、铁挂锁"，把品牌与含义写明，更易于读者把握。有的复合标题甚至直接点明主题，读者更易选择。

广告标题的拟写方法：

1. 平实式。这是一种直接把商标、品名、单位名称拿来作标题的写法。如："青岛啤酒"，"万宝冰箱"，"梅林罐头"。

2. 描写式。即对产品的性能作用进行描写，使之形象、生动、吸引人。如：

"晶晶亮，透心凉。"（雪碧饮料广告）

"仿佛滴滴小雨，渗透心田。"（清开灵口服液广告）

3. 夸耀式。这种标题以直接赞扬自己的产品为主要内容，以自信和自豪作为情感信息感染公众。如：

"英雄、英雄，笔中英雄。"（英雄金笔广告）

"中意冰箱，人人中意。"（中意冰箱广告）

4. 询问式。这是一种通过提问来吸引消费者注意的标题手法，在广告标题中较为常用。如：

"你真的会洗衣服吗？"（上海日化柔软剂广告）

"你今天洗头了吗？"（洗发露广告）

"你是否脑疲劳过度？"（健脑产品"脑轻松"广告）

5. 新闻式。为了减弱广告的商业色彩，运用新闻报道方式写广告标题，更能引起人们的注意，获得异常效果。如：

"力士香皂，国际著名影星的护肤秘密。"（力士香皂广告）

"讲求实务的论坛　重在交易的大会"

第二届中国资本市场发展战略论坛
——99企业购并与项目合作恳谈会（项目恳谈会广告）

6. 表态式。用表态形式写出标题，读者倍感亲切，容易接受。如：
"何止买得起，更养得起。"（空调机广告）
"都说这张报纸挺不错。"（《都市快报》广告）

7. 号召式。这种标题既有感召力，又便于记忆。如：
"你要身体好，请饮'健力宝'。"（健力宝广告）
"喝了娃哈哈，吃饭就是香。"（营养液广告）

以上为常见的广告标题方法，事实上，广告标题千变万化，如悬念式、承诺式、对比式、格言式、告诫式、贺谢式、记事式、问题式、催促式、命令式、利益式、选择式、比喻式、噱头式、引语式以及含蓄式等，也都可收到较好的效果。

➢ **正文**

广告正文是一篇文稿的中心，是将广告标题具体化，也可以说是标题的发挥和延伸。正文部分一般包括：对标题许诺的事项加以说明和证实；与同类商品竞争的优点；通过宣传欲达到的行动目的等。

广告在符合商品特点、市场规律的前提下，可采用多种形式的体裁。常见的有：

1. 简介式。这类广告文字简洁，扼要地介绍产品的用途和特点，不能面面俱到。内容须实在，切忌浮夸之词。一般尽量用第三人称，不用第一人称，以增强介绍的客观性和可信性。如《信息画报》上刊登的一则广告：

天津缝纫机

天津市缝纫机工业公司的"牡丹牌"家用缝纫机，"佳佳牌"、"天工牌"工业缝纫机是国内名牌，已有30多年历史。工艺先进，技术力量雄厚，并形成系列化。他们的目标是"用户至上，信誉第一"，视产品质量为企业生命，努力增加新产品新花色，搞好产品升级换代，竭诚为广大用户服务。

2. 布告体。召开各种订货会、展销会、洽谈会，开业启示、业务声明等常用布告体。要求：语言严肃，表达准确、恰当，事由、项目、条件和注意事项都要交代清楚。请看下面两则广告：

上海外文图书公司

地址：上海市福州路390号　电话：2232000　电报挂号：0831

经营范围：

（1）进出口外文图书、期刊、报纸、科技电影缩微胶卷、计算机软件、磁带及录像带等。

（2）供应国内出版外文书刊、视听教材、录像带、磁带及收音机等电教设备。

（3）为旅游和外宾服务，供应画册、明信片、风光幻灯片、画轴、册页、剪纸收签及贺片等传统工艺品。

（4）回收外文旧书刊，代客复印各种资料，外地读者办理邮购。

服装服饰外转内现货直销会

直销日期：11 月 15 日—11 月 18 日

主办单位：××省针棉织品进出口公司

地点：××省经贸大楼二楼多功能厅，××路 102 号（市府综合楼旁）

流行的款式，低廉的价格，出口欧美日的产品是您最佳的选择。

服饰类：手套、帽子、围巾、袜子

联系人：×××，×××，电话：5157532 转 553289

服装类：针织服装梭织服装

联系人：展东升，电话：5157532 转 683

原面料：腈纶兔毛、腈纶花纱布

联系人：×××，电话：5157532 转 553

欢迎各地客商前来批发，兼顾零售！

3. 新闻体。用类似新闻样式写成的广告。新闻体的正文和前面讲的新闻式标题相呼应，但它并不追求对新闻写作表面形式的模仿，它的着力点主要在于发掘广告内容的新闻性与新闻的联系。如：

讲求实务的论坛　重在交易的大会
第十届中国资本市场发展战略论坛
——2007 企业购并与项目合作恳谈会

一、市场论坛：由来自政府部门、经济研究机构、证券公司及企业界的专家与业内人士，就 2007 年中国资本市场形势分析、经济调整时期企业发展战略与低成本扩张途径、中外企业资本运营典型案例讲评、中小企业如何在资本市场中实现二次创业、高新技术产业与风险投资等专题，结合当前形势做精辟讲解。

二、恳谈交易：会议设立专场，由参会代表就收购兼并、股权投资、股权转让、资本出售、资产置换、项目融资、借壳上市、高新技术转让与合作等项目进行恳谈交易。买家与卖家直接见面，增强交易实效。另外，受部分上市公司与企业集团委托，由专业性资本运营顾问机构，北京博杰企管顾问公司代理收购具有成长性的中小企业和资产，并且全程跟踪辅导咨询。

三、参会对象：上市公司，非上市国有、民营、三资企业，证券公司、金融机构、产权交易中心，财务公司，顾问公司，咨询公司，科研单位，会计师、律师事务所，政府招商部门及广大中小企业。

诚邀创造浙江民营经济辉煌的企业家们参加本次大会。

主办：北京兆恒企业集团北京博杰企管顾问公司

时间：2007 年 4 月 10 日至 12 日

地点：杭州市黄龙饭店

电话：（0571）7998833 转 1411、1412（邀请及回执备索）

联系人：曹小姐、黄博士、尹博士

寻求新的经济增长点，成功实施二次创业！

4. 证书体。为说明广告宣传事实或许诺的正确可靠，需出示权威方面的鉴定，领导机关颁发的奖状证书。常用于优质或名牌产品的广告宣传。如：

杭州西湖伞厂产品介绍

西湖牌各类晴雨伞从1980年开始连续获得各种荣誉。其中尼龙自开缩折伞在1980、1985、1988年评选中连续三届蝉联轻工业部优质产品称号；尼龙手开缩折伞在1985年评上质优后，1988年又卫冕成功；所有产品从1980年开始均为浙江省优质产品。

另外，突出商标及品牌名称，这对于名牌商品更为重要。名牌就是信誉，崇尚名牌是人们普遍的心理。如广州每年的月饼市场竞争相当激烈，早在三、四月，各酒楼、饼家就向海内外开展宣传攻势。

广州酒家的广告是：月是“广州”明，饼表思亲情；

中国大酒店的广告是：月到中秋分外明，饼是“中国”特别亲；

新光花园酒家的广告是：月圆越思故乡，月明越发新光。

以上这些语言无一不是突出自己的招牌名称。证书体广告须持有证明文件，其关键在于证据的权威性。

5. 问答体。把广告宣传的意思通过设问或对话的方式表达出来，显得活泼有趣，平易近人。一般价值较高、技术性较强的商品多采用这类广告。例：贝贝智多星，打开天窗说亮话。

《贝贝——智多星营养液广告》

《中国环境报》的公益广告，用三轮一问一答的形式，表明了“环境保护，刻不容缓”这一十分严肃的话题：

当今世界发展引人注目的问题是什么？

——环境！

人类生存面临的严峻课题是什么？

——环境！

与您的生活休戚相关的条件是什么？

——环境！

6. 幽默体。用幽默语言或相声、笑话作广告。在活泼逗趣中宣传商品，给人以轻松愉快的感觉，并在这种气氛中刺激人们的购买欲望。

幽默式广告有些是巧用成语、谚语，使广告生动形象、易于记忆。如：

“一毛不拔”（上海长命牌牙刷广告）——成语

“不打不相识”（打字机广告）——俗语

“丰华”正茂（上海圆珠笔厂“丰华牌”广告）

唯“鹅”独尊（五和针织品厂鹅牌汗衫广告）

心病还需心来医（法国保心健素广告）
一表情深（中国台湾钟表厂广告）

有些富有情趣，易给人亲切感。如：身手不凡钟石表。

还有些寓庄于谐，易为大众接受。幽默感是人们共有的，寓庄于谐则易为不同层次、不同文化程度的人所接受。如：三味矿泉水广告：“四大皆空”。这是利用佛教用语、突出矿泉水无色、无味、无菌、无尘的特点。加上广告配有小和尚画面，让人在诙谐轻松的气氛中，对产品产生好感，乐于购买。

7. 诗歌体。又称广告诗，是用诗歌形式来做广告，文学色彩比较浓，有的还谱成曲子唱，便于记忆和传诵，因而也受广告作者的青睐。广告诗一般都是抒情诗，其作用在于激发读者（听众）对某产品的一种感情，形成一种情感纽带，形成较执著的情绪，使其专一购买某一品牌的产品。如杰出戏剧家田汉在 1966 年曾为杭州张小泉剪刀厂写过这样的广告诗：

快似风走润如油，钢铁分明品种稠；
裁剪江山成锦绣，杭州何止如并州。

8. 对联体。楹联（对联）是中国独有的一种艺术，它不仅受到国内外华人的重视，也为众多的外国友人所关注。对联广告早已为精明的生意人所采用。如：

品种齐全销春夏秋冬货
服务周到迎东南西北人——百货商行广告

对联体广告事实上并不容易，必须把握好以下几点方可取得成功。

一要体现对联的形式特点。一般的对联是两句一联，讲究对偶，即用字数相等，句法相同或相似的句子作对排列。如能讲求词性一样，则效果更好。如：

品种齐全销春夏秋冬货
服务周到迎东南西北人

联语不管长短，都要求上下成一联，而且要上下搭配好，不宜颠倒。上两例均是以这种形式，而且注意词性一样，效果比较好。

二要有针对性。即要切合事物和场合。目前有些对联广告未能注意这一点，如某百货商店广告：

笑迎天下客，喜高朋满座。

上半联写得还可以，但后半联不伦不类，既没有按要求对好，且用词不当。“高朋满座”用在宴会、酒楼可以，一般百货商店不备座位，何来“高朋满座”，因而只能闹笑话了。

同时要有美的属性。对联是艺术，是诗，不美就不是对联。这里既讲求形式，也讲思想内容。

9. 描述体。即用形象化的语言把广告宣传的对象生动地描绘出来，给人以深刻的印象，从而收到良好的宣传效果。运用这类广告体式时，通常都要配上一幅精美的画面，使之既有可读性，又有可感性。

➢ **标语**

又称广告口号，它是企业长期使用的一种特定宣传用语，是表现其相对定型的广告宣传的基本概念或主题的短语。它能让消费者保留深刻的印象乃至长久的记忆。好的口号是长寿的，它能和公司的商标和名称一样长久存在。因此，口号对树立企业与产品的形象具有不可忽视的作用。

广告口号的写作要求：

1. 力求简短。英语广告一般将口号定在五个词为宜，中文可以不超过十个字为好。如："浪琴——事关风度"（浪琴手表）；"更胜千言万语……"（柯达胶卷）。

2. 富于韵味。一个成功的标语应该读起来和听起来朗朗上口，有利于消费者记忆，有节奏韵律感。如："今日光辉，永留回忆"（柯尼卡彩卷）；"为您家居添新意"（声宝家电）。

3. 亲切感人。采用口语化，平易近人又适合其产品的方式，用人们生活中的日常用语、方言、俚语，令人有"面对面谈话"的亲切感。如"用过的人就知道"（化妆品）；"吃好醋，好处多"（食品）。

4. 有竞争性。强调产品或劳务胜过竞争品牌或劳务的特异之处，以此来吸引消费者，以防止消费者购买其他品牌。如："纯度 99.44%"（宝龄香牙香皂）；"海尔，中国造!"（海尔电器）。

标语并非所有的广告必具的要素，有些广告则无。

➢ **随文**

即广告落款，一般是给正文以必要的补充和说明。如注意事项，广告单位名称、地址、电话、电传电报，日期、标价、银行账号以及单位经理或业务联系人姓名等。

上面讲了广告的结构，事实上广告结构不是不可改变的。有的广告只有标题，没有正文（正文融于标题中）；有的只有正文，却没有标题；有的广告就是一首诗或是一支歌，有的只有一个字或一个符号，可以说广告是千姿百态的。

工具三：几种常见广告文案写作的具体要求

➢ **报纸广告文案**

广告的表现要素由三个因素组成：版面空间、文案、画面（图形和编排）。这就意味着，报纸广告的发布必须在一定的版面空间里表现一定的文字和画面。而由于报纸在目前情况下的媒体弱点，报纸广告的画面和文字之间的分量，选择了报纸作为广告发布的媒体，就是选择了以文案写作为主要诉求手段。

由于版面的不同篇幅、不同位置、不同体现。文案的写作也就需要有不同的特征相对应，写作时也就需要注意不同的事项。

广告整版。第一种用法，也是基本的用法。就是在整版的版面上运用介绍性的文体来对产品系列或企业的各个方面作介绍。文案运用介绍性的形式和笔法，对一个广告主体做较为详细的、全方位的介绍。这种表现形式和笔法，对一个广告主体刚刚介入市场、刚刚进入公众视野，有着一种需要公众和目标消费者详细了解的广告信息和阶段性广告内容而言，是恰当的。第二种方式，以创意性的、大气魄的大画面、大标题、大文字和少文字来进行感性诉求。成长期的企业、产品和服务或重大事件的推广（企业成立、商店开张、周年志喜），都可以运用此种方式来表现。运用这种方式的一个关键因素，是广告文案的点睛作用和广告文案与广告画面风格的协调。这需要文案表现的大创意。第三种，运用报纸的新闻性和权威性，采用报告文学的形式来提升企业的形象。为了表现企业的大气魄，一般都用整版表现，这种形式在运用时要注意真实性。

➢ **广播广告文案**

因为声音是广播广告文案的唯一传播载体，我们的广告文案写作就必须要依从载体的特征，发扬载体的优势，在声音特征的前提下，来决定广播广告文案的写作特点和写作注意事项：语言表现要节奏明快、音韵和谐，使受众能自觉地沉浸在其中，被它所感染，自然地接收广告信息；体现口语特征，巧用口语特征，避免口语弱点；针对声音稍纵即逝的特征，有意识地、有尺度地进行广告主体信息的有机重复；营造特定情景；注意时间控制。一般情况下，它的表现形式有播音员单人播送形式、对话形式、相声形式、讨论形式和生活小品形式、访问形式、戏剧形式等多种，与报纸、杂志广告文案的形式有很大的不同。

➢ **电视广告文案的写作**

在电视媒体的特征、综合性文案载体的前提下，电视广告文案写作需要有各个方面的特别注意：用口头言语表现的广告文案，要体现口头语言的特征，用字幕形式表现的广告文案要体现书面语言和文学语言的语言特征。前者要体现生活、感性，具有“说”的流畅、平和、日常性特征；后者要体现一定程度的，特别是符合画面构成的美学原则的简洁、均衡、对仗、工整的特征。在一般情况下，电视广告文案结构中的广告正文和广告附文是由口头言语来进行表现的，而广告标题和广告口号或广告准口号是由字幕形式进行表现的。不要只拘泥于广告文案自身的连贯性，达到广告文案与电视画面的“声画对位”，是广告文案写作时要考虑的关键问题。多运用感性诉求方式，如瞬间印象性、消费者证言、广告歌曲正面地利用受众的“连带效应”。文案表现形式，不仅要考虑广告策略、广告信息内容、广告的目标受众等问题，还要与时段的选择产生对应。可采用的表现形式可以名人推荐体、生活情景体、消费者证言体、动画体、瞬间印象体、广告歌曲体、相声体、示范比较体、戏曲体、新闻体以及悬念体等多种。

➢ **公益广告文案**

公益广告文案最多的是采用直接的观念传达型。既直接向公众传达有关某个问题的某种观念，有时也直接地以某个观念号召行动。其次是借助事件型。以某个情节或故事来表现对问题的观念，这种类型可以避免直接的观念表现所可能引起的逆反心理。其三是反弹琵琶型，用幽默、讽刺、小品等表现形式和手段来对社会中的不正之风等提出自己的看法和意见，表面上观点不直接、不犀利，但所采用的形式恰好是公众所喜闻乐见的，传播的范围和效果反而强。语言表现上要严谨、逻辑严密，体现强烈的说服力。

➢ **公司广告文案**

公司广告文案即以企业为信息主体的广告文案的写作，分为企业形象广告文案、企业认知广告文案和企业公关广告文案。

企业认知广告文案写作。在企业刚刚诞生时，或在一个企业要进入一个新市场环境时，主要目的是让受众或社会环境对企业的各个方面的情况有一个初步了解。它既要以最快的速度、最简洁的方式将企业的最多信息传递出去，而且要在新的受众中间建立起一个初步的、全新的企业形象。写作时，要把重点性的理念表现和全面的企业情况介绍相结合。进行大版面的详细的介绍，加强受众对企业的全面性了解；陈述性的、理性的语言表现来介绍，使受众对企业有一个客观的、全面的了解；一般用简介体、说明体、论说体、分列体等形式来表现广告信息，也可采用调查问卷的形式来交互性地表现。

➢ **产品广告文案**

以产品为信息主体的广告文案包括塑造品牌形象、认知新产品、提升产品品牌知名度、突出产品特点策略、增加产品销售量策略、引导消费新观念以及营造生活气氛，共七种。认知新产品文案，刚刚进入市场参与竞争的新产品，对于消费者而言，它在品牌名称、产品特点、品质、功能及利益等各个方面，都是一个未知数，需要消费者的认知，而认知新产品策略，就是以一种展示性的手段，将新产品的各个方面作介绍，提供给消费者有关产品的重要的“购买理由”。广告文案的表现重点要放在认知的角度上，将新产品的新的特点、新的功能传递给潜在的消费者。在文案形式上，要注意运用吸引人的形式，如可以采用问题形式、悬念形式的标题制作，来吸引人们认知；要强调产品具有竞争力的特色性信息而不是面面俱到。

工具四：广告文案写作的特殊要求

➢ **写作原则**

1. 实事求是，讲求信誉的原则

广告宣传，事关消费者的切身利益。商品广告作为传播商品信息的文体，它所传播的信息必须是真实、准确的，只有这样才能得到公众的信赖，才能维护企业自身的信誉。《广告法》第四条规定：“广告不得含有虚假的内容，不得欺骗和误导消费者。”广告要以事实为基础，决不允许以次充优，造假蒙骗消费者。美国有一位广告权威也曾经说过：“对顾客的忠诚比对上帝的忠诚重要百倍，你可以欺骗上帝一万次，但决不能欺骗顾客一次。”实事求是，是广告的生命所在。

2. 突出主题，立意新颖的原则

主题即广告的中心思想，是广告的灵魂。撰写广告介绍商品，可以从不同角度进行，例如商品的名称、规格、性质、效能、用途、色彩以及包装等等，可以突出某一方面作为广告的主题。至于突出哪一方面，则要分析商品的特性、市场的需求，研究和了解消费者的心理，掌握各种不同类型、不同层次的消费群体特征，使广告具有较强的针对性和效用性。

广告宣传在突出主题的同时还须注意立意的新颖，一则成功的广告往往在构思、立意上下工夫。

3. 用语精妙的原则

广告的语言是广告成败的关键。一则优秀的广告，应在字里行间充满感染力、说服力，能在一瞬间引起读者的注意，读后产生需求的欲望，进而化为行动。因此，在撰写广告时，除了使广告语言简明、通俗、真实、准确以外，还要注意运用各种语言技巧，标新立异、独创一格，使广告语言新颖巧妙，生动有趣，亲切感人。

➢ 介绍几种国外比较有影响的广告撰写法则

1. AIDA 法则

AIDA 代表：Attention 引起注意，Interest 产生兴趣，Desire 培养欲望，Action 促成动作。广告的标题和开头的几句就要抓住读者的注意，然后逐步使读者读下去而达到预期的目的。

2. DDPC 法则

这个法则要求广告文稿的开头必须惹人注目（Dramatic），然后描述商品或劳务（Descriptive），然后进行劝诱（Persuasive），说明购买后或利用后的好处，最后就是决定交易（Clinching）。

3. Stone 的七部曲

Robert Stone 是美国广告撰稿的权威，他提出广告写作的七部曲，即：在标题或第一段允诺一种好处；紧接着详细叙述这种好处；确切地告诉读者将得到什么；进而用事实等来证实你的叙述；告诉读者如果他不行动将失去什么；再一次叙述购买的好处；最后建议即刻行动。

4. Egner 的九点要求

Frank Egner 是美国的广告撰稿家，他就广告写作提出九点要求：写好标题以产生欲望并引起注意；有一个启发性的开头；清楚地描述商品；介绍使用商品的成功故事；包括表扬和满意的主顾的赞许；列举商品的特点；说明商品对购买者的价值；设计一个结尾使读者希望即行购买；重复标题的意思（指放上一个标语）。

参考例文

例文一：

“中国人民保险公司上海分公司”电视广告脚本

（电视广告脚本）

镜头一：（特写）两条金鱼在鱼缸里悠闲自在地游来游去。

镜头二：（叠化到中间）一只金鱼缸安稳地放在架子上。

镜头三：（拉至全景）突然，鱼缸从架子上跌落下来，掉在地上摔得粉碎，水、金鱼和玻璃碎片四处飞溅。

画外音：哎呀！

镜头四：一条金鱼在地上来回翻腾，奄奄一息。

镜头五：（全景推至中景）地上的水、金鱼和碎玻璃片逐渐聚拢起来，顺着倒下的轨迹回复到架子的原来位置上，玻璃碎片合拢成鱼缸，两条金鱼又像往常那样在水缸里悠闲自在地游来游去。

画外音：咦？

镜头六：（用特技叠上字幕）“参加保险，化险为夷”。

画外音：噢！

镜头七：（叠化到全景）“中国人民保险公司上海分公司”。

例文二：

“舒味思”的人来了

（“舒味思”柠檬水报纸广告文案）

英国伦敦“舒味思”厂派出的惠特海先生来了。“舒味思”厂自 1974 年即为伦敦的一家大企业。惠特海先生来到美国各州为的是调查此地生产的每一滴“舒味思”奎宁柠檬水是否都具有本厂所独具的味道。这种味是长久以来由“舒味思”厂制作的全世界唯一的杜松子酒及滋补品的混合物形成的。

惠特海带来了“舒味思”独创的秘方，而“舒味思”的碳化秘方就锁在他的小公事提包里。他说：“‘舒味思’有一整套毫厘不差地地道道的制法。”

“舒味思”历经百余年之经验，才产生出了奎宁柠檬水这种半苦半甜的完美口味，你把这种奎宁柠檬水和杜松子酒及冰块混合在高脚杯中，只需 30 秒钟。然后，高雅的读者，你将会由于读了上述文字而赞美这一天。

例文三：

西门子 6618 的彩色杂志广告

（杂志广告文案）

画面：一个 30 岁左右的年轻男子，衣着干净名贵，气定神闲地坐在一辆飞速行驶内部装修豪华的火车上。身边的座位上放着他的西装外套和西门子手机。

文案：（口号）灵感点亮生活

（标题）决胜千里之外

（正文）不在办公室，一样能决胜千里！西门子 6618 拥有强大商务功能，无论你身在何处，都胜券在握。GPRS 快速上网，高清晰免提通话，英汉词典，个人商务助理。

例文四：

推销最新的韩国电影电视光碟所做的推介广告

（网络广告文案）

2001 年韩国电视台收视冠军！继《蓝色生死恋》后，又一部能让你哭得花容失色之作！笑容最甜美的金贤珠，韩载硕、苏志燮两位帅哥，编织了一个水晶般的玻璃童话！如果不是《野蛮女友》的加入，它将成为去年韩国影视星空中最耀眼的一颗星！如果不相信，请看《玻璃鞋》吸引你的七大亮点！

（注：本剧为中韩双语配音）

如果她打你，一定要装得很痛。如果真的很痛，那要装着没事……让你一会笑得晕过去，一会感动得泪水涟涟，一个伤痕累累的“野蛮女友”，怜香惜玉的你怎会忍住不要？想要《野蛮女友》VCD的朋友，点我吧。

例文五：

“天津牌助听器”广告

（广播广告文案）

售货员：大爷，您买啥？

老大爷：啥，减肥茶？不减，我这么瘦再减就没了。

售货员：……大爷，买什么您自己挑！

老大爷：咋的，还得上称哟？

售货员：大爷，您老耳背，我给您介绍一个新伙伴儿。

老大爷：啊？要给我介绍个老伴儿，不行啊，家里有一个啦。

售货员：大爷，我给您介绍这个，保证您满意。

老大爷：啥，助听器？对，我就是来买助听器的。

男白：天津牌助听器，让聋人不再打岔。

写作实训

完成前述写作任务。要求：

1. 文种选择适当；
2. 符合相应文种写作规范和写作要求；
3. 材料取舍恰当，主题突出，逻辑清晰，文字通顺。

检查与评估

1. 学生结合前述写作规范，自我检查或相互检查；
2. 教师选择学生例文进行点评。

写作实训拓展

1. 修改、完善前述写作任务；
2. 总结自己完成写作任务的得失。

参考范文

范文一：

人文艺术系，属于你的另一个天堂

在这个学校里有许多疯狂的人

不适应学习的人，叛逆者，惹事生非的人

与环境格格不入的人，看问题与别人不一样的人

他们不喜欢规则，也不喜欢现状
你可以赞同他们的话，也可以反对他们的话
你可以赞美他们，也可以诋毁他们
你唯一不能做的，就是忽视他们
因为他们可以创造出传奇，推动系部的发展
可能有人认为他们是疯子，但我们认为他们是天才
因为这些人够疯狂，他们认为可以创造出传奇
并且
他们确实在这么做
用非常规的方式思考

范文二：

微风时尚，述写品牌与您的无限可能

微风时尚广告传媒专注于设计、策划、印刷，为客户提供性价比最高的服务！让企业花最少的钱、做最有效的宣传！

微风时尚传媒前进的每一步都凝聚了团队辛勤的劳动，愿以细水长流之姿、传播微风悠扬之美！我们牢记：传媒就是责任！我们踏踏实实地努力，认真、执著，帮助完成我们共同的传媒梦想。经过多年的不懈努力，公司已经建立了完善的营销策划、创意设计制作、印刷包装、活动策划、品牌推广等于一体的全职能运作体系。业务范围有：企业形象 CIS 导入、VI 识别系统、标志商标设计推广应用、企业画册、名片设计、宣传彩页设计印刷、广告促销礼品设计制作、标签设计制作、各种平面设计、展示设计、产品包装设计、商业创意空间、超市开业策划、书刊设计制作、房地产推广、产品促销、广告创意、企业文化建设、市场营销、户外媒体代理发布、彩印、企业网站规划建设及页面设计等。我们已经积累了丰富的经验，竭诚为国内各大公司提供最优质的服务。

范文三：

东源客栈——家的感觉

在深圳、东莞、惠州交汇处，深圳四个繁华工业区的“心脏”地带，风景秀美的旅游景点区的中心——宝安沙井环路口，坐落着一家集住宿、餐饮、休闲、会议为一体的花园型商务酒店——东源客栈。这里毗邻国际机场、福永码头，接壤“海上田园”，距 107 国道、新桥客运仅寸步之遥，环境宜人，交通便利，是您商务出行、休闲旅游、聚朋会友的首选之地。